智能化服务管理
过程使能关键技术

范 菁 曹 斌 王佳星 著

科 学 出 版 社

北 京

内 容 简 介

    一个组织"服务水平"的高低反映了其综合竞争力,而智能化服务管理是实现高质量服务水平的重要抓手。本书面向智能化服务管理,围绕服务组合所面临的多种适配问题,从过程使能角度出发,论述过程挖掘、过程差异检测、智能服务组合、智能化任务分配等过程管理关键技术在智能服务管理中的实现和应用。全书共 6 章,第 1 和 2 章介绍智能服务管理过程使能技术的概况和一些基本概念;第 3~6 章着重介绍四种智能服务管理过程使能关键技术的实现和应用,分别为基于语义分析的服务过程挖掘技术、服务过程差异检测技术、智能服务组合技术,以及复杂服务的智能化任务分配技术。

    本书可作为业务过程管理、服务治理和智能服务领域研发人员的参考用书,也可作为软件工程和计算机科学与技术相关专业的辅导教材。

图书在版编目(CIP)数据

智能化服务管理过程使能关键技术 / 范菁,曹斌,王佳星著.—北京:科学出版社,2023.6

ISBN 978-7-03-072462-5

Ⅰ.①智… Ⅱ.①范… ②曹… ③王… Ⅲ.①智能技术-应用-服务业-研究 Ⅳ.①F719-39

中国版本图书馆CIP数据核字(2022)第097595号

责任编辑:朱英彪 赵微微 / 责任校对:王 瑞
责任印制:吴兆东 / 封面设计:陈 敬

科学出版社 出版

北京东黄城根北街 16 号
邮政编码:100717
http://www.sciencep.com

北京中石油彩色印刷有限责任公司 印刷
科学出版社发行 各地新华书店经销

*

2023 年 6 月第 一 版 开本:720×1000 1/16
2024 年 1 月第二次印刷 印张:16 3/4
字数:338 000

定价:128.00 元
(如有印装质量问题,我社负责调换)

前　　言

随着人们受教育程度和收入水平的提高，消费观念逐渐趋于理性化，消费结构升级，产品的服务价值越来越受到关注。传统企业间的产品竞争逐步走向"服务水平"高低的比拼。与此同时，随着现代服务业的蓬勃发展，新技术和服务新类型不断涌现，服务环境逐渐走向开放。然而，当服务提供者和消费者都处在一个开放动态的复杂服务环境时，传统的服务管理技术无法很好地适应市场服务需求，导致企业对市场的响应不够迅速和精准。因此，如何运用大数据和人工智能技术组合各类异构和跨域服务，利用智能化的服务管理提升企业响应市场需求的能力，成为众多服务提供者亟待解决的重要问题。

本书面向智能化服务管理，围绕服务组合所面临的多种适配问题，从过程使能角度出发，论述过程挖掘、过程差异检测、智能服务组合、智能化任务分配等过程管理关键技术在智能服务管理中的实现和应用。

全书共6章。第1章概要介绍智能服务管理与过程使能技术，指出智能服务管理过程使能技术面临的挑战及其解决方法。第2章重点介绍服务过程的表示方法，包括基于控制结构的服务过程表示方法和基于自然语言描述的服务过程表示方法，为实现智能服务过程管理提供有效的表示手段。第3章介绍基于语义分析的服务过程挖掘技术，包括服务事件抽取、服务事件摘要、服务事件关系提取以及服务事件序列一致性检测。第4章从服务过程定量差异计算、基于编辑序列的服务过程差异检测、服务过程差异可视化技术、基于差异检测的服务适配过滤技术四个方面介绍服务过程差异检测技术的实现。第5章介绍两种智能服务组合技术，即服务自动组合技术和基于过程行为的推荐交互式组合技术。第6章介绍复杂服务的智能化任务分配技术，包括服务需求量预测技术、服务水平预测技术、多约束条件下的高效任务最优分配技术，并以电信客服为例开展应用，如电信呼叫中心排班系统。

本书相关研究工作得到国家重点研发计划"智能服务适配理论与关键技术"项目"智能服务适配过程使能技术"课题(2018YFB1402802)的支持。浙江工业大学多位从事智能服务计算相关研究的博士后、博士生、硕士生参加了本书的撰写工作，他们是黄骅、侯晨煜、吴佳伟、陈灏、陈德胜、杨晨、程黄飞、程钦男、陶晨伟、郑海秋等，在此感谢他们的辛勤工作。

由于作者水平有限，书中难免存在不妥之处，期望广大读者批评指正。

目　　录

前言

第1章　概述 ·· 1

1.1　智能服务管理 ··· 1

1.1.1　服务与服务管理 ·· 1

1.1.2　智能化服务管理 ·· 3

1.2　过程使能技术 ··· 5

1.2.1　业务过程管理 ·· 5

1.2.2　复杂服务系统过程使能技术面临的挑战 ·································· 7

1.3　本书主要内容 ··· 9

参考文献 ··· 14

第2章　服务过程表示方法 ··· 16

2.1　基于控制结构的服务过程表示方法 ··· 16

2.1.1　业务过程建模符号 ··· 16

2.1.2　Petri 网 ··· 17

2.1.3　树形结构 ·· 19

2.2　基于自然语言描述的服务过程表示方法 ··· 21

参考文献 ··· 23

第3章　基于语义分析的服务过程挖掘技术 ·· 24

3.1　服务事件抽取模型 ··· 24

3.1.1　基于 OOD 检测的历史服务事件分类方法 ································ 25

3.1.2　基于自编码器的新服务事件聚类方法 ······································ 33

3.2　服务事件摘要模型 ··· 40

3.2.1　关键词摘要模型 ·· 40

3.2.2　基于语义角色标注的服务事件摘要模型 ···································· 62

3.2.3　服务事件摘要的语义一致性检测 ··· 65

3.3　服务事件关系提取模型 ·· 77

3.4　服务事件序列一致性检测模型：以电信客服服务流程为例 ···················· 93

参考文献 ··· 105

第4章　服务过程差异检测技术 ··· 113

4.1　服务过程定量差异计算 ·· 113

4.1.1　相关概念介绍 ·· 114

4.1.2 服务过程间定量差异计算方法 ……………………………… 119

4.1.3 实验评估 …………………………………………………… 125

4.2 基于编辑序列的服务过程差异检测 ……………………………… 133

4.2.1 相关概念介绍 ……………………………………………… 133

4.2.2 基于编辑序列的服务过程差异检测方法 ………………… 135

4.2.3 实验评估 …………………………………………………… 138

4.3 服务过程差异可视化技术 ………………………………………… 143

4.3.1 差异模式表示 ……………………………………………… 144

4.3.2 基于差异模式的服务过程差异可视化检测方法 ………… 148

4.3.3 差异可视化用例学习 ……………………………………… 158

4.4 基于差异检测的服务适配过滤技术 ……………………………… 164

4.4.1 面向服务过程优化的适配过滤 …………………………… 165

4.4.2 服务过滤用例学习 ………………………………………… 168

参考文献 ……………………………………………………………… 170

第 5 章 智能服务组合技术 …………………………………………… 172

5.1 服务自动组合技术 ………………………………………………… 172

5.1.1 服务组合问题的描述 ……………………………………… 172

5.1.2 服务组合问题研究现状 …………………………………… 174

5.1.3 服务自动组合与服务功能链优化 ………………………… 175

5.2 基于过程行为的推荐交互式组合技术 …………………………… 180

5.2.1 基于过程行为的推荐交互式组合技术整体框架 ………… 180

5.2.2 推荐交互式过程建模方法 ………………………………… 182

参考文献 ……………………………………………………………… 187

第 6 章 复杂服务的智能化任务分配技术 …………………………… 189

6.1 复杂服务任务分配概述 …………………………………………… 189

6.2 服务需求量预测技术 ……………………………………………… 190

6.2.1 相关概念介绍 ……………………………………………… 190

6.2.2 基于自注意力机制的分时预测模型 ……………………… 193

6.2.3 实验评估 …………………………………………………… 200

6.3 服务水平预测技术 ………………………………………………… 211

6.3.1 呼叫中心服务过程建模 …………………………………… 211

6.3.2 基于队列论的服务水平预测方法 ………………………… 212

6.3.3 基于数据驱动的服务水平预测方法 ……………………… 219

6.3.4 实验评估 …………………………………………………… 236

6.4 多约束条件下的高效任务最优分配技术 ………………………… 245

6.4.1 多约束条件下的任务分配问题 …………………………… 245

6.4.2　多约束条件下的任务分配问题的一般解决方法 ················246

6.4.3　多约束条件下的任务分配问题：以电信呼叫中心排班为例 ···········246

6.4.4　任务最优分配模型 ···248

6.5　电信呼叫中心排班系统 ···253

6.5.1　系统需求分析 ···253

6.5.2　系统架构 ···254

6.5.3　基于 Web 的排班管理系统 ·······································256

参考文献 ···258

第1章 概　　述

随着信息技术与现代服务业的深度融合，服务提供者提供的服务数量不断增长，新的服务模式也不断涌现，而传统服务管理方式已无法适应当前高度开放的动态的复杂服务环境，导致服务重用性降低，且难以进行有效的跨域服务组合适配和任务最优分配。近年来深度学习等人工智能(artificial intelligence, AI)技术的突破为智能服务管理在企业中的应用奠定了基础，越来越多的企业利用 AI 技术实现数据洞察和贯通，完成服务的高效复用和服务间的实时协同，进而达到降本增效的目的。本章首先围绕智能服务管理的演变过程对相关基础概念进行介绍和梳理，然后介绍过程使能技术产生的背景以及在智能服务管理中的角色和意义。

1.1　智能服务管理

作为基础性和变革性的资源，人工智能和大数据(big data)技术在现代服务业领域快速发展。为给用户提供更加个性化和精准化的优质服务，企业需要围绕所提供的各类服务，从系统和业务等多个层面进行高效和精细化的管理，进而促使自身从传统服务管理向智能化服务管理转变。

1.1.1　服务与服务管理

服务作为日常生活中经常使用的术语有着广泛的表达，在各学科领域也有着相应的含义和引申。本书关注的服务含义涉及两方面内容，即经济学和信息学。

服务的经济学意义体现在服务提供者和消费者交互过程中产生的商品的非物质等价物[1]，通俗的理解即在满足用户基本需求的基础上，能额外提供的附加服务价值。例如，网购平台除了满足用户的商品搜索服务外，能够进一步为用户提供个性化的商品推荐智能服务，方便用户快速准确地找到自己感兴趣的商品，这就是平台为用户带来的服务价值。从这个角度来讲，人们常说的智能服务(smart service)就是一种特殊类型的服务，是依赖于大数据和 AI 技术产生的信息技术(information technology, IT)服务，用 IT 技术手段为用户提供附加价值。

服务的信息学意义体现在它将用户、服务流程以及技术手段有效结合和封装，并通过服务等级协议(service level agreement, SLA)来约定服务双方的服务类别、成本、性能、可扩展性等信息。表 1.1 展示了一个服务提供者所开发微服务(session service)的 SLA 示例，SLA 项是该服务提供者对消费者的正式承诺。

表 1.1　某会话微服务 SLA 示例

SLA 项	定义
请求成功率	99%
可用性	Tier 1
数据一致性	最终一致，不一致时长小于 1min
吞吐量	200tps，集群吞吐量计算公式：200tps×服务实例数×0.9

资料来源：https://bbs.huaweicloud.com/blogs/111534。

注：Tier 1 指可用性要求最高的服务，这类服务不可用会影响用户使用；tps 为吞吐量单位，指每秒事务处理量。

综上，本书所讨论的服务是指具备上述经济学和信息学意义的服务，其表现形式可以是一个通过技术手段实现的细粒度 Web 服务，如利用人工智能算法实现的在线商品推荐服务，也可以是由具体人员参与并配合相应技术手段完成的一项复杂大粒度服务，如由申请、审核、复核等细粒度服务编排完成的财务报销流程服务。

与实体产品相比，服务具有非实体性、同步性、差异性和易逝性等特点[2]，所以面向服务业的管理方法应有别于传统行业的管理方法。大量事实证明，采用传统实体行业过分强调降低成本和规模经济的方式对服务企业实施管理，会造成员工士气低落、客户需求变化被忽视、服务质量（quality of service, QoS）下降、最终企业利润降低等问题[3]。一方面信息技术和服务业的融合不断催生新型服务，另一方面制造业中的制造技术和产品功能等也不断趋同化，市场竞争如今已进入了服务竞争的时代。为了在激烈的市场竞争中获得持久的优势，各类企业必须去了解和管理顾客关系中的服务要素。考虑到建立在物质生产基础上的传统管理方法在服务竞争中的有效性受到限制，适合于服务特性的方法即"服务管理"应运而生[3]。

服务管理包括服务决策管理、服务运营管理、服务质量管理、服务流程管理等主要内容。其中，营销、运营和人的行为被认为是服务管理的核心[4]，它们具体体现在服务流程改进、日常服务工作调度、服务需求预测等服务管理主题中。因此，企业组织具体实施服务管理时，一般应按图 1.1 所示结构来构建服务管理体系，它是由服务管理职责，服务资源管理，服务实现，服务测量、分析和改进等四个关键方面所构成的循环过程，并把与顾客接触作为控制和改进这个循环过程的核心[5]。

服务管理涉及经济学、管理学、信息学等多个学科交叉的内容。本书侧重于信息学，更确切地说，是从计算机软件工程角度来探讨 IT 技术在服务管理中的重要角色和方法原理。事实上，从 2003 年开始，在国际电气与电子工程师协会（Institute of Electrical and Electronics Engineers, IEEE）的推动下，服务和计算正式确认联系在一起，"服务计算"作为一门新学科正式诞生[6]。本书接下来所讨论的服务管理内容属于服务计算的核心内容，是关于如何运用服务组合等面向服务架构(service oriented architecture, SOA)的技术以及大数据和 AI 方法来提升企业服务竞争力的技术原理和实践。

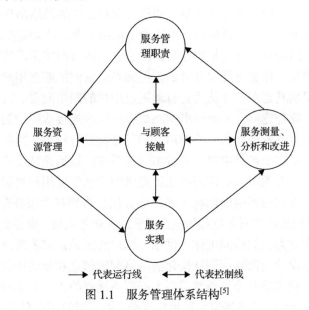

图 1.1　服务管理体系结构[5]

1.1.2　智能化服务管理

随着人们受教育程度和收入水平的提高，消费结构逐渐升级，人们的消费能力提升，消费观念也趋于理性化，而且人们越来越看重产品背后的服务价值。传统企业间由产品新、技术高、成本低等质量特征来定位的产品竞争也逐步走向服务水平高低的比拼。同时随着现代服务业的蓬勃发展，新的技术和服务类型不断涌现。服务环境从封闭走向开放，服务场景从单一变得跨界多样，服务业务日趋复杂，服务系统规模不断扩展。

由于受限于静态封闭服务环境、应用场景简单和规模相对较小，以及计算硬件和算法处理能力弱等实际问题，传统服务管理技术在开放动态环境下面临如下缺陷：①只能支持同类型的服务匹配以及组合，缺乏对新类型服务的支持；②对服务的接口-语法层面的适配有相对严格的定义和适配检测机制，只能刻画服务的部分静态语义特征，但是对服务动态语义和行为层面的适配缺乏系统的支持，无法建立全面的服务画像；③服务建模方法过于复杂，需要大量的人工设计，难以适应开放复杂的应用场景，难以处理海量异构的服务实例。

因此，传统的服务管理技术无法很好地适应新开放动态环境下的市场服务需求，导致企业对市场的响应不够迅速和精准。事实上，快速精准的服务响应已经被很多企业认为是服务生命周期管理(service lifecycle management)中的最高优先级。如何恰当地解决顾客投诉，并快速降低任何产品或服务质量问题带来的影响，是众多企业组织亟待解决的难题。

这是日常生活中的一个真实场景。假设某用户家里的网络出现问题，如网速变慢，有时甚至上不了网。该用户打电话给电信运营商，获知需要等待 2 天时间技术人员才能上门检查，这时根据用户的耐心程度或对网络需求的紧急程度，一个非常不开心的客户体验可能就此开始。但如果运营商能够在用户拨通电话投诉问题时就迅速识别其意图，并从后台自动提取用户的网络配置、流量使用情况以及问题描述进行综合建模，进而得出 90%概率是网线连接故障的初步诊断，同时告知该用户技术服务专员会在 1 小时内赶到其住所进行解决，这种类型的服务才是用户想要的。从这个场景中很容易看出服务系统能够迅速从用户语言描述中捕获用户投诉意图，客服可以利用服务系统提供的信息帮助用户快速有效地推断问题所在，系统可以在恰当的时间将正确的业务信息告知技术服务专员以便提供精准服务。这样看似简单的服务过程却蕴含了管理和业务人员、服务流程、服务系统和智能算法等多方力量的协同工作。例如，用户意图识别需要涉及语音识别和自然语言理解，错误诊断需要用到结构化的网络配置信息和非结构的错误现象描述综合分析算法，技术服务专员指派需要根据服务网点的人员时空特性进行动态规划和安排。现实世界的服务场景往往更加复杂，如不同的用户有不同的服务需求、不同服务人员能力水平不一、服务环境随着时间和空间等因素会变化等。因此，为相对简单场景设计的传统服务管理技术无法有效实现这种开放复杂环境下大量异构服务间的耦合互联、动态匹配，需要引入智能服务适配的全新思路。

得益于近年来大数据技术和深度学习的进展，人工智能算法在图像识别、自然语言理解、语音识别等领域的应用有效性得到了空前提高，很多场景下利用 AI 算法可以获得接近甚至超过人类的表现。2018 年昆士兰大学的生物统计学专家 Brian Lovell 提出很多大型数据库上运行的人脸识别系统的识别准确率高达 99%，而人类通常难以达到这么高的准确率[7]。2019 年世界肺癌大会上，哈佛医学院副教授 Hugo Aerts 做了题为"AI 在肺癌领域的状况：准备好实现了吗？"的报告[8]。他提出目前正处于 AI 赶上人类的交汇点上，并通过具体放疗案例展示了基于深度学习算法的 AI 肿瘤读片准确率已快赶上人类专家，更重要的是，人类专家做出这样的判断需要 1~2 小时，而 AI 只需要几秒。这些人工智能新技术的应用，配合微服务、服务组合、流程编排等 SOA 技术，使得企业实施智能化服务管理成为可能。

通过智能化服务管理，企业组织可以实现"智慧"服务系统(smart service system)，即该组织的服务系统能够基于其所获取或处理的数据进行学习，并动态自适应地制定策略来改进对未来环境的响应[9]。

1.2　过程使能技术

服务是过程而不是物件[10]，服务质量的高低体现在服务提供者和消费者的交互过程中。过程使能技术就是面向服务交互过程的一系列 IT 技术，针对各类细粒度服务，利用服务需求建模、服务画像以及服务发现技术，进行服务过程的发现、表示、合规、改进以及相应的任务分配，进而帮助企业通过制定有效的符合市场需求的服务过程来提升企业服务水平。本书将重点讨论过程使能技术在智能化服务管理中的具体原理、方法和应用。

1.2.1　业务过程管理

业务过程(business process)在工作流管理系统(workflow management system, WFMS)中也称为工作流(workflow)[11]，是指为完成特定服务或产品的一系列相关活动的集合。在当代企业中，不论是向顾客销售商品、与经销商合作还是协调组织员工间的任务，业务过程是企业产品、服务和品牌得以保证的基石，是一个企业组织得以运行的最基本支撑。成功的企业大多通过业务过程协调或组合企业内部各资源(人员、设备、系统等)来支持目标的实现。

业务过程管理(business process management, BPM)则是观察和控制业务过程的一种系统的、有效的方法，它利用一系列技术手段将业务过程可视化、自动化，并结合一定的策略对过程中的业务活动、任务以及执行结果进行改进，进而完成一定的业务目标。为应对服务系统复杂化的趋势并给客户提供实时有效的业务支持，企业 BPM 在最近几年逐渐朝着智能业务过程管理(intelligent BPM, iBPM)的方向发展，即通过集成实时分析和其他技术(如社交网络计算、移动计算、大数据驱动的 AI 等)到过程中，不仅给过程参与者或管理者提供更加实时的势态感知，还使得他们能够更加恰当地应对即将出现的业务风险或机会[12]。

业务过程管理生命周期(BPM lifecycle)可归结为四个阶段(图 1.2)[13]，即业务过程发现(business process discovery)、业务过程建模(business process modeling)、业务过程实施(business process implementation)、业务过程优化(business process optimization)。

(1)业务过程发现：该阶段主要解决的问题是如何发现企业运转中的真实信息流、事件流和控制流。大多数情况下，企业会聘请相关顾问管理公司或领域专家对组织内部进行流程评估，即搞清楚当前企业实际流程的工作方式与状况，例如，哪些流程可以自动化？需要什么样的参与者？当前流程的哪个环节存在瓶颈？然后配合导入相关管理方法(如六西格玛)进行流程再造。该阶段的输出结果将作为后续其他阶段的基础。

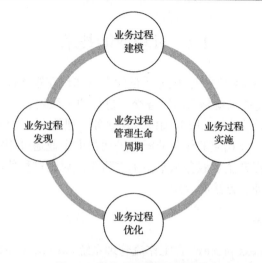

图 1.2　业务过程管理生命周期

（2）业务过程建模：该阶段在狭义上是指基于前期调研发掘结果，对预期的业务过程中的信息、事件及控制走向进行具体的设计，包括流程图、业务规则、触发事件、电子表单等的制定。广义上还包含对所建模流程的仿真与分析，以便在流程具体实施前找出相关问题并进行相应的重构，进而帮助企业有效减少运营损失。业务过程建模结果将直接影响企业流程的实际运行效果。

（3）业务过程实施：该阶段包括流程执行与流程监控。流程执行通过工作流引擎（workflow engine）或流程服务器控制完成，一般不需要技术人员的亲自参与，流程使用者可自行处理相关既定的业务逻辑；流程监控通过监控平台对现有业务过程的运行和使用状态进行监控，并结合相应的事件预警机制，将相关信息准确、实时地提供给流程使用者或管理者，进而保证流程的安全稳定运行。

（4）业务过程优化：该阶段在业务过程管理生命周期中起着承上启下的作用，既是一个生命周期的结束，也是下一周期的开始。它类似于商业智能技术，对现有流程的执行效率等指标进行综合测定和分析，并将结果报告给管理者，管理者或企业决策者可将这些结果作为流程进一步改进的依据。这一阶段越来越被人们所重视，且呈现与商业智能技术融合的趋势[14]。

综上，业务过程管理生命周期是一个主要面向业务过程持续评估以及改进的循环迭代过程。其中，作为连接业务策略与信息系统开发的纽带，业务过程建模直接影响着企业商业价值的实现，因此，也被普遍认为是业务过程管理中的关键环节；其他三个阶段各自产生的执行结果，均可直接或间接用来对业务过程建模进行改进：业务过程发现和业务过程优化阶段可直接应用于改进现有流程，而业务过程实施阶段可能产生实际的业务走向信息，该信息可用来发现新的过程，进而改进过程建模。

1.2.2　复杂服务系统过程使能技术面临的挑战

在企业服务系统日趋复杂的今天，为了串联各子系统以及各组织部门的业务逻辑，过程使能技术受到重视。服务系统在实际的应用中累积了大量的历史数据，包括企业的各个业务过程模型、流程中各业务活动或服务的相关信息、流程执行日志等。但这些数据目前仍未得到充分利用，如何将这些数据转化为有用的知识，即将大数据驱动的 AI 技术与过程管理结合，帮助企业适应更加纷繁复杂、频繁变化的市场需求，进而达到更加高效、更大收益的目的，是众多企业和 IT 厂商亟待解决的问题。因此，面对新形势下的商业环境和日趋复杂的企业服务系统，过程使能技术仍然面临如下挑战[13]。

1. 服务过程文本语义理解深度化

随着 BPM 的发展，服务过程已然不仅仅以流程图的形式来表达。为了应对更复杂的服务过程应用场景，许多企业会以自然语言描述的形式对相关的业务过程进行表述。在描述服务过程的自然语言文本中，服务过程中的过程节点，即服务事件具有以下特点：①不同服务事件的事件组成元素互不相同；②每个服务事件都对应一个事件类型。在发现服务过程节点之后，下一步则是将不同的服务过程节点进行连接，从而形成完整的服务过程。然而，自然语言描述的复杂性，导致从描述服务过程的自然语言文本中提取服务过程具有如下挑战：①同一服务事件的事件组成元素分布在不同的句子中，而现有相关服务事件发现技术无法捕获跨句子的长距离依赖，进而无法找到跨句子的服务事件组成元素；②现有系统通常会提前定义好一些服务事件的事件类型，但是针对一些未定义的事件类型，现有相关服务事件发现技术难以发现这些未定义事件类型的服务事件；③服务过程节点在服务过程中的顺序不一定与服务过程描述文本中的描述顺序一致；④服务过程节点零散地分布在服务过程描述文本的各个句子中。这些导致现有服务事件发现技术和服务过程发现技术难以有效地从服务过程描述中深度理解事件的上下文语义，并提取正确的服务过程，往往会使得业务管理者或分析人员不能对实际业务过程进行准确的把握和分析，进而造成决策的失误。因此，针对基于自然语言描述的服务过程，如何利用现有方法或设计新的技术，从自然语言描述中提取正确的服务过程，进而指导业务建模人员更全面地理解和把握业务内容并进行过程建模，成为一个亟待解决的难题。

2. 业务过程资源库大规模复杂化

业务过程管理目前已成为企业规范各类业务逻辑、高效处理业务过程的主要手段。为了保证组织的有效运作，企业通常需要多个业务过程的配合。同时，随着需求和业务逻辑的不断变化，企业需要重新制定或改进业务过程来适应这些变更。因此，企业组织随着业务的发展往往积累了数量较多的业务过程[15]。为了方便管理这些业务过程，越来越多的企业开始构建或已建立了相应的业务过程模型资源库[16]，并将其视为组织内部业务过程管理重要的知识库。这些业务过程库可能包含成百甚至上千的业务过程模型，其规模和复杂度随着业务的发展呈增大的趋势。例如，Suncorp 集团(一家澳大利亚保险公司)维护着规模达 3000 多个流程的资源库[17]。

日益增大和复杂的企业流程资源库在给企业带来巨大效益的同时，也对流程库的管理提出了新要求。为了适应市场的变化、满足客户的需求、提高流程的执行效率，同一业务过程随着时间的推移会出现多个不同的版本，如何检测不同版本流程之间在流程结构、行为、资源、绩效等方面的差异信息，找到差异产生的原因，帮助流程分析人员从中提取有价值的信息，进而创建一个更符合市场和客户需求、执行效率更高的新版本流程模型有着重要意义。特别是在经济全球化、高新技术迅速发展的大背景下，产业融合与跨界服务已成为企业组织提高生产率和竞争力的一种发展模式和组织形式。其中，大量的业务过程需要重构、优化，新的业务过程将包含众多跨界的业务活动与服务并实现跨界执行。为了保证所建模的流程能满足新的商业需求，如何基于大规模复杂化的业务过程资源库，快速准确地对两个业务过程进行差异检测，提取相关有用信息并进一步指导业务过程优化，也成为目前 BPM 领域的研究热点。

3. 实际业务过程需求变更频繁化

在现代商业环境高速发展的背景下，企业不仅要面临着不断涌现和变化的客户需求，还要应对和处理日趋复杂多变的业务过程。因此，企业的业务过程建模具有如下两个突出的特点。①动态性：客户或市场需求的频繁变更对流程建模的效率要求较高，往往建模人员不能充分分析实际需求以及各业务活动或服务间的关系，从而造成新流程存在较多不合理之处，使得业务决策有效性降低，最终影响企业效益；②不确定性：由于建模人员的年龄、工作年限、经历等限制，他们不同程度地缺乏某些必要的领域知识，从而导致所制定的流程不够全面，不能覆盖到企业所需的所有业务过程，不确定性较大。

基于上述特点，业务过程建模需要相关业务建模人员具有丰富的领域知识和应对需求的处理能力，但培养这样的人员不仅成本大且时间长。此外，建模过程一般需要通过分析现有流程的活动间关系才能确定新业务过程的大体走向，这个过程会消耗大量时间，也无法满足客户需求频繁变更的现状。再有，在实际业务过程管理过程中，业务主管希望企业的流程能够与不断变化的业务环境保持同步，而 IT 主管希望对不断变化的业务需求迅速做出响应，以较低的成本进行改变。上述问题反映到业务过程建模上，就需要采用一种更加灵活的建模方式应对这些变化，即在充分利用现有资源的同时，以最短的时间制定出能有效适应最新业务需求的业务过程，进而确保企业业务实现快速有效的运转。因此，如何设计一种业务过程建模方法，能够适应频繁变更的业务需求，成为众多企业面临的实际问题和挑战。

4. 智能服务任务分配精细化、高效化

随着服务数量不断增加，传统人工分配服务任务的方法已经逐渐被淘汰。为了保证服务质量，需要设计合理的智能化服务分配方法为服务需求提供合适的服务解决人员。为达到这个目的，需要完成三个子任务：服务需求量预测[18]，服务水平预测[19]，以及多约束条件下的高效任务最优分配[20]。在实际业务场景中，往往需要为未来很长一段时间的服务任务进行分配，并且时间粒度非常细，对服务需求量预测方法的准确率有非常高的要求。而服务水平预测是根据给定的服务需求量和服务人数来预测最终的服务水平，其中包含各种影响因素，如何对这些因素建模使得预测方法具有良好的性能也是一大挑战。最后，由于服务任务分配周期长，服务任务分配的规模非常大，这个问题已经被证明是一个 NP（non-deterministic polynomial, 非确定性多项式）难问题[21]。因此，如何设计一种高效的智能化服务分配技术成为一个亟待解决的挑战。

1.3　本书主要内容

本书首先从控制结构和自然语言描述两个角度对服务过程的表示方法进行介绍，然后阐述服务过程挖掘、过程差异检测、智能服务组合、智能化任务分配等过程管理关键技术在智能服务管理中的实现和应用，以解决服务过程使能技术存在的上述挑战。

1. 基于语义分析的服务过程挖掘技术

基于自然语言描述的服务过程存在提取困难的问题，第 3 章介绍基于语义分析的服务过程挖掘技术，包括服务事件抽取技术、服务事件摘要技术、服务事件关系提取技术和服务事件序列一致性检测技术。

(1)服务事件抽取技术。根据是否被提前定义，可以将现有服务事件分为历史服务事件(已被提前定义)和新服务事件(未定义)两种类型。针对历史服务事件，3.1.1 节介绍一种基于 OOD(out of distribution, 分布外)检测的端到端方式多任务学习模型，对历史服务事件分类与置信度评估进行联合学习。其中，置信度评估被用于区分当前输入的服务事件描述文本是属于历史服务事件还是属于新服务事件。该模型使用了两个输出分支，一个用于判别历史服务事件文本的分类分支，另一个用于过滤新服务事件文本的置信度评估分支。这两个分支对模型进行联合优化，来避免采用基于管道方式的粗粒度历史服务事件分类方法带来的误差传递。

针对新服务事件抽取任务，3.1.2 节介绍一种基于自编码器的服务事件聚类方法，具体包含服务事件文本表示模块、自编码器模块和自训练模块。其中，为了解决传统文本向量表示方法中文本向量高维稀疏且丢失语义的问题，本书在服务事件文本表示模块使用双向变换器编码器(bidirectional encoder representation from transformers，BERT)预训练模型，对服务事件文本的向量表示进行初始化。为了进一步获取服务事件文本中重要的特征，在自编码器模块中使用自编码器来编码和重构 BERT 的服务事件文本向量表示，进一步把输入的高维向量转换为低维向量，从而更加适合于下游聚类任务。为了提升聚类的精度，在自训练模块中，通过使用软聚类作为辅助目标分布来进一步微调自编码器的权重及聚类。

为了帮助服务管理者快速了解服务事件的主要内容，3.2 节介绍了三种服务事件摘要解决方案，即基于关键词摘要的新服务事件描述生成方法、基于语义角色标注的新服务事件描述生成方法和服务事件摘要语义一致性检测方法。基于关键词摘要的新服务事件描述生成方法借鉴了频繁项集挖掘的思想，从而提取出一系列描述相同事件的频繁词集。为了找出其中最具代表性的频繁词集，该方法设计了一个重要性排序模型，对关键词集进行排序，从而确定最重要的关键词集来构成关键词摘要。为了解决关键词未排序带来的语义问题，该方法将上一步生成的关键词摘要重新排列，以便更容易理解。

传统服务事件摘要方法常选择多个服务事件文本作为当前服务事件摘要，容易带来信息冗余问题和隐私泄露问题，基于语义角色标注的新服务事件描述生成方法则针对该问题进行改进。该方法是一种管道式方法，首先对服务事件文本进行预处理，然后进行语义角色标注，得到以谓词为中心的结构化文本，接着用向量表示由结构化服务事件文本拼接成的句子，通过 PageRank 算法对向量进行排序，最后把排名第一的向量所对应的句子作为服务事件摘要。

上述服务事件摘要方法提取的服务事件摘要可能与原始文本的语义存在偏差，为此，3.2.3 节介绍一种服务摘要语义一致性检测方法。该方法首先利用事件的抽取方法从句子中提取服务事件摘要，然后使用两个独立的 BERT 模型来分别捕获提取的服务事件摘要和其原始文本的语义，最后利用对抗学习思想使模型实现较高的语义一致性判别准确率。

(2)服务事件关系挖掘技术[22]。针对服务事件关系挖掘存在的问题，3.3 节介绍一个基于多粒度信息编码和多任务联合优化的模型来进行服务事件关系挖掘，该模型通过判断任意两个服务事件(即服务过程节点对)在服务过程描述文件中对应的顺序关系，形成完整的服务过程。模型的总体架构共分为 3 个模块：多粒度上下文编码器模块、多任务联合优化模块、全局推理模块。其中，多粒度上下文编码器主要通过双向长短期记忆网络(long short term memory，LSTM)和多头注意力机制来学习包含多粒度信息的词向量，其中多粒度信息包括字符级别信息、句子级别信息和跨句子级别信息。在此基础上，多任务联合优化模块通过 Pairwise 局部任务和 Listwise 全局任务分别从局部和全局两个角度来优化模型，使得模型在训练时不仅能够最小化服务过程节点对分类上的误差，也能够最小化服务过程节点排序上的误差。由于本书通过判断任意服务过程节点对的序列关系来得到完整的服务过程，模型对服务过程节点之间的关系判断可能存在冲突，所以最后需要通过全局推理模块来进行冲突处理。

3.4 节以电信客服服务流程为例，介绍服务事件序列一致性检测方法。将挖掘出的服务事件与标准的服务事件序列进行一致性比较，从而判断服务过程是否符合标准的流程规范，达到服务质检的目的。

2. 服务过程差异检测技术

针对服务过程资源库大规模、复杂化的问题，4.1 节和 4.2 节介绍两种高效的过程模型间差异检测方法，找出现有服务过程存在的效率低、花费高等地方，为后续的服务过程优化提供方向。

(1)服务过程定量差异计算方法[23]。该方法的特点是用一个 0~1 的值来衡量两个服务过程模型间的差异程度，值越大说明两个服务过程模型相差越大。该方法适用于只需判定两个服务过程差异程度而不需要知道具体差异的场景，如流程库检索、相似度计算等。为了计算出两个服务过程模型间的定量差异，需要先找出两个服务过程模型中的映射节点，即它们相同或者相似的部分，然后根据映射节点得到不同的部分。

(2)基于编辑序列的服务过程差异检测方法[24]。该方法将服务过程模型的片段用一个特征向量表示，基于特征向量去找出两个服务过程模型间的映射片段，随后在相同部分的基础上找出差异，该差异用一个编辑序列来表示。该方法的特点是将差异描述成一个编辑序列，通过这个编辑序列能够将一个服务过程模型转换为另一个服务过程模型。由于该编辑序列表示的是两个服务过程模型间的转换步骤，此方法适用于服务过程版本管理、合并管理和服务过程差异传播等场景。

为了让服务过程差异更加直观和易于理解，便于展开后续的差异分析，以找出差异存在的原因，4.3 节介绍一种基于差异模式的服务过程差异可视化技术[25]。差异模式主要用于将两个服务过程模型中的结构或节点之间的关系变化显式地展示出来。这种可视化的表现方式能够让用户更加直观地理解此差异，可进一步展开更深层次的时间、成本或资源等差异分析。在此基础上，两个服务过程模型之间的差异用一个差异模式集合表示。如此，两个服务过程模型间的差异能从不同的层次上查看。通过多层次的服务过程差异可视化展示，用户可以在全局对两个服务过程间的差异有一个全面的了解，也能只重点关注一个特定层次的差异。

4.4 节介绍差异检测的应用，即基于差异检测的服务适配过滤技术构建一个比现有版本服务过程执行费用更低的优化过程，同时能保证服务过程的执行时间在合理范围内。首先对于给定的服务过程，检测其当前两个最优版本在结构和行为两方面的差异；接着通过连接两个版本服务过程中的相同部分和不同部分的组合，得到所有可能的候选优化过程；最后过滤掉最长执行时间大于给定时间的情况，在剩余的候选优化过程中选出执行费用最少的过程作为最佳优化过程。

3. 智能服务组合技术

针对实际服务过程需求变更频繁化的挑战，第 5 章介绍智能服务组合技术，基于服务自动组合技术和推荐交互式组合技术来进行服务过程建模，可有效提高服务过程建模的效率和准确率，并且满足频繁变更的业务需求。

(1)服务自动组合技术。随着服务化架构应用的不断深入，对于服务自动组合技术的研究变得越来越重要。第 5 章介绍服务自动组合问题的背景及定义，结合国内外近年来的研究成果，介绍几类不同的服务组合技术，内容涉及工作流、智能规划、图论等，对研究现状进行总结。在此基础上，以服务功能链优化为例，介绍服务自动组合问题的一般解决方法。以最小化网络时延为优化指标，综合服务功能链优化的两个阶段，设计启发式算法：首先采用排列组合方式得到所有的服务功能链组合，并采用剪枝策略去掉不满足条件的组合；然后采用基于最小负载的策略，将虚拟网络功能(virtualized network function, VNF)部署至网络节点；最后基于 K-最短路径算法得到链路的部署方案。

(2)基于行为的推荐交互式组合技术[26]。该技术对服务过程片段进行推荐，从而实现基于行为的服务过程自动化建模。首先将待设计的服务过程模型和过程库中的所有服务过程模型转化为相对应的树形结构，从树形结构中提取这些服务过程的独立路径。然后通过计算待设计服务过程模型片段的独立路径和过程库中的每一个服务过程独立路径之间的相似度，选取过程库中与待设计服务过程模型最相似的前 K 个独立路径，并将这些独立路径中当前建模节点的下一节点作为推荐节点反馈给服务过程设计人员。若过程库中多条独立路径与待设计服务过程模型的独立路径具有相同的相似度，通过衡量独立路径的权值，优先推荐权值大的独立路径上的节点。

4. 复杂服务的智能化任务分配技术

针对服务智能化分配任务烦琐的挑战，第 6 章介绍复杂服务的智能化任务分配技术，包括服务需求量预测、服务水平预测、多约束条件下的高效任务最优分配，最后介绍在电信的实际应用场景中如何应用这些技术。

(1) 服务需求量预测技术。考虑到服务需求量在节假日等特殊时间段的分布情况与平时普通时间段不同，介绍一种基于自注意力机制的分时预测模型来解决服务需求量预测问题。该模型首先采用一个编码器-解码器结构对历史服务需求量数据进行编码。在编码器中采用多头自注意力机制对历史数据进行特征提取，解码器采用多层全连接结构对编码结果进行初步预测。为了解决数据不平衡问题，模型采用一个分时优化模块。在分时优化模块中，模型对预测时刻提取时间特征，并嵌入得到一个缩放向量，将解码器的结果进一步优化，消除预测结果的偏差。另外还介绍一种二阶段训练策略，通过先训练模型的编码器-解码器子模块，使模型充分学习到服务需求量在特殊时间段与普通时间段的共同模式，再训练模型的分时优化模块，使模型学习服务需求量在特殊时间段与普通时间段之间的差异，可以让模型实现更高的预测准确率。

(2) 服务水平预测技术。6.3 节介绍一种基于数据驱动的服务水平预测方法，该方法首先对历史服务数据进行分析，研究服务水平在不同因素下的变化情况，从而确定服务水平的影响因素。在此基础上，从历史服务数据中提取三类特征。利用数据增广的手段对历史数据进行扩充，以解决历史数据无法包含正相关性约束的问题，并介绍一种基于孪生网络的预测模型，去学习增广数据中包含的正相关性约束。预测模型以真实的历史记录和扩充的历史记录作为输入，分别预测服务水平，并以两个服务水平之间的关系与增广数据中的关系标签进行比较，计算误差并更新模型，从而让模型学习到正相关性约束。另外，为了保证模型的预测准确率，还以真实记录的服务水平为标签计算训练误差来更新模型参数。实验结果证明基于孪生网络的预测模型能够在满足正相关性约束的前提下实现最好的预测效果。

(3) 多约束条件下的高效任务最优分配技术。多约束条件下的任务最优分配问题适用场景广泛，其中不少任务最优分配问题及其变种已被证明是 NP 难问题。6.4 节从一个实际的电信呼叫中心排班场景出发，介绍一种基于启发式的任务最优分配算法。该算法首先利用一般穷竭(exhaustion)搜索算法，来实现任务分配方案的搜索。为了实现高效搜索，在一般穷竭搜索算法中设置了两个启发式策略。其一，根据经验，一个合理的任务分配方案需要确保任意时间段的服务水平，那么包含一个时间段服务水平偏低的任务安排必然不是一个合理的安排，因此又提出基于服务水平的快终结启发策略，通过对时间段依次进行服务水平分析，以此发现不合理的任务分配方案, 并提前终结对这些方案的搜索。其二, 由于任务分配方案极大地受到约束条件的限制, 大多数任务分配方案是不符合约束条件的, 实际可用的方案数量非常有限。为此, 提出基于约束条件的方案判定策略, 确保搜索算法只对符合约束条件的任务调度方案进行搜索。以上两种策略可应用到一般穷竭搜索算法中, 通过缩小任务分配方案搜索空间的方式, 达到提升算法搜索效率的目的。

参 考 文 献

[1] Hill T P. On goods and services[J]. Review of Income and Wealth, 1977, 23(4): 315-338.

[2] 苏朝晖. 服务营销学[M]. 北京: 高等教育出版社, 2016.

[3] 蔺雷, 吴贵生. 服务管理[M]. 北京: 清华大学出版社, 2008.

[4] Bordoloi S, Fitzsimmons J, Fitzsimmons M. 服务管理: 运作战略与信息技术[M]. 9版. 张金成, 范秀成, 杨坤, 译. 北京: 机械工业出版社, 2020.

[5] 北京索尔维斯企业管理咨询中心. 服务管理体系概论[M]. 北京: 中国标准出版社, 2007.

[6] 吴朝晖, 邓水光, 吴健. 服务计算与技术[M]. 杭州: 浙江大学出版社, 2009.

[7] Genelle W. Face identification study finds the best machines almost equal to the best humans[J/OL]. https://www.abc.net.au/news/science/2018-05-29/face-identification:-study-pits-the-best-humans-against-machines/9797354. [2021-09-11].

[8] Aerts H. Artificial intelligence, big data and lung cancer: Ready to implement?[J]. Journal of Thoracic Oncology, 2019, 14(10): S4.

[9] Medina-Borja A. Editorial column-smart things as service providers: A call for convergence of disciplines to build a research agenda for the service systems of the future[J]. Service Science, 2015, 7(1): ii-v.

[10] 范秀成. 服务质量管理: 交互过程与交互质量[J]. 南开管理评论, 1999, (1): 8-12, 23.

[11] Leymann F, Roller D. Production Workflow: Concepts and Techniques[M]. Hoboken: Prentice Hall, 1999.

[12] Dunie R, Schulte W R, Cantara M, et al. Magic quadrant for intelligent business process management suites[R]. Stamford: Gartner, 2015.

[13] 曹斌. 复杂服务系统业务流程建模改进方法研究[D]. 杭州: 浙江大学, 2013.

[14] Kopf O, Homocianu D. The business intelligence based business process management challenge[J]. Informatica Economica, 2016, 20(1): 7-19.

[15] La Rosa M, Reijers H A, van der Aalst W M P, et al. APROMORE: An advanced process model repository[J]. Expert Systems with Applications, 2011, 38(6): 7029-7040.

[16] Yan Z, Dijkman R, Grefen P. Business process model repositories—Framework and survey[J]. Information and Software Technology, 2012, 54(4): 380-395.

[17] La Rosa M, Dumas M, Uba R, et al. Business process model merging: An approach to business process consolidation[J]. ACM Transactions on Software Engineering and Methodology, 2013, 22(2): 1-42.

[18] Hou C Y, Wu J W, Cao B, et al. A deep-learning prediction model for imbalanced time series data forecasting[J]. Big Data Mining and Analytics, 2021, 4(4): 266-278.

[19] Hou C Y, Cao B, Fan J. A data-driven method to predict service level for call centers[J]. IET Communications, 2022, 16(10): 1241-1252.

[20] Hong F, Chen H, Cao B, et al. A MOEAD-based approach to solving the staff scheduling problem[C]. Proceedings of International Conference on Collaborative Computing: Networking, Applications and Worksharing, Shanghai, 2020: 112-131.

[21] Brucker P, Qu R, Burke E K. Personnel scheduling: Models and complexity[J]. European Journal of Operational Research, 2011, 210(3): 467-473.

[22] 莫志强. 面向自然语言文本的事件序列提取与一致性检测[D]. 杭州: 浙江工业大学, 2021.

[23] Cao B, Wang J X, Fan J, et al. Querying similar process models based on the Hungarian algorithm[J]. IEEE Transactions on Services Computing, 2016, 10(1): 121-135.

[24] Wang J X, Cao B, Fan J, et al. FB-Diff: A feature based difference detection algorithm for process models[C]. Proceedings of IEEE International Conference on Web Services, Honolulu, 2017: 604-611.

[25] Cao B, Wang J X, Fan J, et al. ProDiff: A process difference detection method based on hierarchical decomposition[J]. IEEE Transactions on Services Computing, 2022, 15(1): 513-526.

[26] 归思超, 王佳星, 洪峰, 等. 基于行为的自动化流程建模推荐方法[J]. 计算机集成制造系统, 2020, 26(6): 1500-1509.

第 2 章　服务过程表示方法

随着业务过程管理的广泛应用，研究人员提出了多种服务过程表示方法。一般来说，用图形结构表示控制过程的服务过程，模型更加直观，业务人员更容易理解和交流相关服务过程，因此本章将介绍当前主流的基于控制结构的服务过程表示方法。考虑到复杂的控制结构和多样的模型元素会增加业务人员与建模分析人员之间的沟通障碍，本章还将介绍基于自然语言描述的服务过程表示方法。

2.1　基于控制结构的服务过程表示方法

本节介绍三种基于控制结构的服务过程表示方法：业务过程建模符号（business process modelling notation, BPMN）、Petri 网（佩特里网）和树形结构。学术界和工业界广泛采用这三种方法对服务过程进行建模。

2.1.1　业务过程建模符号

BPMN[1]的目的是为用户提供一套容易理解的标准符号，这些符号作为基础元素，将服务过程的表示简单化、图形化，让服务过程建模者、业务实施人员、管理监督人员对其表示的服务过程都有一个更加清晰明了的理解。BPMN 表示的服务过程具有 4 个基本元素：①流对象（flow object）：包括用圆圈表示的事件、用圆角矩阵表示的活动以及用菱形表示的网关，是 BPMN 中的核心元素；②连接对象（connecting object）：包括用实线箭头表示的顺序流、用虚线箭头表示的消息流以及用点线表示的关联；③泳道（swimlane）：一个泳道代表服务过程中的一个参与者，用于对独立的参与者之间进行物理划分；④人工信息（artifact）：包括数据对象、组、注释，为了扩展基本符号，提供一些附加性的文本信息给服务过程的阅读者，不会影响服务过程的执行。

图 2.1 给出了用 BPMN 表示的一个面试过程实例，其中包含两个泳道，上下两个泳道分别表示申请者和用人单位的面试过程。首先，申请者提交申请，用人单位会对该申请进行审核，若审核不通过则拒绝该申请；否则，申请者进入面试环节。接着，用人单位会计划面试的过程，并对面试的结果进行评估。若用人单位对申请者的面试表现不满意，则会给申请者发信息拒绝其申请；否则，用人单位会给申请者提供一些相应的职位，让申请者进行选择。若申请者对所提供的职

位不满意，则需要拒绝该职位并发信息告诉用人单位；否则，就会办理相应的入职手续。

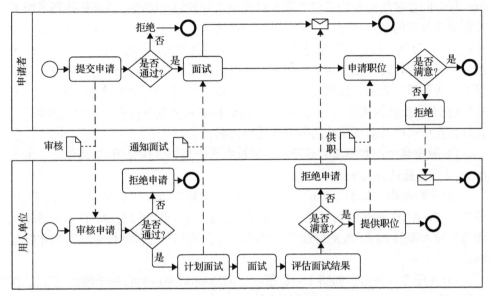

图 2.1　BPMN 表示的面试过程实例

2.1.2　Petri 网

一个 Petri 网[2]表示的服务过程由两种基本节点组成，即库所(place)和变迁(transition)。库所和变迁之间由有向弧(directed arc)连接，构成了 Petri 网内元素间的流关系。有向弧可以从变迁节点指向库所节点或从库所节点指向变迁节点，但不允许连接相同类型的节点。对于一个变迁，通过有向弧流入该变迁的库所集合称为输入库所(input places)，而流出该变迁的库所集合称为输出库所(output places)。在 Petri 网表示的服务过程中，通常把库所看成系统中的资源，如状态、条件、媒介等，而把变迁看成系统中的变化，如事件、操作、传输等。库所可以容纳一定数量的令牌(token)，用来表示资源的数量。若一个变迁的所有输入库所中存在足够多的令牌使其使能，则该变迁可以被触发(firing)；当变迁被触发后，它将消耗掉一定数量的令牌并在输出库所中生成新的令牌。上述元素的常用图形表示如图 2.2 所示。

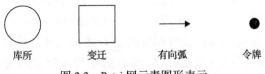

图 2.2　Petri 网元素图形表示

为达到特定的目的，通常用服务过程模型来描述需要执行哪些任务以及按什么顺序来执行。任务是服务过程模型的基本单元，它是不可分割的，必须完整执行。任务间连接的组合构成整个服务过程模型的控制流结构，该结构体现了服务过程中任务间的路由情况，具体可分为顺序路由、并行路由、互斥选择路由和循环路由[3]。显然，Petri 网能够很好地表示上述路由方式。一般来说，用 Petri 网表示一个服务过程时，任务由变迁表示，条件由库所表示，任务间的因果依赖关系可由库所和弧来表示，且该网只有一个"入口"（没有输入弧的库所）和一个"出口"（没有输出弧的库所）。下面分别对 Petri 网表示的服务过程中最常见的顺序、并行、互斥选择及循环四种路由方式进行说明。

（1）顺序路由：如图 2.3(a)所示，通过在两个相邻变迁 A 和 B 间添加一个库所 P_2 进行连接的方式来表示。

（2）并行路由：如图 2.3(b)所示，AND-split 对应包含两个输出库所 P_5 和 P_7 的变迁 C，AND-split 可以使得 D 和 E 两个任务能被同时处理；AND-join 对应包含两个输入库所 P_6 和 P_8 的变迁 F，AND-join 只有当其之前的任务都完成才能被触发。

（3）互斥选择路由：如图 2.3(c)所示，XOR-split 对应包含两个输出变迁 G 和 I 的库所 P_{10}，XOR-join 对应包含两个输入变迁 H 和 J 的库所 P_{13}。

（4）循环路由：如图 2.3(d)所示，在两个库所 P_{17} 和 P_{15} 之间添加一个反向的顺序分支 $M \rightarrow P_{16} \rightarrow N$ 来表示。

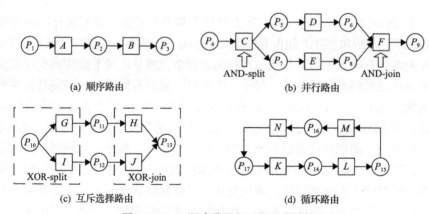

(a) 顺序路由　　　　　　　　　　　(b) 并行路由

(c) 互斥选择路由　　　　　　　　　(d) 循环路由

图 2.3　Petri 网建模服务过程基本结构

基于上述四种基本结构可以构造更加复杂的路由结构，图 2.4 为一个多重选择（OR-split）、多重合并（OR-join）路由。构造多重选择路由需要首先为每条分支 $A_1, \cdots, A_n$ 都构造一条与其入口条件相反的任务 $\tilde{A}_1, \cdots, \tilde{A}_n$，然后将 $(A_1, \tilde{A}_1), \cdots, (A_i, \tilde{A}_i), \cdots, (A_n, \tilde{A}_n)$ 中每对任务 $(A_i, \tilde{A}_i)$ $(1 \leqslant i \leqslant n)$ 的 A_i 和 $\tilde{A}_i$ 间执行关系设置为互斥选择关系，如点划线框所示。最后，将 n 对拥有互斥选择关系的任务 $(A_i, \tilde{A}_i)$ $(1 \leqslant i \leqslant n)$

间的执行关系设置为并行关系。

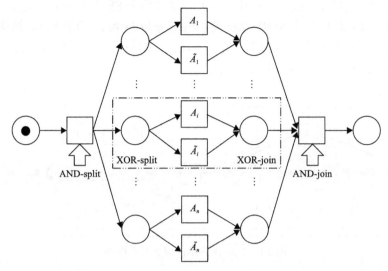

图 2.4　Petri 网建模多重选择与多重合并路由

2.1.3　树形结构

下面介绍在本书涉及的两种表示服务过程的树形结构，即过程结构树(process structure tree, PST)[4]和基于任务节点的过程结构树(task based process structure tree, TPST)[5]。

1. 过程结构树

服务过程可通过将多个层次的单入口和单出口(single-entry-single-exit, SESE)结构块(见定义 2.1)嵌套组装成一棵 PST 来进行表达。

定义 2.1　SESE 结构块。可以定义成一个四元组 $F = $ (Entry, Exit, V, E)，其中 Entry 和 Exit 分别是 SESE 结构块中的单一入口节点和单一出口节点，V 和 E 分别是 SESE 结构块中的节点集合和边集合。

Petri 网表示的服务过程模型 Process 1 如图 2.5 所示，它可以被分成 $F_1 \sim F_8$ 8 个 SESE 结构块，其结构块之间的嵌套关系可以表示为 Process 1 = $\{F_1(F_2(F_4, F_5, F_6), F_3(F_7, F_8))\}$。具体来说，整个服务过程模型就是一个最大的结构块 F_1，最左边的库所 P_1 是 F_1 的单一入口节点，最右边的库所 P_8 是 F_1 的单一出口节点。

将服务过程解析为对应的 PST，有以下的规则：

(1)PST 中的一个路由节点对应服务过程模型中的一个结构块；

(2)PST 中的一个叶子节点对应服务过程模型中的一条边。

例如，将图 2.5 中的服务过程模型解析成对应的 PST，结果如图 2.6 所示。该

PST 的根节点是 F_1，表示图 2.5 中的整个服务过程模型。整个服务过程模型可以被分成 F_2 和 F_3 两个 SESE 结构块，以及连接这两个 SESE 结构块的边 i。F_2 又可被分为 F_4、F_5 和 F_6 三个 SESE 结构块，F_3 被分为 F_7 和 F_8 两个 SESE 结构块。F_4 中包含了 a、b 两条边，F_5 包含了 c、d、e、f 三条边，F_6 包含了边 g、h，F_7 和 F_8 分别包含边 j、k、l、m 和 n、o、p、q。

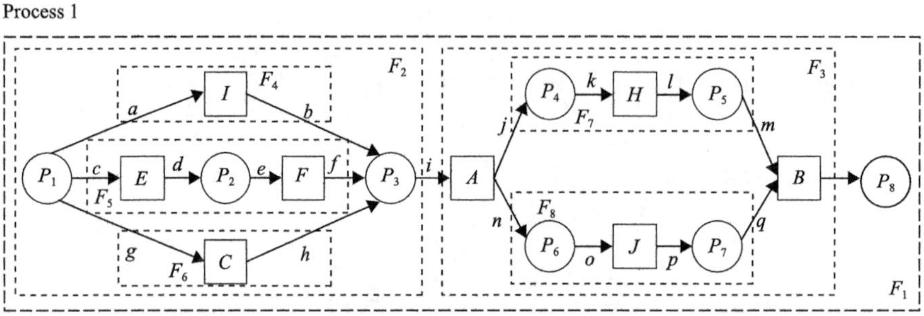

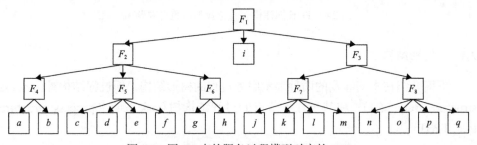

图 2.5　Petri 网表示的服务过程模型

图 2.6　图 2.5 中的服务过程模型对应的 PST

2. 基于任务节点的过程结构树

PST 主要把边当成一个重要的元素来描绘一个服务过程模型的层次结构，而在 TPST 中，任务节点及任务节点之间的执行顺序关系成为展现一个服务过程模型的主要内容。不同的侧重点使得两种不同的过程结构树具有不同的使用场景，PST 可用来分析服务过程的执行性能，TPST 则可用于两个服务过程之间的相似度计算、差异检测等应用场景。

TPST 具有以下特点：

(1) TPST 的一个叶子节点对应服务过程模型中的一个任务节点。

(2) TPST 的一个路由节点有四种类型：Sequence、Loop、AND、XOR，分别表示节点之间的执行关系为顺序执行、循环执行、并行执行、互斥选择执行。

(3) TPST 是一个半有序的树形结构，对于 Sequence、Loop 这两类节点，其孩子节点是有先后顺序执行关系的；而对于 AND、XOR 这两类节点，它们的孩子节点之间是无序的。

　　图 2.7 是由图 2.5 中的服务过程模型 Process 1 转化而来的 TPST。对于 Process 1，它在最高抽象层次上是一个 Sequence 结构，即先执行左边的 XOR 结构块，随后执行活动 A，再执行 AND 结构，最后执行活动 B。由此，在 TPST 中的表示就是，根节点为一个 Sequence 节点 P_0，其孩子节点为 XOR 结构块 B_1、任务节点 A、AND 结构块 B_2、任务节点 B，它们从左到右按顺序执行。对于其中的 XOR 结构块，它包含任务节点 I、Sequence 结构块 P_1 和任务节点 C，且这三个结构块之间是无序执行的。Sequence 结构块 P_1 由任务节点 E 和 F 组成，而 AND 结构块 B_2 由任务节点 H 和 J 组成。

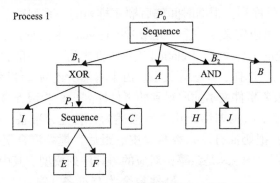

图 2.7　图 2.5 中的服务过程模型对应的 TPST

2.2　基于自然语言描述的服务过程表示方法

　　除了上述基于控制结构的过程表示，在实际过程中也可以使用自然语言描述的形式呈现。例如，表 2.1 展示了某道菜的制作流程，其中，做菜过程中的每一步操作均采用自然语言描述的形式被记录下来。基于自然语言描述的服务过程涉及的领域更为广泛，涵盖了生活社交、金融、医疗等多个领域，在实际中应用得也更为普遍[6]。

表 2.1　某道菜制作流程示例

序号	步骤
1	将五花肉切成厚度为 0.5cm 左右的片，放入碗中
2	在五花肉片中加入姜片、蒜粒、生抽、蚝油、芝麻、料酒、烧烤酱、糖，抓拌均匀，放入冰箱，腌制 30min
3	将腌制好的肉片放入预热好的烤箱，在 190℃下烤 15min 左右
4	烤好后，撒上辣椒粉即食

资料来源：https://home.meishichina.com。

服务过程模型由多个服务事件编排组成，服务事件间有顺序关系，也有选择、并列、异或等复合关系。因此，服务过程模型的抽取也可以视作在服务的自然语言文本描述中对服务事件之间的序列关系进行判断，得到一组包含特定序列关系的服务事件序列。

定义 2.2　服务事件。服务事件可以定义成一个三元组 $E=$(Trigger, Type, Argument)，其中 Trigger 是事件触发词，表示事件的发生；Type 是事件类型；Argument 是事件中论元的集合，包含事件的所有参与者，如时间、地点等事件属性。需要注意的是，事件的论元是根据事件类型事先被定义的，因此不同的事件类型所对应的 Argument 是不同的。

定义 2.3　事件序列。根据时间先后顺序排列的一系列离散事件构成了事件序列[7]。事件序列可以定义成一个二元组 ES=(Event, Relation)，其中 Event 表示非结构化文本对应的事件集合，Relation 表示事件之间所对应的关系集合，Relation 可以是顺序、并列、选择、异或等关系。由于本书所述的事件序列是面向服务过程文本的，基于服务事件文本抽取得到的事件序列也称为服务事件序列。

例如，某菜谱对应的非结构化文本描述为：首先，准备一个碗。然后，同时完成两个步骤：把奶油打发，香蕉去皮。最后，搅拌混合奶油和香蕉，冷却约 20min 直至变稠。图 2.8 是该菜谱对应的事件序列模型。其中，该菜谱对应的事件集合为{(准备,{碗}),(打发,{奶油}),(去皮,{香蕉}),(搅拌混合,{}),(冷却,{})}。以第一个事件"(准备,{碗})"为例，"准备"为事件触发词，"碗"为事件论元。在事件序列中，有向边连接的两个事件节点表示为顺序关系，例如搅拌混合事件发生在冷却事件之前，无直接边相连的事件节点表现为并列关系，例如奶油打发和香蕉去皮表现为两个并列事件。因此，该菜谱对应的一个事件序列为(准备碗, 奶油打发 AND 香蕉去皮, 搅拌混合, 冷却)。其中，奶油打发和香蕉去皮两个事件为并列关系。

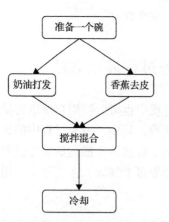

图 2.8　菜谱对应的事件序列模型

事件序列作为一种结构性知识，可以将其看成一种特殊的过程模型，它不仅仅存在于事件日志中，还存在于各种其他类型的自然语言文本中。例如，服务对话文本中客服的服务事件序列、临床记录文本中患者的病情演变事件序列、新闻文本中的事件序列以及菜谱与维修手册等流程文本中的流程事件序列等。作为一种特殊的过程模型，事件序列的挖掘和过程挖掘类似，同样包含发现和监控两类应用。其中，发现旨在从包含事件序列的自然语言文本中提取事件序列，即事件序列提取；监控旨在对一个已知的事件序列和一个由它产生的自然语言文本进行一致性检测，即事件序列一致性检测。

事件序列提取和一致性检测不仅能够从事件日志中挖掘有价值的信息，还能够从其他自然语言文本中挖掘和利用相关知识。在医疗领域，从患者的临床记录文本中提取患者的病况事件序列，有助于医生对患者的患病类型做出判断或者对病情发展做出预测[8]。在语音助手的使用中，不可避免地会遇到一些与流程知识相关的提问，如某菜式的制作流程、某物件的维修或使用流程等。这些流程性知识大量存在于菜谱或说明书这样的流程文本中，而有效地从这些文本中提取事件序列有助于构建更加智能完备的语音助手[9]。例如，在服务领域，许多企业要求客服人员使用事先规范的标准服务过程（即特定的服务事件序列）为用户提供相关服务，而由于不同客服人员的业务水平不同，标准服务过程未能被准确执行，进而影响企业效益和服务质量。此时通过事件序列一致性检测，企业可以及时有效地对客服的服务进行质检，判断客服的服务事件序列是否与标准服务过程一致，倘若不一致可以及时纠正客服，提高服务质量。

参 考 文 献

[1] White S A, Miers D. BPMN Modeling and Reference Guide: Understanding and Using BPMN[M]. Cambridge: Future Strategies Inc., 2008.

[2] van der Aalst W M P, Stahl C. Modeling Business Processes: A Petri Net-Oriented Approach[M]. Cambridge: MIT Press, 2011.

[3] Zheng H Y, Yang J A, Zhao W L. Probabilistic QoS aggregations for service composition[J]. ACM Transactions on the Web, 2016, 10(2): 1-36.

[4] Vanhatalo J, Völzer H, Koehler J. The refined process structure tree[J]. Data & Knowledge Engineering, 2009, 68(9): 793-818.

[5] Fan J, Wang J X, An W S, et al. Detecting difference between process models based on the refined process structure tree[J]. Mobile Information Systems, 2017, 2017: 1-17.

[6] 倪维健, 韦振胜, 曾庆田, 等. 面向自然过程文本的案例信息抽取[J]. 计算机集成制造系统, 2018, 24(7): 1680-1689.

[7] Nguyen T M, Nguyen T H. One for all: Neural joint modeling of entities and events[C]. Proceedings of the AAAI Conference on Artificial Intelligence, Honolulu, 2019: 6851-6858.

[8] Jeblee S, Hirst G. Listwise temporal ordering of events in clinical notes[C]. Proceedings of the Ninth International Workshop on Health Text Mining and Information Analysis, Brussels, 2018: 177-182.

[9] Feng W F, Zhuo H H, Kambhampati S. Extracting action sequences from texts based on deep reinforcement learning[C]. Proceedings of the 27th International Joint Conference on Artificial Intelligence, Stockholm, 2018: 4064-4070.

第 3 章　基于语义分析的服务过程挖掘技术

作为过程使能计算中细粒度服务发现的重要一环，基于语义分析的服务过程挖掘技术旨在从自然语言描述的服务文本中抽取蕴含其中的服务过程模型。该技术可以帮助业务人员对实际业务过程进行有效准确的把握和分析，进而做出准确的决策。本章将通过以下四部分来介绍基于语义分析的服务过程挖掘技术：①服务事件抽取模型。主要基于自然语言描述文本进行语义分析，进而挖掘出细粒度服务事件。②服务事件摘要模型。主要对挖掘出的服务事件形成可理解的摘要。③服务事件关系提取模型。主要面向服务过程文本进行上下文语义分析，对给定的服务事件进行关系建模，进而得到最终的服务过程。④服务事件序列一致性检测模型。主要将挖掘出的服务事件与标准的服务事件序列进行一致性比较，从而判断服务过程是否符合标准的流程规范，达到服务质检的目的。

3.1　服务事件抽取模型

服务事件作为服务过程的过程节点，是基于自然语言描述的服务过程的最基本单元。因此，从基于自然语言描述的服务过程文本中抽取语义完整的服务事件就成为从文本中挖掘服务过程的前提。

在现实的服务事件抽取系统中，用户通常会提前定义好一些常见的服务事件类型。但因为用户无法知道所有的服务事件类型，现有系统无法抽取一些未定义服务事件类型的新服务事件。因此，本书将服务事件分为历史服务事件和新服务事件两类。其中，历史服务事件指那些用户提前定义好的服务事件，这些服务事件在经过人工归纳后会被提前存档到服务事件库中；新服务事件指那些未在服务事件库中出现的服务事件，即从未对这类服务事件进行过归纳处理。基于以上分类，服务事件抽取模型整体框架如图 3.1 所示，该模型可以由以下两个子模块构成。

(1)历史服务事件分类。给定一组包含多个服务事件描述的服务过程文本集合以及由人工提前整理好的服务事件库，通过分类的方式从给定服务事件描述文本集合中找出满足条件的历史服务事件。

(2)新服务事件聚类。在给定服务事件描述文本集合经过历史服务事件分类后，一些不属于任何历史服务事件的文本会被遗留下来。在本书中，认定在这些遗留文本中存在新服务事件。因此，本模块的主要工作就是通过聚类的方式挖掘这些新服务事件。

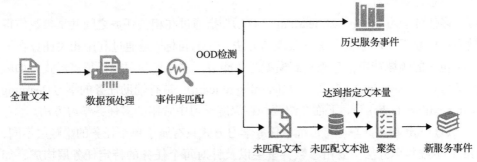

图 3.1　服务事件抽取模型整体框架

3.1.1　基于 OOD 检测的历史服务事件分类方法

　　OOD 检测[1]指模型能够检测出 OOD 样本。其中，OOD 样本是相对于分布内 (in distribution, ID) 样本的，指那些不属于模型训练语料分布的样本。在实际服务事件抽取过程中，首先要对服务事件进行分类，但是真实的服务事件既有已经被归档到事件库中的历史事件，也有从未出现的新事件，如果用传统的分类方法，必定会将新事件分类到一个历史事件中，造成错误。

　　为了解决未知的新服务事件类型的服务事件文本被误分类为已知服务事件类型的问题，本节提出一种端到端方式的多任务学习模型，对历史服务事件分类与置信度评估进行联合学习 (end-to-end multi-task learning model that jointly learns the confidence estimate and event recognition, 简写为 EMER)[2]。其中，置信度评估用于区分当前输入的服务事件文本是属于历史服务事件还是属于系统支持范围外的新服务事件。其背后的思路是认为系统支持范围外的新服务事件的文本会被模型赋予更低的置信度。因此，文本的历史服务事件分类效果可以通过过滤那些置信度较低的文本，即过滤那些系统支持范围外的文本来得到提高。为此，EMER 使用了一个用于判别系统支持范围内历史服务事件文本的分类分支、一个用于过滤系统支持范围外的新服务事件文本的置信度评估分支。

　　此外，词嵌入表示对历史服务事件分类至关重要[3]，所以 EMER 通过联合嵌入的方式尝试学习更好的词嵌入表示。在联合嵌入方式中，EMER 不仅考虑了原始服务事件文本中每个词语的重要性，也直接结合了每条文本的标签信息来构建服务事件文本的嵌入表示。

　　1. 相关概念介绍

　　为了帮助读者更好地理解 EMER 方法，下面简单介绍一些方法涉及的技术，具体内容如下。

1)多任务学习

多任务学习(multi-task learning, MTL)[4]指通过在相关任务之间共享参数使得模型可以获得比原始任务更好表现的方法。它的目标[5]是通过利用相关任务在训练时包含的领域特定信息来提高模型泛化能力。多任务学习包括很多形式,如联合学习(joint learning)、自主学习(learning to learn)、带有辅助任务的学习(learning with auxiliary tasks)等。下面介绍两种在深度学习中常用的多任务学习方法。

(1)Hard 参数共享。与传统单任务学习方式只有属于单个任务的隐藏层不同,Hard 参数共享方法主要由参数共享层以及针对每个任务的特定任务层构成,如图 3.2 所示。其中,参数共享层极大地降低了模型过拟合的风险,并且过拟合的风险与特定任务数量有关。任务数量越多,模型过拟合风险越小。例如,同时需要完成多个工作,这样想要找到这些工作的共性特征就会较为困难,因此单个工作的过拟合可能性就变得较小。

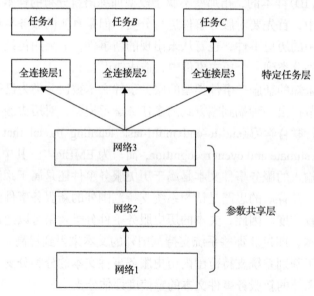

图 3.2   多任务学习 Hard 参数共享

(2)Soft 参数共享。与 Hard 参数共享中每个任务共用同一个隐藏层参数不同,Soft 参数共享的每个任务都拥有自己的隐藏层参数,如图 3.3 所示。不同任务之间通过计算隐藏层参数之间的距离作为模型约束条件,然后缩小该距离,来拉近任务之间的关系。常用的计算隐藏层参数距离的方法有 L_2 正则化、迹范数(trace norm)等。

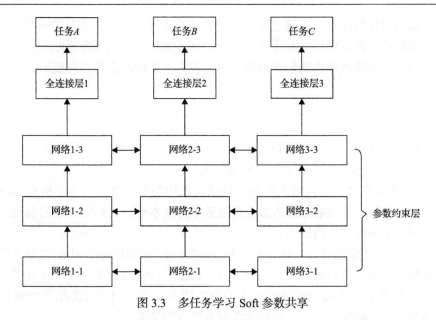

图 3.3　多任务学习 Soft 参数共享

2) OOD 检测[1]

常见的深度学习中的 OOD 检测方法如下。

(1)设置预先定义的阈值[6]。该策略给每个样本计算一个分数，拒绝那些分数低于预先设置阈值的 OOD 样本。计算样本分数的方法有概率密度、重构损失、贝叶斯模型等。

(2)增加额外的 OOD 标签[7]。该方法为 OOD 样本增加一个额外的 OOD 标签，当样本被模型划分到 OOD 类别时，将其拒绝。

(3)增加 OOD 样本分类器[8]。该方法分为两步。首先，构造一个独立的 OOD 样本分类器，用于判别样本类型；其次，将 OOD 样本过滤后得到的 ID 样本用于目标任务。

(4)生成伪 OOD 样本[9]。为了解决大规模 OOD 样本采集困难的问题，可通过采用对抗训练(adversarial training)的方法生成伪 OOD 样本。

3) 任务定义

给定一个标签集 $I=\{o, l_1, l_2, l_3, \cdots, l_{k-1}\}$，对应的服务事件文本集 $D=[u_1, u_2, u_3, \cdots, u_n]$，以及其对应的服务节点分类标签序列 $L=[\cdots, l_i, \cdots, o, \cdots]$。其中，服务事件文本集 D 中的每个服务事件文本 u_i 是一个词序列 $u_i=[w_{i1}, w_{i2}, w_{i3}, \cdots, w_{iN}]$，且每个服务事件文本标注有旧服务节点的服务分类标签 l_i 或者系统支持范围外的服务节点的标签 o。这里的 n 和 N 分别代表服务事件文本集 D 和一条服务事件文本 u_i 的长度，它们会随着不同的服务事件文本而有所不同。任务目标由两部分组成，第一部分是通过过滤旧服务节点找出对应可能包含新服务节点的服务事件文本，第二部分是通过过滤掉对应可能包含新服务节点的服务事件文本来提高旧服务事件文本分类标签 l_i 的准确性。与传统文本分类任务相比，上述任务实际上是一个多任务学习，通过检测出可能包含新服务事件的文本来帮助提升粗粒度旧服务事件分类效果。

2. 模型实现

下面主要介绍一种基于端到端方式的历史服务事件识别方法。如图3.4所示，所提的EMER模型主要由以下两个模块构成。

(1)服务事件文本联合嵌入模块。该模块采用服务事件文本中的所有词语以及所有分类标签，使用联合嵌入方式将服务事件文本嵌入到固定大小的向量空间中，得到服务事件文本的嵌入表示。

(2)分类与置信度评估模块。该模块作为整个模型的输出层，由分类分支和置信度评估分支两部分构成。其中，分类分支用于预测输出历史服务事件分类。置信度评估分支用于评估服务事件文本的分类结果，输出当前分类结果的置信度值。该置信度值将用于过滤可能包含新服务事件的文本。

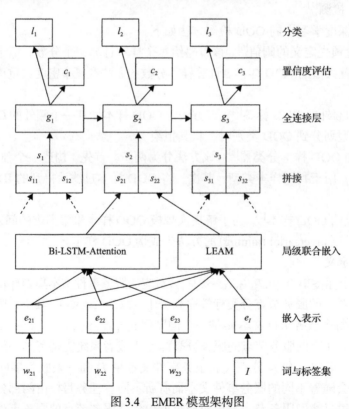

图 3.4　EMER 模型架构图

下面将逐一介绍 EMER 中的每个模块。

1) 服务事件文本联合嵌入模块

由于服务事件文本嵌入表示的好坏很大程度上会影响历史服务事件的识别效果，该模块的目标是尽可能多地获得充分的句子特征表示。该模块将不定长的服务事件文本嵌入为低维度的向量表示，不仅包含了输入文本的特征信息，而且降低了计算高维度向量带来的高昂计算成本。为此，EMER 结合了两种方法：①带有注意力机制的双向长短期记忆网络 (bidirectional-LSTM with attention mechanism, Bi-LSTM-Attention)[10,11]，该方法重点关注服务事件文本中的关键词对服务事件文本嵌入表示的影响；②标签嵌入注意力模型 (label-embedding attentive model, LEAM)[12]，该方法在构建文本嵌入表示时直接考虑了历史服务事件标签信息对服务事件文本嵌入表示的影响。

首先，服务事件文本联合嵌入模块以一条历史服务事件文本 $u_i = [w_{it}]_{t=1}^N$ 和标签集 $I = \{o, l_i\}_{i=1}^{k-1}$ 作为输入。然后，它们通过模块嵌入层嵌入为词嵌入表示序列 $e_u = [e_{it}]_{t=1}^N$ 和标签嵌入表示序列 $e_I = [e_o, e_{l_i}]_{i=1}^{k-1}$。这里，$t$ 是序列的时间标记。因为 Bi-LSTM-Attention 和 LEAM 采用共享的词嵌入表示来生成服务事件文本的嵌入表示，会导致两种方法在模型梯度反传优化时联合作用于模块的嵌入层。特别要注意的是，共享的模块嵌入层可以在两种方法之间共享参数，从而能有效减少过拟合的风险[13]。最后，对于每条历史服务事件文本，EMER 拼接由 Bi-LSTM-Attention 和 LEAM 分别产生的两个不同的文本嵌入 s_{i1} 和 s_{i2}：

$$s_i = s_{i1} \oplus s_{i2} \tag{3.1}$$

其中，$\oplus$ 表示两个不同服务事件文本的嵌入表示的拼接。

下面描述所使用到的两种方法的实现细节。

(1) 带有注意力机制的双向长短期记忆网络。图 3.5 展示了 Bi-LSTM-Attention 架构图。

为了捕获输入服务事件文本中词语之间的上下文信息，EMER 采用 Bi-LSTM 通过合并前向隐藏状态 $\vec{h}_{it}$ 和后向隐藏状态 $\overleftarrow{h}_{it}$ 的方式，将每条历史服务事件文本的词嵌入表示序列 $e_u = [e_{it}]_{t=1}^N$ 转换为对应的隐藏状态序列 $[h_{it}]_{t=1}^N$。具体计算公式如下：

$$h_{it} = \vec{h}_{it} \oplus \overleftarrow{h}_{it} \tag{3.2}$$

$$\vec{h}_{it}, \vec{c}_{it} = \overrightarrow{\text{LSTM}}\left(\vec{h}_{it-1}, \vec{c}_{it-1}, e_{it}\right) \tag{3.3}$$

$$\overleftarrow{h}_{it}, \overleftarrow{c}_{it} = \overleftarrow{\text{LSTM}}\left(\overleftarrow{h}_{it-1}, \overleftarrow{c}_{it-1}, e_{it}\right) \tag{3.4}$$

其中，前向隐藏状态 $\vec{h}_{it}$ 和前向细胞状态 $\vec{c}_{it}$ 由式(3.3)计算得到。前向长短期记忆网络 $\overrightarrow{\text{LSTM}}$ 按照输入服务事件文本中词语出现的正向顺序读取词嵌入表示，即 $e_{i1} \rightarrow e_{iN}$。 $\vec{h}_{it-1}$ 和 $\vec{c}_{it-1}$ 分别是前一个隐藏状态和前一个细胞状态，而 e_{it} 是当前词语 w_{it} 的词嵌入表示。 $\vec{c}_{it}$ 是一个包含输入服务事件文本上下文信息的中间变量，不会用于之后的文本嵌入表示。从形式上讲，后向隐藏状态 $\overleftarrow{h}_{it}$ 与前向隐藏状态 $\vec{h}_{it}$ 的计算方式差异，只是在后向长短期记忆网络 $\overleftarrow{\text{LSTM}}$ 中按照输入服务事件文本中词语出现的反向顺序读取词嵌入表示，即 $e_{iN} \rightarrow e_{i1}$。

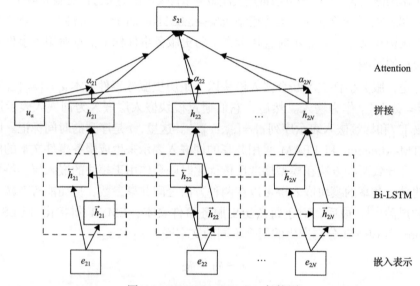

图 3.5　Bi-LSTM-Attention 架构图

注意到不同的词语在表达输入服务事件文本的含义时具有不同的贡献程度，所以引入一个注意力机制，用来提取输入服务事件文本中的关键词信息。词语对于表达输入服务事件文本的含义越重要，注意力机制赋予该词语的权重越大。

具体地，EMER 通过加权计算 Bi-LSTM 输出的隐藏状态 $[h_{it}]_{t=1}^{N}$ ，得到由 Bi-LSTM-Attention 输出的文本嵌入表示 s_{i1}。其中，注意力权重值 $[\alpha_{it}]_{t=1}^{N}$ 是由注意力机制计算得到的，计算公式如下：

$$z_{it} = \tanh(W_1 h_{it} + b_1) \tag{3.5}$$

$$\alpha_{it} = \frac{\exp(u_\alpha z_{it})}{\sum_{t=1}^{N} \exp(u_\alpha z_{it})} \tag{3.6}$$

$$s_{i1} = \sum_{t=1}^{N} \alpha_{it} h_{it} \tag{3.7}$$

式 (3.5) 中，W_1 和 b_1 分别是权重矩阵和偏置向量；z_{it} 是 h_{it} 的隐藏表示。式 (3.6) 中，EMER 通过 softmax 函数得到每个词语的注意力权重值 $[\alpha_{it}]_{t=1}^{N}$；u_α 是一个需要在模型训练中学习得到的词语上下文向量，用来衡量词语表达文本含义的重要性，这种方式在记忆网络中常被使用[11,14,15]。最后，由式 (3.7) 加权求和得到服务事件文本的嵌入表示 s_{i1}。

(2) 标签嵌入注意力模型。传统文本分类方法主要分为两个步骤，即嵌入表示和文本分类。具体来说，首先，一条文本将被模型嵌入表示为包含文本语义信息的向量。然后，文本向量会通过一层或者多层全连接层得到最终的文本分类结果。从方法整体来看，在模型训练时，语料中的文本分类标签只作用于最后的全连接层，没有对文本嵌入表示产生直接影响。换句话说，在传统文本分类方法中，每条文本的分类标签信息对句子嵌入的直接影响常常在嵌入表示阶段被忽略。因为使用标签注意力文本表示的 LEAM 在文本分类任务上已经被证明有效，所以 EMER 采用 LEAM 在服务事件文本嵌入阶段融入了服务事件的标签信息。图 3.6 展示了 LEAM 架构图。

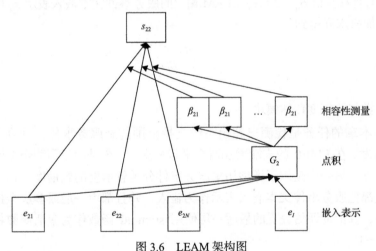

图 3.6　LEAM 架构图

具体地，EMER 将词嵌入表示序列 e_u 和标签嵌入表示序列 e_l 作为 LEAM 的输入并使用式 (3.8) 来测算 e_u 和 e_l 之间的相容性：

$$G_i = \frac{e_l e_u^{\mathrm{T}}}{\sqrt{d}} \tag{3.8}$$

其中，G_i 是一个 $k \times N$ 的相容性结果矩阵；d 是词嵌入表示的维度。

EMER 首先计算 e_u 和 e_l 之间的点积，然后除以 $\sqrt{d}$ 来降低过小梯度值导致模型收敛困难的风险[16]。该设计在词嵌入表示和标签嵌入表示之间建立了直接联系，有助于优化词嵌入表示。

为了捕获相邻词语之间的上下文信息，EMER 先以时间标记为 t 的词语为中心，取半径为 r、总长度为 $2r+1$ 的局部块 $G_i^{t-r:t+r}$，进行如下计算：

$$p_{it} = \mathrm{ReLU}\left(W_2 \left(G_i^{t-r:t+r} \right)^{\mathrm{T}} + b_2 \right) \tag{3.9}$$

$$m_{it} = \mathrm{max\text{-}pooling}\left(p_{it} \right) \tag{3.10}$$

$$\beta_{it} = \frac{\exp\left(m_{it} \right)}{\sum\limits_{t=1}^{N} \exp\left(m_{it} \right)} \tag{3.11}$$

其中，W_2 和 b_2 分别是权重矩阵和偏置向量；p_{it} 是一个维度为 k 的更高阶相容性向量。

EMER 首先通过 max-pooling 函数获取最大的相容性值。然后，通过 softmax 函数得到相容性权重值 β_{it}。最后，LEAM 输出的服务事件文本嵌入表示 s_{i2} 由 $\left[\beta_{it} \right]_{t=1}^{N}$ 和 $\left[e_{it} \right]_{t=1}^{N}$ 加权求和得到：

$$s_{i2} = \sum_{t=1}^{N} \beta_{it} e_{it} \tag{3.12}$$

2) 分类与置信度评估模块

由于本章的任务是检测出超出系统支持范围的新服务事件，受到 DeVries 等[17]的启发，在 EMER 的末端增加两个平行分支：一个是用于预测历史服务事件的分类分支，另一个是用于评估历史服务事件分类置信度的置信度评估分支。这两个分支都把服务事件文本嵌入表示作为输入，并且都由一层或多层全连接层构成。其中，置信度评估分支的最后一层使用 sigmoid 函数作为激活函数将置信度缩放在 0～1。

对于文本分类分支，EMER 在模型训练时只挑选那些语料中属于历史服务事件文本分类标签 l_i 的文本，使用交叉熵函数 $\mathrm{CE}()$ 来计算任务损失 L_{task}：

$$L_{\mathrm{task}} = \frac{1}{n} \sum_{i=1}^{n} \mathrm{CE}\left(L_i, p_i \right) \tag{3.13}$$

其中，L_i 为正确的服务事件文本分类标签；p_i 为由文本分类分支产生的服务事件分类标签概率向量。

对于置信度评估分支，为了根据置信度过滤新服务事件，首先针对 EMER 设计如下策略：

$$c_i' = \begin{cases} c_i, & L_i \neq o \\ 1 - c_i, & L_i = o \end{cases} \tag{3.14}$$

$$L_{\text{confidence}} = -\frac{1}{n}\sum_{i=1}^{n}\lg c_i' \tag{3.15}$$

其中，c_i 代表由置信度评估分支产生的分类置信度。对于一条标记为标签 o 的系统支持范围外的新服务事件的文本，EMER 用 1 减去 c_i 得到目标置信度 c_i'；否则，EMER 将保留置信度 c_i 作为目标置信度 c_i'。

然后，EMER 使用 c_i' 的负对数似然函数计算得到置信度损失 $L_{\text{confidence}}$，如式 (3.15) 所示。在 EMER 模型训练结束之后，置信度损失 $L_{\text{confidence}}$ 将趋近于 0。对于系统支持范围内的历史服务事件文本，这使得 c_i 趋近于 1，即 $c_i \to 1, L_i \neq o$。对于系统支持范围外的新服务事件文本，这使得 c_i 趋近于 0，即 $c_i \to 0, L_i = o$。在实际应用中，可以简单地将置信度低于预设置信度阈值 θ 的服务事件文本当成系统支持范围外新服务事件的文本，再将它们过滤。

最后，总损失 L_{total} 由式 (3.16) 计算得到：

$$L_{\text{total}} = L_{\text{task}} + \lambda L_{\text{confidence}} \tag{3.16}$$

其中，λ 是一个用于调节 L_{task} 和 $L_{\text{confidence}}$ 之间权重的超参数。

3.1.2　基于自编码器的新服务事件聚类方法

服务事件抽取是从非结构化的服务事件文本信息中识别出结构化的服务事件信息。识别出的信息根据需求提供给用户使用。服务事件信息包括事件类型、事件要素等。目前，传统的服务事件抽取往往需要预先定义好相应的服务事件类型。这些服务事件类型在海量服务事件文本中的覆盖率很低，无法推广到现实场景中。例如，当前系统中预先定义了数据清理、数据集成、数据规约三种服务事件类型。但如果出现了新的服务事件类型，如数据变换，那么系统就无法识别出该服务事件。因此，需要一种新服务事件的抽取方法来解决这一问题。

本节提出的方法主要基于服务事件文本聚类的形式实现。通过 OOD 检测筛选出未与服务事件库匹配的服务事件文本，将这些文本存放到未匹配的服务事件文本池中。这是因为某些聚类算法在服务事件文本的数量过少时无法进行聚类。例如，k 均值聚类算法(k-means clustering algorithm)[18]中，当数据集的大小小于指定的聚类个数 k 时，算法将无法对当前数据集进行聚类，所以需要一个服务事件文本池来保存筛选出的文本。待未匹配的服务事件文本池中的文本数量达到指定大小 m 后，为了检测服务事件文本池中可能存在的新服务事件，对这 m 条文本进一步进行文本聚类。文本数量的临界值 m 是根据实际的经验值确定的。

由于服务事件文本本身的离散特性，如果使用传统的基于词频的方法(如词袋模型[19]、词频-逆文档频率(TF-IDF)[20]等)对服务事件文本进行向量化，那么得到的服务事件文本向量将会变得高维稀疏[21]。同时，因为这些方法没有考虑服务事件文本中的上下文关系，最终的表示会丢失服务事件文本中的语义关系。这些问题将会导致在下游任务中聚类的准确率下降[22]。

针对以上问题，本节提出基于自编码器[23]的新服务事件文本聚类方法，具体分为以下三个模块。

(1)服务事件文本表示模块。为了解决传统文本向量表示方法中文本向量高维稀疏且丢失语义的问题，使用 BERT[24]预训练模型对服务事件文本的向量表示进行初始化。

(2)自编码器模块。为了进一步获取服务事件文本中重要的特征，在预训练阶段，使用自编码器来编码和重构 BERT 模型的文本向量表示，进一步把输入的高维向量转换为低维向量，从而更加适合于下游聚类任务。

(3)自训练模块。为了提升聚类的精度，在下游任务聚类中，通过使用软聚类作为辅助目标分布来进一步微调自编码器的权重及聚类。

1. 相关概念介绍

下面先介绍一些相关概念以便读者能更好地理解所提的方法。

1)聚类[25]

聚类指将给定的数据集合划分为不同簇的过程，目标是使得同一簇中的数据尽量相似，不同簇间的数据尽量不相似。按照数据从属于集合的确定程度，可将聚类分为硬聚类和软聚类。硬聚类(hard clustering)指样本确切地分到某一个簇中；软聚类(soft clustering)指样本以一定的概率分配到各簇中。

硬聚类与软聚类的区别类似于规则与统计的区别：硬聚类中从属关系是离散的，非常强硬；而软聚类比较灵活，如果将元素所属聚类视作离散型随机变量，软聚类相当于为每一个元素都预测了一个概率分布。

硬聚类和软聚类示例如图 3.7 所示。在硬聚类中，样本 A 属于 1 号簇，样本 B 属于 3 号簇。在软聚类中，样本 A 属于 1 号簇的概率为 0.96，样本 B 属于 3 号簇的概率为 0.80。

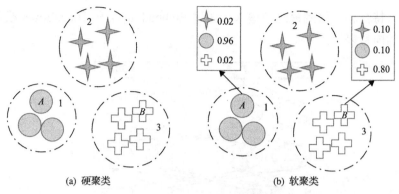

(a) 硬聚类　　　　　　　　　　　　　　　(b) 软聚类

图 3.7　硬聚类和软聚类示例[25]

2) k 均值聚类算法[18]

k 均值聚类算法是基于样本集合的划分聚类算法，是硬聚类算法的一种。其基本思想为：在给定的聚类数目 k 下，首先随机选择 k 个初始聚类中心，再根据某个度量指标(如欧氏距离)将每个样本划分到与其最相似的类中，得到一个聚类结果；然后重新计算 k 个类别的中心，作为每个类的新的中心。不断迭代上述过程，直到收敛。

3) BERT 预训练模型[24]

BERT 预训练模型是谷歌在 2018 年提出的一个深度双向预训练语言模型，其模型架构如图 3.8 所示，模型抛弃传统的循环神经网络(recurrent neural network, RNN)编码器和卷积神经网络(convolutional neural network, CNN)编码器，是一个完全使用 Transformer[16]作为编码单元的模型。BERT 模型的预训练包含 2 个任务，即 Masked LM 和 Next Sentence Prediction。Masked LM 是随机掩盖输入文本中的部分词，并对这些被掩盖的词进行预测；Next Sentence Prediction 则是判断两句话是否是一篇文章的前后句。BERT 模型通过对这两个任务进行联合训练，使得模型输出的向量表示能够更准确地刻画文本中的语义信息。其输入是一个单一的句子或者句子对，同时 BERT 模型增加了一些有特殊作用的标志位:[CLS]标志放在第一个句子的首位，经过 BERT 模型得到的特征向量 $E_{[CLS]}$ 可以用于后续的分类任务；[SEP]标志用于分开两个输入句子，例如，输入句子 A 和 B，要在句子 A、B 后面增加[SEP]标志。每个字由对应的三个嵌入特征相加组成，如图 3.9 所示。三个嵌入特征分别是字嵌入(token embeddings)、段嵌入(segment embeddings)和位置嵌入(position embeddings)。字嵌入是将各个字转换成固定维度的向量。在 BERT 模型中，每个字会被转换成固定维度的向量表示。段嵌入用于区分两个句子。位置嵌入是将词的位置信息编码为向量。BERT 模型将上述三个嵌入特征相加得到最终的输入，通过 Embedding 层和 Transformer 模块，得到最终的向量表示。

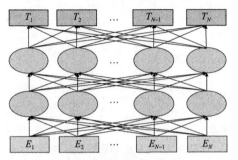

图 3.8　BERT 模型架构[24]

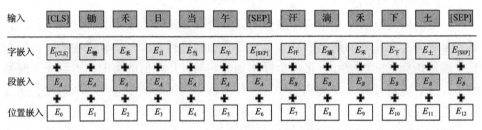

图 3.9　BERT 模型输入表示[24]

4) 自编码器

自编码器 (auto encoder)[23] 是神经网络的一种，经过训练后能将输入复制到输出。其由编码器 (encoder) 和解码器 (decoder) 两部分组成，并且这两个网络成对称结构，网络结构如图 3.10 所示。编码器的输出就是解码器的输入，自编码器的数学公式如下：

$$h = g_1\left(W_1 x + b_1\right) \tag{3.17}$$

$$x' = g_2\left(W_2 h + b_2\right) \tag{3.18}$$

其中，g_1 和 g_2 分别表示编码器和解码器的映射函数；W_1、b_1、W_2、b_2 是自编码器的网络参数。输入 x 到隐藏层 h 的映射关系可以看成一个编码过程，通常 h 的维度要远小于 x 的维度；从隐藏层 h 到输出 x' 的映射关系可以看成一个解码过程，通常希望输出 x' 与输入 x 尽可能相似。将输出近似到输入看起来没什么用，但通常不关心解码器的输出，相反是希望通过训练自编码器对输入进行复制而使中间的隐藏层 h 获得输入 x 中更加有用的特征。为了使输出 x' 尽可能地与输入 x 相似，采用均方误差作为损失函数，即 $\|x - x'\|_2^2$。因此，可以通过最小化损失函数来逐层训练自编码器，最终获得隐藏层的特征 h。

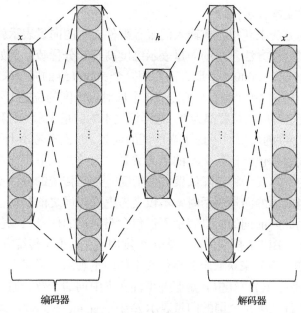

图 3.10　自编码器网络结构[26]

2. 模型实现

如图 3.11 所示，本节提出的服务事件文本聚类模型包含以下三部分。服务事件文本表示模块是使用 BERT 预训练模型获取服务事件文本的向量表示；自编码器模块是使用自编码器编码和重构服务事件文本的向量表示对其进行降维；自训练模块是通过使用软聚类作为辅助目标分布来微调自编码器的权重及聚类。

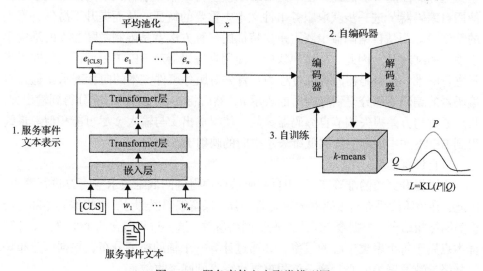

图 3.11　服务事件文本聚类模型图

1)服务事件文本表示模块

一种直接的方法来获得当前输入的服务事件文本的向量表示就是采用词袋模型。然而，通过这种方法获得的向量表示维度高且十分稀疏。例如，在当前语料库下，词典中的词有 30000 个，那么需要用一个 30000 维的向量来表示一段文本。假设一条文本中包含 10 个词，则在这 10 个词对应维度的位置上不为 0，而在其他 29990 个维度上对应的位置都为 0，这样该文本的向量表示十分稀疏。同时，在这 10 个词对应维度的位置只考虑了当前词的词频，并没有考虑上下文，也使得最终文本的向量表示不包含该条文本的语义关系。因此，在下游任务聚类时，使用这种方式得到的文本表示将会降低聚类的精度[22]。与传统的方法不同，BERT 模型在计算文本当前词的向量表示时，不仅会考虑到该词之前的词，也会考虑到该词之后的词，因此当前词的向量表示不仅包含当前词的信息，也包含当前词的上下文的信息；而且 BERT 模型的向量表示维度固定，远小于传统方法的表示维度。因此，使用 BERT 模型来获取服务事件文本的向量表示。形式上，给定服务事件文本 $t=\{w_1, w_2, \cdots, w_n\}$，其中 n 是服务事件文本中词的个数。通过 BERT 模型可以得到该服务事件文本每个词的向量表示 $E=\{e_{[CLS]}, e_1, \cdots, e_n\}$，其中 e_n 指服务事件文本中第 n 个词的向量表示。最后通过平均池化(average pooling)方法得到该文本的句向量表示，即 $x = \dfrac{1}{n}\sum_{i=1}^{n} e_i$，其中 e_i 表示文本中第 i 个词的向量表示。

2)自编码器模块

通过对 BERT 模型等预训练语言模型得到的向量表示进一步降维不仅可以减少内存的消耗，还可以获取服务事件文本中更加重要的特征，从而在下游任务中达到更好的性能[27]。因此，在通过 BERT 模型得到服务事件文本的向量表示后，使用自编码器[19]进一步获取服务事件文本中重要的特征，从而提升下游任务聚类的精度[28]。而从自编码器中获得重要特征的一种方法就是限制隐藏层 h 的维度小于输入的维度[23]。因此，在该模块中，使用自编码器对 BERT 模型得到的向量表示进行降维。自编码器的训练过程为：首先对服务事件文本的向量表示 x 通过自编码器的编码器部分得到降维后的表示 h，然后将 h 通过解码器部分得到输出 x'，最后通过均方差损失调节自编码器参数，使得输出 x' 与输入 x 尽可能相似。最终得到 BERT 文本表示空间到低维表示空间的映射 H。

3)自训练模块

为了提升聚类的准确率,使用自编码器模块得到的低维表示空间 H 进行聚类。因此，在该阶段丢弃自编码器的解码器部分，保留编码器部分，再将编码器部分与聚类网络相结合，根据聚类结果来调整网络参数。这一过程包含两个步骤：①计算样本点属于每个聚类中心的概率；②通过计算一个辅助概率分布，根据该分布调整网络参数及聚类中心。这一过程重复执行直到网络收敛。

对于第一步，首先通过 k 均值聚类算法获取数据的聚类中心 μ_j，然后利用聚类中心计算每个样本点的软聚类分布。使用自由度为 1 的学生 t 分布[29]去计算样本点 h_i 到聚类中心 μ_j 的概率：

$$q_{ij} = \frac{\left(1+\left\|h_i - \mu_j\right\|^2\right)^{-1}}{\sum_{j'}\left(1+\left\|h_i - \mu_{j'}\right\|^2\right)^{-1}} \tag{3.19}$$

其中，q_{ij} 表示样本 i 属于簇 j 的概率。

学生 t 分布属于厚尾分布，当自由度为 1 时相对于高斯分布，其尾部要更高，因此该特性十分适合用于表示样本点的软聚类分布。如图 3.12 所示，在高斯分布下样本点 i 属于簇 j 的概率为 q_{ij}^G，其中 G 表示高斯分布，在学生 t 分布下样本点 i 属于簇 j 的概率为 q_{ij}^T，其中 T 表示学生 t 分布。如果样本点 i 离簇 j 的簇心 μ_j 较远，相对于高斯分布，为了满足 $q_{ij}^G = q_{ij}^T$，在学生 t 分布下会使样本点 i 离簇 j 的簇心 μ_j 更远；而如果样本点 i 离簇 j 的簇心 μ_j 较近，相对于高斯分布，为了满足 $q_{ij}^G = q_{ij}^T$，在学生 t 分布下会使样本点 i 离簇 j 的簇心 μ_j 更近。这正好满足了需求，即同一簇内的点(距离较近)聚合得更紧密，不同簇之间的点(距离较远)更加疏远。因此，通过式(3.19)可以得到样本点的软聚类分布 Q。

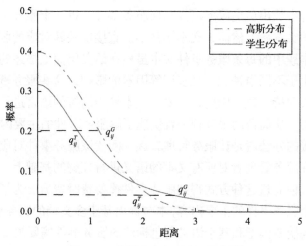

图 3.12　高斯分布与学生 t 分布[30]

对于第二步，计算一个辅助目标分布 P[31]，该分布相对于软聚类分布 Q 更接近于数据的真实分布。其计算方法如下：

$$p_{ij} = \frac{q_{ij}^2 \Big/ \sum_{i'} q_{i'j}}{\sum_{j'} q_{ij'}^2 \Big/ \sum_{i'} q_{i'j'}} \tag{3.20}$$

该分布主要是对 q_{ij} 进行 2 次方来加强预测提高簇的纯度。同时也更加重视高置信度的样本点。置信度越高,属于某个簇的概率越大。最后通过归一化来防止样本点多的簇扭曲特征空间 H。

在得到两个概率分布后,使用 KL 散度(Kullback-Leibler divergence)[31]作为损失函数来训练编码器和聚类网络,损失函数定义如式(3.21)所示:

$$L = \mathrm{KL}(P \| Q) = \sum_i \sum_j p_{ij} \lg \frac{p_{ij}}{q_{ij}} \tag{3.21}$$

其中, p_{ij} 表示在辅助目标分布 P 下样本 i 属于簇 j 的概率; q_{ij} 表示在软聚类分布 Q 下样本 i 属于簇 j 的概率。该损失可以衡量两个概率分布之间的差异。因此,目标就是让软聚类分布 Q 更加接近辅助目标分布 P。

3.2　服务事件摘要模型

基于前述内容,可以通过 OOD 分类方法和自编码器聚类方法分别从给定的服务事件文本集合中找出历史服务事件和新服务事件,每一个服务事件都对应一个由多文档组成的文本簇。然而,文本簇并不能直接反映其对应的服务事件的主要内容。因为文本簇中的每条服务事件文本虽然在语义层面上描述的都是同一个服务事件,但是由于不同语种、一义多词等因素的影响,这些服务事件文本在表达层面上不一定会保持一致。因此,需要对文本簇用简短的语言进行高度浓缩,形成服务事件摘要,从而帮助服务管理者快速了解服务事件的主要内容。

一种最直接的办法就是让服务管理者逐一阅读该服务事件对应文本簇中的每条文本,然后在服务管理者对所有文本的语义进行理解的基础上,人工总结得到服务事件摘要,但通过这种方式得到服务事件摘要费时费力。为了帮助服务管理者快速了解每个服务事件的主要内容,本节提出基于多文档的服务事件摘要方法,具体分为关键词摘要模型和基于语义角色标注的服务事件摘要模型。

3.2.1　关键词摘要模型

关键词摘要(keyword summary)[32]是指用一组有顺序的关键词集合作为服务事件摘要。这组关键词不仅需要清晰地表述服务事件文本集合语义,同时能帮助用户理解服务事件的主要内容。与传统的文本摘要(text summary)的工作不同，关键词摘要工作不仅考虑了抽取能描述服务事件的关键词，还考虑了由关键词之间顺序不同所带来的语义问题。针对抽取关键词摘要问题，本节提出一种基于频繁闭词集排序(frequent closed wordset rank, FCWRank)的摘要方法[32]。该方法实际上借鉴了在事务型数据库中频繁闭项集挖掘的思想[33]。其中，频繁闭词集对应频繁闭项集的概念，而输入的服务事件文本则对应数据库中事务的概念。这个思路主要来自能够形成最终摘要的关键词组合会在大多数条文本中都出现。具体来说，在描述同一个服务事件时，不同的人会不约而同地使用一些相同的关键词。虽然受语法结构或者语义等情况的影响，这些关键词可能在一开始看上去并不相同，但是在经过数据预处理(同义词替换、词根还原等)后，可以在这些服务事件文本中找到一些共同出现的关键词，因为这些关键词是总结服务事件主要思想的核心关键词。另外，根据频繁闭词集的定义，在词集中每个关键词仅可能出现一次，这能保证 FCWRank 方法抽取出的关键词摘要的多样性。

针对抽取出的所有的频繁闭词集，FCWRank 方法进一步通过两个连续的阶段来获取关键词摘要：①关键词集的重要性排序，根据模型重要性对关键词集进行排序，从而确定最重要的关键词集构成关键词摘要；②关键词排序，将上一步生成的关键词摘要重新排列，以帮助人们更容易理解摘要。对于第一步，如果直接使用关键词集出现的总次数作为重要性度量，那么一些出现次数不是最多但是有意义的关键词集可能不会被当成进行摘要的最终关键词集。为了解决这一问题，FCWRank 方法先采用一个精心设计的基于异构网络的重要性模型，该模型同时考虑了频繁闭词集之间的相似性以及频繁闭词集与输入的服务事件文本之间的关系；接着，选择重要性排名分数最高的频繁闭词集作为第二步关键词排序的输入。在本节中，FCWRank 方法是根据关键词在过程文本聚类中排序关系的概率对它们进行排序。

1. 相关概念介绍

下面介绍一些相关概念以便读者能更好地理解本节所提的方法。

(1)频繁闭项集。给定一组描述同一服务事件的文本集合，集合中包含的所有词可以构成集合 B。词集 w_set 是 B 的非空子集，如果 w_set 中的每个词都能在某一描述服务事件的文本中找到，则该集合包含在服务事件文本中。一个服务事件文本集合对于词集 w_set 的支持度，即服务事件文本集合中包含词集 w_set 的数量，被记作 $\sup(w\_set)$。另外，如果不存在满足以下条件的词集 w_set'，则词集 w_set 会被判断成闭词集：①w_set' 是 w_set 的超集；②每个包含词集 w_set 的服务事件文本同时也包含 w_set'，即词集 w_set 和词集 w_set' 拥有相同的文档支持度。

(2) HITS (hyperlink-induced topic search, 超链接诱导的主题搜索)[34]方法和 PageRank[35]方法。HITS 方法和 PageRank 方法都是基于图排序的方法。与仅使用局部特定于节点的上下文不同,图中节点的重要性是基于整个图的全局信息递归计算的。其中,HITS 方法考虑的是两种不同节点类型之间的链接,即权威性(有大量输入的网页)和枢纽性(有大量输出链接的网页),而 PageRank 方法关注的是同一类型节点之间的链接,如网站,并假设更重要的节点可能从其他节点接收到更多的链接。注意,在 PageRank 方法中,假定节点之间的边是未加权的。

(3) TextRank[36]方法。TextRank 方法是专门针对自然语言文本设计的图排序方法。TextRank 方法保留了与 HITS 方法和 PageRank 方法相似的计算方式,但与它们不同之处是,TextRank 方法允许两个节点之间存在多条边。因此,TextRank 方法可以建模不同节点之间的关系。例如,同一文档中两个关键词之间的联系。

2. 模型实现

下面详细介绍抽取关键词摘要的方法,即 FCWRank 方法。如图 3.13 所示,FCWRank 方法的输入是一组描述同一服务事件的文本集合,而输出是关键词摘要。从图中可知,FCWRank 方法包含以下三个阶段。

图 3.13　FCWRank 方法的具体流程

阶段 1:候选关键词摘要发现。FCWRank 方法使用了传统频繁项集挖掘方法,如 FP-growth[37]方法来得到频繁闭词集,将其视为候选关键词摘要集合。

阶段 2:关键词集重要性排序。该阶段的目标是选择最佳的候选关键词摘要来形成输入的描述同一服务事件的文本集合的最终关键词摘要。该阶段需要考虑两个关键问题:①如何设计一个重要性模型,来考虑频繁闭词集与服务事件文本集合中每条文本之间的不同关系;②如何从整个服务事件文本集合的全局角度来计算频繁闭词集的重要性排名分数。

阶段 3:关键词排序。给定阶段 2 的输出结果,这个阶段的目的是将关键词进行合理的排序,以帮助人们更好地理解服务事件的主要内容。FCWRank 方法统计关键词在输入的短文本聚类中的相对位置,并根据该统计信息来执行关键词排序。由于一个关键词可能多次出现在一条服务事件文本的不同位置上,而不同的服务事件文本中不同的关键词相对位置可能不同,如何确定合理的排列就成为这个阶段的关键问题。

需要注意的是,在开始上述三个处理阶段之前,已在输入的服务事件文本集合上完成基本的文本预处理和停用词删除等操作。

(1)阶段 1：候选关键词摘要发现。

给定一个描述同一服务事件的文本集合，本阶段的目标是挖掘文本集合中所有的频繁闭词集。具体地，FCWRank 方法采用如下两个步骤来得到频繁闭词集：①使用传统的频繁项集挖掘算法，如 FP-growth 方法，来得到给定服务事件文本集合中所有的频繁词集。②根据频繁闭词集的原始定义，进一步从步骤①的结果中筛选出所有的频繁闭词集。最后，将步骤②的结果作为本阶段的输出，即候选关键词摘要。

(2)阶段 2：关键词集重要性排序。

①关键词集重要性建模。为了评估给定的频繁闭词集的重要性，本节在提出的 FCWRank 方法中基于以下两个观察设计了一个重要性排序模型：一个重要的关键词集应该被尽可能多条的服务事件文本包含；一个重要的关键词集中的一些词也应该存在于其他重要的频繁闭词集中，即不同的频繁闭词集之间应该互相"引用"或者"推荐"关键词，并且可以计算它们之间的相似性得分。

根据上述观察，本节提出一个基于图的关键词集重要性计算模型。如图 3.14 所示，关键词集的重要性可以通过一个异构网络来建模，其中包括两种类型的节点：频繁闭词集和描述同一服务事件的文本集合。此外，还存在两种边的类型：描述同一服务事件的文本与频繁闭词集之间的包含边；频繁闭词集之间的相似边。这两种类型的边都是无向的。

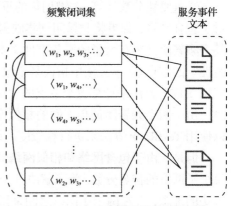

图 3.14　用于重要性建模的异构网络

在构建模型时，如果服务事件文本 d 中包含频繁闭词集 w_set，则在频繁闭词集 w_set 和服务事件文本 d 之间建立包含边；如果两个频繁闭词集的相似度大于 0，则在两个频繁闭词集之间建立相似边。计算两个词集的相似度有多种方法，即 $\text{sim}(w\_set_i, w\_set_j)$，本节简单使用了传统的基于 TF-IDF 的余弦相似度计算方法[38]来计算两两词集之间的相似度。

实际上，根据边的类型，重要性建模网络可以分解为包含网络和相似网络两个子网络。包含网络指包含服务事件文本和频繁闭词集两种节点的异构网络，但只涉及包含边。相似网络是同构的，因为它只涉及频繁闭词集节点和它们之间的相似边。

形式上，使用矩阵 M^D 和 M^S 来表示上述两个子网络。D 用来表示服务事件文本集合(每一条服务事件文本表示为 d, 其中 $d \in D$), W 用来表示频繁闭词集集合(每一组频繁闭词集表示为 w_set, 其中 $w\_set \in W$)。那么, 包含子网络 M^D 第 i 行第 j 列元素可以表示为

$$M_{ij}^D = \begin{cases} 1, & w\_set_i \in d_j \\ 0, & \text{其他} \end{cases} \tag{3.22}$$

同时, 相似子网络 M^S 可以表示为频繁闭词集集合自身与自身的乘积, 其第 i 行第 j 列元素为

$$M_{ij}^S = \begin{cases} 1, & i=j \\ \text{sim}\left(w\_set_i, w\_set_j\right), & \text{其他} \end{cases} \tag{3.23}$$

注意, 当 $i=j$ 时, 将相似度评分设为 1 的原因是在提出的模型中不应该考虑相同的词集对, 也就是说, 在构建的图中, 频繁闭词集所代表的节点本身不存在指向自己的边。

②重要性分数计算。关键词集的重要性排序网络实际上是两个子网络的组合。对于包含网络, 如果将频繁闭词集映射成具有 "权威性" 的节点(在本算法中指代某个频繁闭词集在大量的服务事件文本中存在), 将服务事件文本映射成具有 "枢纽性" 的节点(在本算法中指代某个服务事件文本存在大量频繁闭词集), 则可以应用 HITS 方法来计算每个节点的 "权威性" 和 "枢纽性" 分数。对于相似度网络, 由于两个频繁闭词集之间的相似度可以解释为一个相互 "推荐" 的过程, 可以使用 TextRank 方法来进行相似度网络的计算。

但是, 由于包含网络和相似网络共享相同的频繁闭词集节点, 不能单独计算每个子网络的排名分数。为了解决这个问题, FCWRank 方法借鉴了 FutureRank[39] 方法的理念, 并在两个子网络之间来回传递信息。具体来说, FCWRank 方法迭代地重新计算加权排名分数, 首先执行两个连续的传播步骤, 其中先运行 TextRank 方法, 再运行 HITS 方法, 然后合并结果。重复这个过程, 直到最后每个频繁闭词集节点的重要性分数收敛才会停止。

分别用 R^W 和 R^D 表示频繁闭词集的评分向量和服务事件文本的评分向量。其中, 服务事件文本的得分计算公式如下:

$$R^D = \left(M^D\right)^T \times R^W \tag{3.24}$$

其中, $\left(M^D\right)^T$ 为包含子网络所代表的矩阵 M^D 的转置矩阵; R^D 实际上是包含网络中的枢纽性得分, 即频繁闭词集将其推荐(或参考)分数传递给服务事件文本, 一

个服务事件文本对其对应的所有频繁闭词集的推荐分数进行聚合；对于 R^W，采用式 (3.25) 进行计算：

$$R^W = \alpha \times M^S \times R^S + \beta \times M^D \times R^D + (1 - \alpha - \beta) / n \qquad (3.25)$$

其中，R^W 是以下三部分的加权和：$M^S \times R^S$ 是相似度网络中的 TextRank 得分；$M^D \times R^D$ 是包含网络中频繁闭词集的权威性得分；$(1 - \alpha - \beta) / n$ 是与 PageRank 相似的阻尼因子，n 是 R^W 中关键词集的数量。

需要注意的是，在本书的工作中，分别将 R^S 和 R^D 的初始值设置为 $1/|W|$ 和 $1/D$。因为这样的设置可以使得每个频繁闭词集在第一次计算时都具有相同的概率被选择作为最终的关键词摘要。此外，这种初始化能使得频繁闭词集矩阵的秩和与服务事件文本矩阵的秩和都等于 1。这个属性在每次迭代后都成立，因为 FCWRank 方法的计算执行了一个权威传播，并且权值 $\alpha + \beta + (1 - \alpha - \beta)$ 的和等于 1。最后，FCWRank 方法会选择排名分数最高的频繁闭词集进行下一阶段的处理。

③算法。算法 3.1 给出了关键词集重要性排序的过程，并且返回排名分数最高的关键词集 w_set 作为最终形成关键词摘要的关键词集。具体来说，R^W 分数将不断迭代更新（第 6～9 行），直到连续两个步骤之间的分数差小于阈值 ϵ（第 10 行）。

算法 3.1　关键词集的重要性排序

输入	一个描述同一事件的服务事件文本集合 C 和其对应的频繁闭词集的集合 w_sets，服务事件文本集合 C 中包含的所有关键词对应的 TF-IDF 值列表 TF-IDF_list
输出	最重要的关键词集 w_set

1.　　$M^S \leftarrow$ 使用 w_sets 和 TF-IDF_list 初始化；

2.　　$M^D \leftarrow$ 使用 w_sets 和 C 初始化；

3.　　$R^S \leftarrow$ 使用 w_sets 的大小初始化；

4.　　$R^D \leftarrow$ 使用 C 的大小初始化；

5.　　R^W, $R^{W'}$ 初始化为 0；

6.　　**do**

7.　　　　$R^{W'} \leftarrow R^W$；

8.　　　　$R^W \leftarrow \alpha \times M^S \times R^S + \beta \times M^D \times R^D + (1 - \alpha - \beta) / n$；

9.　　　　$R^D \leftarrow \left(M^D\right)^{\mathrm{T}} \times R^W$；

10.　　**while** $|R^W - R^{W'}| < \epsilon$；

11.　　w_set←在 R^W 中得到最高重要性分数的词集；

12.　　**return** w_set

（3）阶段 3：关键词排序。

阶段 3 的输入是阶段 2 输出的具有最高重要性得分的关键词集 w_set。然而，迄今为止得到的关键词集并没有在语义层面上排序，若直接使用这种无序关键词排列的形式作为最终摘要，会让人难以正确把握输入的描述服务事件文本集合的主要思想。例如，在服务事件文本"给定一个文本集合，本方法的输出是热点事件。"中，阶段 2 可以使用四个关键词[给定，输出，文本集合，热点事件]来表示这个服务事件。但在这次事件中，到底输入输出是什么，上述四个关键词并不能很好地表达清楚。因此，要消除歧义，就需要根据服务事件文本集合的上下文对关键词进行重新排列，使其更易于理解和解释。

①主要思想。考虑到在不同的服务事件文本中，关键词之间的相对位置可能不同，FCWRank 方法尝试根据这些关键词在服务事件文本集合中出现相对位置的全局概率对其进行排序。具体来说，如果关键词 w_1 出现在关键词 w_2 之前的概率大于关键词 w_1 出现在关键词 w_2 之后的概率，那么 FCWRank 方法会在最终的关键词摘要中选择概率较高的排序，即 $w_1 > w_2$。FCWRank 方法从关键词集的全局角度对关键词进行迭代比较，从而判断哪个关键词的优先级更高。

②算法。如算法 3.2 所示，整个关键词排列可以在快速排序[40]样式的框架中完成。算法具有两个输入：与主题相关的服务事件文本集合 C，由阶段 2 生成的一组无序关键词集。算法的输出则是与输入相同的关键词集，但不同的是输出的关键词集是有序的。此外，FCWRank 方法还将该输出作为服务事件文本集合 C 的最终关键词摘要。对于算法 3.2 中的第一次排序，算法将关键词列表中的第一个关键词设置为锚点关键词（第 4 行），通过将剩余的所有关键词根据其与锚点关键词的出现概率分为两个部分，更高的概率放在锚点关键词的右边（k_list$_{right}$），相对较低概率的放在锚点关键词的左边（k_list$_{left}$）（第 5~11 行）。接下来，锚点关键词左右两边的关键词将被递归处理（第 12、13 行），最后将有序的关键词集通过组合两边的排序结果（第 14 行）生成。注意，对于一对关键词，哪个关键词应该先于另一个关键词的概率是基于计算它们在服务事件文本集合中排序关系的数量（第 6、7 行），即通过函数 COUNT(kw_1, kw_2, C)，返回关键字 kw_1 在关键字 kw_2 之前的共同出现次数：$kw_1 > kw_2$。

③算法中 COUNT(kw_1, kw_2, C)的策略。考虑到一个关键词在一个服务事件文本中可能多次出现在不同的位置，FCWRank 方法采用了一种固定滑动窗口（fixed sliding window, FSW)策略来实现函数 COUNT(kw_1, kw_2, C)。具体来说，一个由两个窗格组成的固定窗口[41]被用于标记考虑中的两个关键词(即 kw_1 和 kw_2)。接下来，假设给出一个在分词之后的服务事件文本 "A_1, A_2, B_1, B_2, A_3, B_3"，其中 A 和 B 分别代表了不同的关键词，索引表示每个关键字的出现顺序，例如，A_3 表示关键词 A 在服务事件文本中第三次出现。在图 3.15 中演示了上述计算 A 排在 B 之前($A>B$)策略的主要思想。窗格的索引是从右到左开始的，也就是说，第一个窗格是窗口的右端。

算法 3.2　关键词排序算法 Kw_Order(C, k_list)

输入　　一个描述同一事件的服务事件文本集合 C, 关键词集列表 k_list

输出　　有序的关键词集

1.　　**if** k_list.size≤1 **then**

2.　　　　**return** k_list;

3.　　k_list$_{left}$, k_list$_{right}$←初始化为空集 $\varnothing$;

4.　　pivot←赋值为 k_list[0];
　　　　// 将关键词集列表中的第一个关键词设置为锚点关键词

5.　　**for** i **from** 1 **to** k_list.size−1 **do**

6.　　　　p_left←COUNT(pivot, k_list[i], C);
　　　　// 统计服务事件文本集合中锚点关键词出现在 k_list[i]之前的次数

7.　　　　p_right←COUNT(k_list[i], pivot, C);
　　　　// 统计服务事件文本集合中锚点关键词出现在 k_list[i]之后的次数

8.　　　　**if** p_left≤p_right **then**

9.　　　　　　将 k_list[i]添加到 k_list$_{right}$;

10.　　　　**else**

11.　　　　　　将 k_list[i]添加到 k_list$_{left}$;

12.　　k_list$_{left}$←Kw_Order(C, k_list$_{left}$);

13.　　k_list$_{right}$←Kw_Order(C, k_list$_{right}$);

14.　　**return** k_list$_{left}$ + pivot + k_list$_{right}$

如图 3.15 所示，位于左下角的滑动窗口的大小固定为两个，它将从左到右滑过服务事件文本。根据 FSW 策略，关键字 A_1 在滑动中首先出现，将其放置在窗格 1 中。接着，窗口会继续滑动直到 B_1 进入窗格，并将 B_1 填充到窗格 2 得到一

次 $A > B$ 的计数。注意,虽然第二次出现的关键词 A,如 A_2,也出现在 B_1 之前,但是 A_2 的出现在 FSW 策略中被忽略,因为相同的关键词 A_1 已经在固定的滑动窗口中存在。在成功计数一次 $A > B$ 之后,滑动窗口将被清空,并开始新一轮的计数。在 FSW 策略中,新一轮从上一轮结束的地方开始。将 B_3 和 A_3 放入窗口后,$A > B$ 的计数将增加 1。最后,对于图中的服务事件文本,FSW 策略返回 2 次表示 $A > B$ 的总计数。

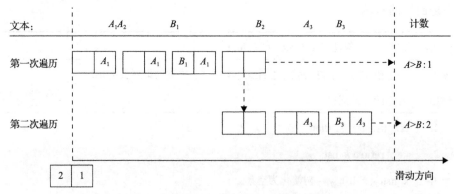

图 3.15　计数策略 FSW 演示(计数:$A > B$)

上述计数策略的伪代码见算法 3.3。为了实现滑动窗口的主要思想,实际上使用一个布尔类型的变量 window_flag 来标记两个窗格。具体来说,在每次计数之前,首先 window_flag 会被初始化为 false(第 3 行)。然后,当第一个关键词 kw_1 出现时,window_flag 会被更新为 true(第 5、6 行)。接着,当关键词 kw_2 被填充到第二个滑动窗格时,window_flag 会再一次被设置为 false。

算法 3.3　计数策略:固定滑动窗口

输入　两个关键词 kw_1 和 kw_2,一个描述同一事件的服务事件文本集合 C

输出　计数:在服务事件文本集合 C 中关键词 kw_1 出现在关键词 kw_2 之前的次数

1.　　counter←初始化为 0;

2.　　**for** C 中的每条服务事件文本 t **do**

3.　　　　window_flag←初始化为 false;

4.　　　　**for** t 中的每个词 w **do**

5.　　　　　　**if** window_flag=false 且 $w = kw_1$ **then**

6.　　　　　　　　window_flag←true;

7.　　　　　　**else if** window_flag=true 且 $w = kw_2$ **then**

```
8.              counter = counter + 1;

9.              window_flag←false;

10.         else

11.             continue;

12.     return counter
```

3. 关键词摘要模型评估

1)数据集与评估方法

在 3 个真实数据集上评估 FCWRank 方法。第一个数据集是 CUHK 文本挖掘小组标注的 RA-MDS 数据集[42]，这是由许多涉及服务业的新闻内容和新闻评论组成的多文档摘要数据集，包含 45 个主题。第二个数据集是 Gulden 等[43]标注的医疗服务中对临床试验说明(clinical trial descriptions, CTD)的英文数据集，共包含 65 个主题。第三个数据集是由中国电信提供的(以下简称中国电信数据集)，人工整理现在使用的系统中所有微服务的 API 和其对应的服务描述，形成服务事件。

表 3.1 展示了上述三个数据集的统计信息。在 RA-MDS 数据集中，每个主题对应了上千条短文本，而在中国电信数据集中每个服务事件仅包含几百条短文本。另外，在 RA-MDS 数据集中使用的短文本实际上是单个新闻文档的读者评论。考虑到 RA-MDS 数据集中原始的主题标注是针对新闻文档的，这种标注形式涉及的主题范围可能更广，涉及主题词的缩略语也更多，所以对原始标注进行了重新审核，并在原始标注的基础上对数据集进行了重新标注。至于 CTD 数据集，由于每个主题的原始标注是句子而不是关键词集，在原始标注的基础上以关键词集的形式对每个主题进行了重新标注。对于中国电信数据集，邀请该公司的专业人员对每个主题进行标注。注意，上述所有的标注工作中也考虑了关键词之间的顺序关系。

表 3.1　数据集的相关统计信息

数据集	RA-MDS 数据集	中国电信数据集	CTD 数据集
主题(服务事件)个数	45	24	65
文本数量	9675	2256	1498
每条文本的平均词个数	71	14	26

在数据集的数据预处理阶段，在英文数据集上使用 CoreNLP[44]工具进行词根还原以及指代消解。对于中文数据集，采用开源工具 HanLP 进行中文分词和同义

词替换。同时，由于中国电信数据集属于专业领域数据集，数据集中会存在较多的专业领域专有名词，为了将这些词在分词结果中体现出来，还在分词中应用了一个由中国电信公司提供的专有名词词库。在接下来的实验中，将使用 ROUGE-L[45] 条件下的 F1 值、准确率和召回率来衡量本章的模型和基线方法的有效性。

2)模型自身参数的影响

下面介绍可能影响 FCWRank 方法性能的不同参数。具体来说，根据是否直接应用在 FCWRank 方法中，这些参数可以分为两组。①直接参数：收敛阈值（ϵ），TextRank 分数的权重（α），权威分数的权重（β）。②间接参数：阶段 1 中使用的频繁模式挖掘算法（即 FP-Growth 方法）的最小支持度（min_sup）。

（1）直接参数——收敛阈值 ϵ 的影响。在这组实验中，假定其他参数已经全部固定来观察在不同收敛阈值 ϵ 的情况下模型的表现，即 F1 值的变化。详细地，在三个数据集上均固定 α=0.85、β=0.05。至于最小支持度（min_sup），在每个数据集上都尝试固定两个值，在 RA-MDS 数据集和中国电信数据集上为 5 和 10，而在 CTD 数据集上，由于该数据集上每个主题包含的文本数量较少，将最小支持度固定为 3 和 4，然后观察 F1 值的变化。如图 3.16 所示，在三个数据集上当收敛阈

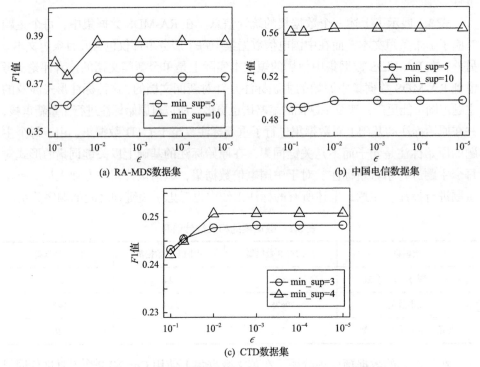

图 3.16　在不同收敛阈值 ϵ 下 FCWRank 的 F1 值表现

值 ϵ 小于 10^{-2} 时，$F1$ 值基本是首先呈现上升趋势，然后逐渐趋于平稳。因此，在后续的实验中，将收敛阈值 ϵ 固定为 10^{-3}。

（2）直接参数——TextRank 分数的权重 α、权威分数的权重 β 的影响。图 3.17 分别展示了在中国电信数据集、RA-MDS 数据集和 CTD 数据集上不同 α 和 β 组合的热力图。可以观察到每个子图的右上半角是空白的，这是因为根据式(3.25)，α 和 β 的和不能大于 1。在热力图中，颜色越深代表 FCWRank 方法的 $F1$ 值越高。可以看出在不同的最小支持度 min_sup 下，FCWRank 方法的最大 $F1$ 值可能会有所不同。具体来说，在最小支持度 min_sup=5 的情况下，α=0.85、β=0.05 对 RA-MDS 数据集是最优的设置，而 α=0.8、β=0.1 对中国电信数据集是最优的设

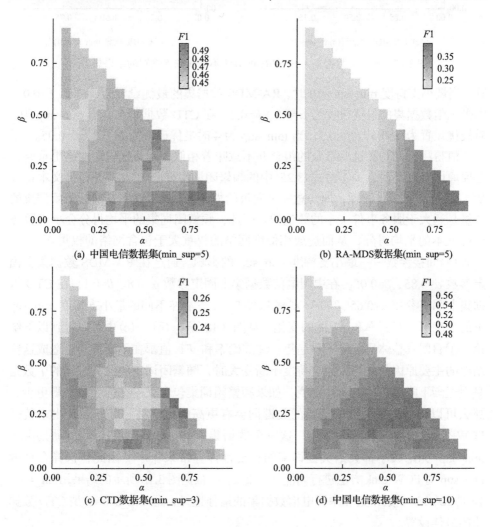

(a) 中国电信数据集(min_sup=5)　　　　　　　(b) RA-MDS数据集(min_sup=5)

(c) CTD数据集(min_sup=3)　　　　　　　(d) 中国电信数据集(min_sup=10)

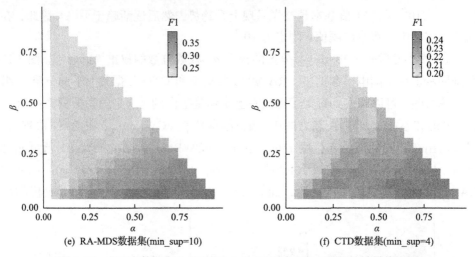

(e) RA-MDS数据集(min_sup=10)　　　　　　　(f) CTD数据集(min_sup=4)

图 3.17　在三个数据集上 FCWRank 方法不同 α 和 β 设置的结果热力图

置。当最小支持度 min_sup=10 时，RA-MDS 数据集的最优设置为 α=0.9、β=0.05，中国电信数据集的最优设置为 α=0.5、β=0.2。在 CTD 数据集上，当 min_sup 为 3 时最优设置为 α=0.65、β=0.3，当 min_sup 为 4 时最优设置为 α=0.7、β=0.05。

值得注意的是，这些参数的组合并不意味着相似度网络比包含网络更重要。主要原因有以下两点：①对式(3.25)中的频繁闭词集得分 R^S 和服务事件文本得分 R^D 均进行了归一化处理，即任意一个向量的得分之和应该为 1。②频繁闭词集的数量是远大于服务事件文本的数量的。因此，频繁闭词集的平均得分会小于服务事件文本的平均得分，从而造成相似度网络的权重大于包含网络的权重。

（3）间接参数——最小支持度 min_sup 的影响。通过在 RA-MDS 数据集上固定参数 α=0.85、β=0.05，在中国电信数据集上固定参数 α=0.8、β=0.1，在 CTD 数据集上固定参数 α=0.65、β=0.3，观察 FCWRank 方法在不同的最小支持度 min_sup 下的准确率、召回率和 $F1$ 值的变化。从图 3.18(a)、(b)、(c)中可以得到以下结论：①召回率整体呈缓慢下降趋势；②准确率和 $F1$ 值都在不断波动。造成这些结论的主要原因是，当最小支持度不断变大时，频繁闭词集包含关键词的个数是呈现逐渐下降趋势的。具体来说，如果频繁闭词集包含关键词的个数变得更少，那么可以构成最终关键词摘要的关键词会有更高的概率被忽略，表现出来就是 FCWRank 方法的召回率降低。这三个数据集上的准确率和 $F1$ 值波动是由于 min_sup 无论大小都会给关键词集的重要性计算带来噪声。因此，选择合理的 min_sup 对 FCWRank 方法进行调优是很重要的。根据图 3.18 所示的结果，min_sup=10 是 RA-MDS 数据集和中国电信数据集的最佳选择，而 min_sup=3 是 CTD 数据集的最佳设置。

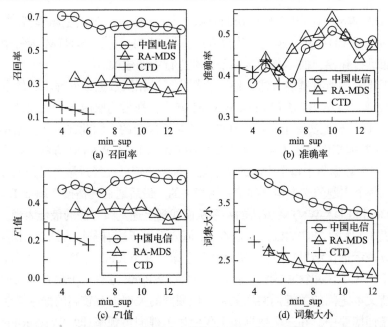

图 3.18　在三个数据集上不同最小支持度(min_sup)下 FCWRank 方法的表现

在后续实验中，FCWRank 方法将使用以下参数：对于所有的数据集，采用收敛阈值 $\epsilon = 10^{-3}$。对于 RA-MDS 数据集，设置 $\alpha=0.9$，$\beta=0.05$，min_sup = 10；对于中国电信数据集，设置 $\alpha=0.5$，$\beta=0.2$，min_sup = 10；对于 CTD 数据集，设置 $\alpha=0.65$，$\beta=0.3$，min_sup = 3。

3) FCWRank 方法整体表现

下面从两个方面研究 FCWRank 方法的总体性能。一方面，将它与一些经典的基线方法以及最先进的文本主题检测方法进行比较。另一方面，研究频繁闭词集的最大长度和文本长度对 FCWRank 方法性能的影响。

(1) 对比实验。

将 FCWRank 方法与以下基线方法进行比较。

① Wordset-Freq：直接从输入的文本集合中选择最频繁的闭词集。

② Sequence-Freq：将频繁序列挖掘方法，如 PrefixSpan[46]，应用于每个文本集合，并选择最频繁的闭序列作为结果。

③ TextRank：直接使用基于 TextRank 实现的关键词提取方法来从文本集合中提取关键词，再选取前 k 个关键词。

④ LDA-BTM：BTM(biterm topic model，双连词主题模型)[47]是专门为文本主题建模设计的 LDA 方法的变种。简单地说，BTM 通过直接学习语料库中关键词的共现模式进行主题建模，得到 k 个关键词作为文本集合的描述。

⑤LDA-WNTM：WNTM(word network topic model, 词网主题模型)[48]是目前最先进的基于 LDA 的文本主题建模方法。与 BTM 不同，WNTM 为每个单词的主题分布进行建模，而不是针对每条文本进行主题建模。

对于比较的所有基线方法，输入的都是经过相同数据预处理步骤的数据。对于 TextRank、LDA-BTM 和 LDA-WNTM 方法，都是选取前 k 个关键词作为关键词摘要，其中 k 值实际上是由标注的平均长度决定的，因此在英文数据集中设定 $k=6$，中文数据集中设定 $k=4$。对于 LDA-BTM 和 LDA-WNTM 方法，将主题数量设为 1，因为数据集中每个主题的文本集合都是假定已经经过聚类或分类方法得到的，所以每个主题的文本集合都是主题相关的。最后通过网格搜索调整 TextRank、LDA-BTM 和 LDA-WNTM 方法的参数从而找到上述基线方法的最佳表现。

如表 3.2 所示，FCWRank 方法在 $F1$ 值方面优于所有基线方法(本书表中涉及加粗部分表示最优结果)。对于其他两个指标，FCWRank 方法也显示了相当的性能。这可以用以下两个主要原因来解释：①FCWRank 方法基于频繁模式挖掘的思想来捕获文本之间的关键词共现关系，最频繁的关键词有较高的概率被包含在最终的关键词摘要中。在三个数据集上仅使用关键词集频率(即 Wordset-Freq)的准确率结果证明了这一推断，因为它获得了很高的精度分数。②基线方法生成的关键词(Sequence-Freq 方法除外)通常是无序的，而 FCWRank 方法将关键词从文本集合中提取出来后重新排列，这样可以使最终的关键词摘要更符合原来有顺序的标注。虽然 Sequence-Freq 方法考虑了关键词之间的顺序，但是忽略了一个关键词在同一条文本中多次出现的情况以及关键词集的重要性，因此不能像 FCWRank 方法那样获得最高的 $F1$ 值。

表 3.2 三个数据集上的整体表现 (单位：%)

数据集	方法	召回率	准确率	$F1$ 值
RA-MDS	Wordset-Freq	24.1	53.3	32.8
	Sequence-Freq	21.6	48.9	29.6
	TextRank	38.3	29.6	33.0
	LDA-BTM	**41.0**	32.6	35.8
	LDA-WNTM	39.6	30.4	33.9
	FCWRank	31.1	**54.7**	**38.8**
中国电信	Wordset-Freq	43.9	56.3	47.7
	Sequence-Freq	45.6	**57.6**	49.1
	TextRank	36.6	26.0	29.8

续表

数据集	方法	召回率	准确率	F1 值
中国电信	LDA-BTM	61.4	32.5	41.4
	LDA-WNTM	44.9	30.2	35.1
	FCWRank	**64.2**	55.5	**56.5**
CTD	Wordset-Freq	12.0	42.3	18.3
	Sequence-Freq	13.1	**47.4**	20.0
	TextRank	21.5	26.4	23.1
	LDA-BTM	**23.1**	27.4	24.4
	LDA-WNTM	20.0	23.8	21.2
	FCWRank	20.6	42.0	**26.4**

　　为了进一步展示 FCWRank 方法中关键词排序的效果，对每种基线方法（Sequence-Freq 方法除外）应用关键词排序算法，这些方法的准确率、召回率和 F1 值的结果分别如图 3.19～图 3.21 所示。显然，将关键词排序过程应用于现有方法可以提高它们的准确率、召回率和 F1 值表现。

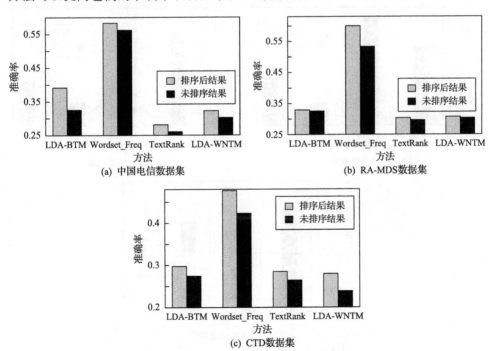

(a) 中国电信数据集　　　　　　　(b) RA-MDS数据集

(c) CTD数据集

图 3.19　关键词排序前后各种基线方法的准确率表现

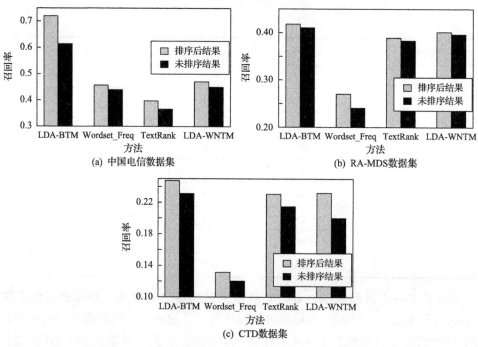

图 3.20 关键词排序前后各种基线方法的召回率表现

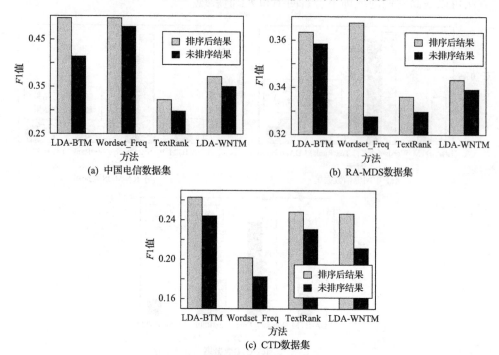

图 3.21 关键词排序前后各种基线方法的 F1 值表现

　　接下来，进一步比较 FCWRank 方法与应用关键词排序后的基线方法。如表 3.3 所示，虽然通过执行关键词排序方法，基线方法的性能得到了改善，但 FCWRank 方法仍然在 *F*1 值方面优于所有这些基线方法，在其他两个指标上也可以达到类似的性能。这个改进可以归因于关键词集在 FCWRank 方法中的重要性排名。此外，在 RA-MDS 数据集上，FCWRank 方法在召回率的表现上不如 LDA-BTM 方法。这是因为 LDA-BTM 方法返回的关键词的数量实际上是大于 FCWRank 方法的，这可以用表 3.4 中的例子来说明。但是，FCWRank 方法返回的单词是重要的，这解释了为什么它能在 RA-MDS 数据集中获得所有基线方法中最高的 *F*1 值分数。与其他两个数据集的结果相比，所有基线方法和 FCWRank 方法在中国电信数据集上都获得了较高的召回率。这是因为应用了专有名词词典来过滤不相关的单词后，在最终结果中可以包含更多的有效关键词。相比之下，在 CTD 数据集上的实验中，由于没有在数据预处理步骤中加入生物医学领域的知识，所有方法的召回率都比较低。同时，仅考虑词集频率的 Wordset-Freq 方法在三个数据集上都获得了最高的准确率。这背后的原因，其实是标注的关键词词集包含的词个数较少，较短的关键词摘要更容易匹配到标注的摘要。

表 3.3　三个数据集上的整体表现(应用关键词排序后)　　　(单位：%)

数据集	方法	召回率	准确率	*F*1 值
RA-MDS	Wordset-Freq	27.0	**60.0**	36.7
	Sequence-Freq	21.6	48.9	29.6
	TextRank	38.9	30.4	33.6
	LDA-BTM	**41.8**	33.0	36.3
	LDA-WNTM	40.1	30.7	34.3
	FCWRank	31.1	54.7	**38.8**
中国电信	Wordset-Freq	45.6	**58.3**	49.5
	Sequence-Freq	45.6	57.6	49.1
	TextRank	39.7	28.1	32.3
	LDA-BTM	**72.0**	39.2	49.5
	LDA-WNTM	47.0	32.3	37.2
	FCWRank	64.2	55.5	**56.5**
CTD	Wordset-Freq	13.1	**47.7**	20.2
	Sequence-Freq	13.1	47.4	20.0
	TextRank	23.1	28.5	24.8
	LDA-BTM	**24.8**	29.7	26.2
	LDA-WNTM	23.2	27.9	24.6
	FCWRank	20.6	42.0	**26.4**

表 3.4　在 RA-MDS 数据集上不同方法得到的关键词摘要一览

标注	FCWRank	LDA-BTM	LDA-WNTM	TextRank	Wordset-Freq
T1: great white shark choke sea lion	great white shark choke sea lion	shark sea lion choke white eat	shark lion sea choke think white	shark sea lion choke eat white	sea lion shark
T2: animal species pangolin eat extinction	animal species eat extinction	animal eat people species kill chinese	eat people animal kill endanger species	animal eat people chinese species kill	people eat animal
T3: sony ps4 VR game headset	sony ps4 VR oculus rift headset system	game VR sony rift technology experience	VR sony use experience year technology	VR game sony technology virtual rift	sony rift ps4

　　此外还发现，在对 Wordset-Freq 方法的结果应用关键词排序后，在三个数据集上，Sequence-Freq 方法的性能都比 Wordset-Freq 方法要差，主要原因是 Sequence-Freq 方法的排序计数策略与 FCWRank 方法不同。Sequence-Freq 方法忽略了一个关键词可能在同一条文本中出现多次的事实，也就是说，Sequence-Freq 方法针对每条文本中的每个关键词，只计数一次，因此不能在语义层面捕获正确的顺序。

　　频繁闭词集的最大长度 fcw_size 对 FCWRank 方法性能的影响如图 3.22（a）所示。当 fcw_size<9 时，在 3 个数据集上 FCWRank 方法的召回率都呈现上升趋势，这是因为 fcw_size 的增加会导致最终结果中关键词数量的增加。然而，

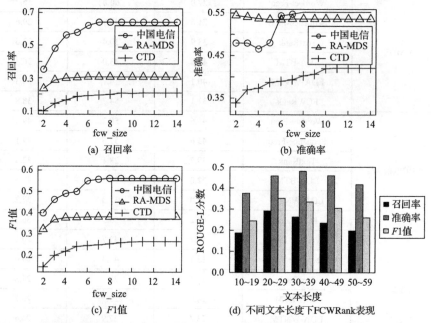

图 3.22　在三个数据集上不同的关键词集大小（fcw_size）和文本长度下 FCWRank 的表现

当 fcw_size<9 时,不同的数据集上却出现了两种相反的准确率趋势(图 3.22(b)):
①在 RA-MDS 数据集呈现递减趋势,这是因为随着 fcw_size 的增长,更多的噪声
关键词被包含进最终的关键词摘要中。②在中国电信数据集上呈现先下降后上升
的趋势。这是因为在使用中国电信提供的专有名词词典过滤掉无关紧要的词后,
随着 fcw_size 的增长,最终结果会包含更多的关键词。至于在 CTD 数据集上准确
率的增长趋势,这是因为相比于 RA-MDS 数据集,CTD 数据集包含更多专业领域
的词汇,导致随着 fcw_size 的增加,最终结果中会包含更多的专业词。同时,根
据图 3.22(c),发现 F1 值随着 fcw_size 的增加而增加,原因是召回率的增加多于
准确率的减少。另外,当 fcw_size>9 时,图 3.22(a)、(b)、(c)中的三个度量都
趋于稳定。这是因为在三个数据集中都不能生成包含 9 个以上关键词的频繁闭词
集。因此,即使 fcw_size 继续增加,FCWRank 方法生成的最终关键词摘要仍然保
持不变。

文本长度对 FCWRank 方法性能的影响如图 3.22(d)所示。考虑到文本长度在
实际场景中可能有很大的差异,通过以下步骤进行实验:①通过对 RA-MDS 数据
集中不同事件的文本长度的统计,选择 20 个文本长度范围比较大的主题,即文本
长度包含 10~59 个词(经过停用词删除操作)。②将这些主题的文本根据包含的
词个数分成 5 个不同的区间,每个区间至少包含一个来自每个主题的文本。③对
于每个区间中的文本集合都运行 FCWRank 方法,得到最终的 ROUGE-L 分数。
图 3.22(d)中可以观察到,不同的度量可能对应不同的文本长度的最佳范围。例如,
F1 值和召回率最高出现在文本长度为 20~29,准确率得分最高出现在文本长度
为 30~39。当文本长度超出这个最佳范围时性能下降的原因是,较短的文本可能
导致在发现的频繁闭词集中涉及的关键词较少,而较长的文本可能在最终结果中
产生更多的噪声词。

(2)FCWRank 方法的变种方法对比。

下面进一步通过比较以下方案来研究 FCWRank 方法的内部变种。

FCWRank-TR:仅使用 FCWRank 方法的其中一个子网络——相似性网络来进
行重要性排序:

$$R^W = \alpha \times M^S \times R^S + (1-\alpha)/n \tag{3.26}$$

FCWRank-Hits:仅使用 FCWRank 方法的另外一个子网络——包含网络来进
行重要性排序:

$$R^W = M^D \times R^D, \quad R^D = \left(M^D\right)^{\mathrm{T}} \times R^W \tag{3.27}$$

FWRank、FWRank-TR 和 FWRank-Hits:分别是 FCWRank、FCWRank-TR、

FCWRank-Hits 的变种方法,它们与变种之前方法之间的唯一区别是其使用的是频繁词集而不是频繁闭词集。

在接下来的部分中,首先验证频繁闭词集是否对摘要有用,然后评估每个子网络(即包含网络和相似网络)在 FCWRank 方法中与组合网络进行重要性建模时的表现。

使用频繁闭词集对 FCWRank 方法的影响如表 3.5~表 3.7 所示。表 3.5 展示了 FCWRank 和 FWRank 方法在三个数据集上的整体表现。显然,可以看到 FCWRank 方法在所有效率指标上都优于 FWRank 方法。此外,还比较了 FCWRank-TR 和 FCWRank-Hits 方法以及它们的变种方法 FWRank-TR 和 FWRank-Hits,其中 FWRank-TR 和 FWRank-Hits 方法中并没有使用频繁闭词集。如表 3.6 和表 3.7 所示,即使对于单个子网络,使用频繁闭词集也比不使用要好。基于以上结果,可以得出使用频繁闭词集有利于从文本中生成关键词摘要的结论。根据闭项集的原始定义(在本书的工作中,项集对应于关键词集),如果服务事件文本集合中存在相同频率的超集,那么它的所有子集就会被丢弃,可以从以下两个方面来解释表 3.5~表 3.7:①虽然传统的频繁模式挖掘技术可以为一个服务事件文本集合产生大量的频繁词集,但使用闭词集可以显著减少频繁词集的数量,同时保持信息的完整性。②规模较大的词集更倾向于被保留。这使得关键词摘要与较小的词集相比更准确,因为更多的词意味着有更高的概率来捕获主题的核心内容。

表 3.5　在三个数据集上 FCWRank 和 FWRank 方法的结果　　　（单位：%）

数据集	方法	召回率	准确率	$F1$ 值
RA-MDS	FWRank	30.6	53.0	37.9
	FCWRank	**31.1**	**54.7**	**38.8**
中国电信	FWRank	52.7	42.8	45.8
	FCWRank	**64.2**	**55.5**	**56.5**
CTD	FWRank	18.4	29.1	21.3
	FCWRank	**20.6**	**42.0**	**26.4**

表 3.6　在三个数据集上 FCWRank-TR 和 FWRank-TR 方法的结果　　　（单位：%）

数据集	方法	召回率	准确率	$F1$ 值
RA-MDS	FWRank-TR	31.2	53.6	38.4
	FCWRank-TR	**31.4**	**54.7**	**39.0**
中国电信	FWRank-TR	69.6	45.8	52.7
	FCWRank-TR	**70.6**	**49.9**	**55.7**
CTD	FWRank-TR	19.0	32.8	23.4
	FCWRank-TR	**20.3**	**40.7**	**24.8**

表 3.7　在三个数据集上 FCWRank-Hits 和 FWRank-Hits 方法的结果　　（单位：%）

数据集	方法	召回率	准确率	F1 值
RA-MDS	FWRank-Hits	24.0	55.6	33.0
	FCWRank-Hits	**24.8**	**56.7**	**34.1**
中国电信	FWRank-Hits	40.1	52.1	43.7
	FCWRank-Hits	**44.2**	**55.6**	**47.5**
CTD	FWRank-Hits	13.7	49.2	21.0
	FCWRank-Hits	**15.4**	**53.3**	**23.4**

　　以下介绍重要性建模的有效性。如 FCWRank 方法第二阶段所述，重要性排序模型旨在考虑词集之间的相似性关系以及词集与文本之间的协作包含关系。如表 3.8 所示，将这两种关系组合成一个模型的 FCWRank 方法在中国电信数据集和CTD 数据集中 F1 值最高。然而，在 RA-MDS 数据集中，虽然 FCWRank 方法在三个指标中没有得到最高的分数，但它与性能最好的 FCWRank-TR 方法具有相似性能。需要注意的是，从准确率的角度来看，仅使用包含网络的 FCWRank-Hits方法在三个数据集中的性能都优于 FCWRank 方法。这主要是因为 Hits 算法只考虑文本中出现的关键词集，长度较小的关键词集可能会有更高的出现次数，它可以被更短的文本包含。因此，在所有的数据集中，长度较小的关键词集相比较大的关键词集具有更大的概率获得更高的排名。

表 3.8　在三个数据集上不同关键词集重要性排序策略的表现　　（单位：%）

数据集	方法	召回率	准确率	F1 值
RA-MDS	FCWRank-Hits	24.8	**56.7**	34.1
	FCWRank-TR	**31.4**	54.7	**39.0**
	FCWRank	31.1	54.7	38.8
中国电信	FCWRank-Hits	44.2	**55.6**	47.5
	FCWRank-TR	**70.6**	49.9	55.7
	FCWRank	64.2	55.5	**56.5**
CTD	FCWRank-Hits	15.4	**53.3**	23.4
	FCWRank-TR	20.3	40.7	24.8
	FCWRank	**20.6**	42.0	**26.4**

　　综上所述，将 FCWRank 方法的三个阶段相结合，可以有效地无监督生成文本集合的关键词摘要。更重要的是，在生成关键词集后进行关键词排序可以显著提高现有方法的性能。

3.2.2　基于语义角色标注的服务事件摘要模型

语义角色标注[49]是给定一个服务事件文本，分析服务事件文本中谓词所表达的结构任务。例如，在"用户确认程序调用了数据库服务"这个服务事件文本中，"调用"是谓词，"用户确认程序"是"调用"的施事者，"数据库服务"是"调用"的受事者。通过语义角色标注在句子层面对服务事件文本进行分析，以句子为单位，谓词为核心，标注服务事件里对应谓词的论元语义角色。与谓词相关的名词称为论元，语义角色标注是确定谓词所对应的论元，以及论元的角色。语义角色主要有施事者、受事者、时间、地点等。语义角色标注可以将一段服务事件文本描述为"什么做了什么"和"什么是什么"这样简单的结构，因此本书将其应用于服务事件摘要。传统服务事件摘要方法[49,50]倾向于在原始文档中找出一个或者多个句子作为服务事件摘要。然而这样的做法会带来如下问题：①若传统服务事件摘要方法最终选择多个句子作为当前文档的服务事件摘要，则这些作为服务事件摘要的多个句子可能会存在信息冗余问题。②在一些特定领域，选择句子作为服务事件摘要可能会带来敏感信息泄露的问题。例如，在医疗领域，当对一些医疗服务服务事件文本进行服务事件摘要时，有可能会把一些患者的个人信息带到最终的服务事件摘要中，从而导致这些患者的个人信息暴露给公众。综上所述，传统的基于句子抽取的服务事件摘要方法不能生成简洁的服务事件摘要内容，不能很好地体现服务事件摘要的简洁性。

而基于关键词抽取的服务事件摘要方法虽然满足了服务事件摘要的简洁性，但是当这些方法用于服务事件摘要时，效果往往不会很好。因为事件主要想告诉大家什么人在什么地方、什么时间做了什么，而传统的基于关键词抽取的服务事件摘要方法[51,52]抽取的关键词却丢失了这些语义信息。

为了抽取出既能满足服务事件摘要简洁性，又保留事件语义信息的服务事件摘要，本节提出一种基于语义角色标注[53]的服务事件摘要算法。该算法是一种管道式方法，首先要对服务事件文本进行预处理，然后对其进行语义角色标注，以得到以谓词为中心的结构化服务事件文本，接着用向量表示出由结构化服务事件文本拼接成的句子，通过 PageRank 算法[35]对向量排序，最后把排名第一的向量所对应的句子作为服务事件摘要。

1) 难点与挑战

(1) 信息冗余。描述同一个事件的多个服务事件文本描述会有重复的内容，可能是完全相同的服务事件文本片段，也可能是语义相近的服务事件文本片段，当以句子形式抽取服务事件摘要时，这些服务事件文本可能会带来信息冗余问题。例如，假设通过服务事件摘要算法抽取出来的服务事件摘要 top-2 为以下两句话：

"使用了数据库服务"，"刚刚使用了数据库服务"。这两句话看起来语义基本上是相同的，然而当这两句话都作为服务事件摘要时，第二句话就显得有点多余。

(2)噪声。正如本章一开始所言，服务事件摘要算法是针对聚类后的服务事件集合(即新事件)。但由于聚类方法的准确率限制，在最终的聚类结果中可能存在实际上不属于该类事件的服务事件文本，所以对于服务事件摘要，其输入是有噪声的。假如数据噪声较大，那么在最终的服务事件摘要结果中会有包含噪声的可能，也就是说，噪声的存在会降低服务事件摘要的准确性。因为服务事件摘要要求全面包含服务事件文本的所有关键信息，当噪声信息与其他服务事件文本信息不同时，噪声是否是服务事件摘要需要的信息将成为一个难点。特别是有多个相同语义的噪声服务事件文本，将对服务事件摘要的生成产生比较大的负面影响。

(3)重要性判断。服务事件摘要任务的另一个难点就是服务事件文本中句子的重要性判断。重要性判断分为两个方面：一方面是多条服务事件文本之间的重要性，即服务事件文本整体的重要性判断，因为存在噪声服务事件文本，如果不区分，最终的服务事件摘要就可能包含噪声服务事件文本；另一方面是一个服务事件文本中不同句子之间的重要性判断，例如，一句话的前半句和后半句在不同的聚类结果中重要性是不同的，这需要进行单独的判断。

2)方法实现

本节将介绍基于语义角色标注的服务事件摘要算法的构建细节，其主要构建流程如图 3.23 所示。首先对聚类后的每个服务事件文本进行语义角色标注，得到以谓词为中心的结构化服务事件文本，然后用句向量表示出由结构化服务事件文本拼接成的句子，通过 PageRank 算法对句向量进行排序，最后把排名第一的向量所对应的句子作为服务事件摘要。

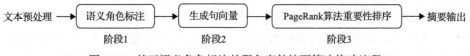

文本预处理 ⟶ 语义角色标注 ⟶ 生成句向量 ⟶ PageRank算法重要性排序 ⟶ 摘要输出
　　　　　　　 阶段1　　　　　　 阶段2　　　　　　 阶段3

图 3.23　基于语义角色标注的服务事件摘要算法构建流程

要注意的是，所有的初始服务事件文本都需要进行数据预处理，包括去除停用词和删除较短服务事件文本两个步骤。在实际的语料中，聚类的效果不是 100% 的准确率，服务事件摘要的服务事件文本具有噪声多的特点，噪声包括无效服务事件文本和停用词，这会对生成服务事件摘要产生干扰。因此，在语义角色标注前，要先去掉停用词。这些停用词是根据具体真实语料由人工总结得到的，而非自动化生成。去掉停用词后，将删除长度小于 6 个字的服务事件文本，因为字数过少的服务事件文本携带的有用信息非常少。接下来，本节将详细介绍算法的构建流程。

阶段 1：语义角色标注。

传统的抽取式服务事件摘要方法是根据算法选择服务事件文本中的一句或者多句作为服务事件摘要，在本节的服务事件摘要中由于摘要的对象是聚类后的多个短服务事件文本，传统的服务事件摘要方法并不适用。不适用的原因首先是聚类服务事件文本的长度普遍较短，传统的抽取式方法生成的服务事件摘要是某一个服务事件文本，这样生成的服务事件摘要包含的信息不够全面。其次本节的任务是服务事件摘要，事件是描述什么发生了什么，而语义角色标注可以简明地表达出以谓词为核心的句子主干，把一句话描述为"什么做了什么"和"什么是什么"这样简单的结构，通过对这些简短文本进行相似度计算，可以过滤相似度较高的文本，从而避免在生成服务事件摘要时引入冗余信息。相较于传统的抽取式服务事件摘要，基于语义角色标注的服务事件摘要更加简洁。本节实验采用开源的语言技术平台(LISA technic package，LTP)[54]进行语义角色标注。一个服务事件文本中有可能存在多个谓词，所以一个服务事件文本通常会生成多个谓词-论元结构，与预处理相同删除长度小于 6 个字的谓词-论元结构。例如，给定服务事件文本"用户表示现在还是无法拨打移动电话，对此不认可"，这句话的语义角色标注结果有两个谓词-论元结构，一个是"(谓词)表示(施事者)用户(受事者)现在还是无法拨打移动电话"，另一个是"(谓词)认可(受事者)对此(副词)不"，第二个谓词-论元结构除去英文标签，服务事件文本长度只有 5 个字，将被删除，不进入算法下一步骤。

阶段 2：生成句向量。

传统的服务事件文本表示方法通常采用词袋模型[20]来表示一个句子。虽然词袋模型简洁易用，但它具有两大缺点：一是忽视了句子中词语的顺序关系；二是忽视了句子中词语的语义信息。例如，在一个句子中包含"中国"、"美国"和"苹果"三个词语。如果采用词袋模型表示，那它们之间是毫无关系的。但实际上，"中国"和"美国"都属于国家，它们之间存在着一定联系。词袋模型的两个缺点会极大地影响最终生成的服务事件摘要，所以本节使用近年来 Google 提出的 BERT 模型[25]。BERT 模型本质上是通过在海量语料的基础上运行自监督学习方法为单词学习一个好的特征表示，自监督学习是指在没有人工标注的数据上运行的监督学习。BERT 模型的主要输入是服务事件文本中各个字/词的原始词向量，模型输出是服务事件文本中各个字或者词融合了全文语义信息后的向量表示。BERT 模型输出的向量对下游任务的性能有明显的提升，刷新了现有 11 项自然语言处理任务的性能纪录。在服务事件摘要任务中，采用 BERT 模型的向量表示作为该任务的词嵌入特征。因为生成的谓词-论元结构是由一个谓词加上多个论元结构组成的，无法直接用于比较，所以根据日常的表达习惯，先将生成的每个谓词-论元结构用施事者+状语角色+谓词+受事者规则的顺序拼接成一个新的句子。例如，给定如下服务事件文本"用户确认程序调用了数据库服务"，对于谓词-论元结构"（谓词）调用（施事者）用户确认程序（受事者）数据库服务"，按照规则拼接成"用户确认程序调用数据库服务"这个句子。接下来把拼接好的句子作为 BERT 预训练模型的输入，输出的就是句子对应的句向量表示。

阶段 3：PageRank 算法重要性排序。

对生成的句向量进行重要性排序。传统的机器学习方法需要大量的人工标注语料和复杂的特征工程，而在本节的服务事件摘要场景下做到这些较为困难。本节使用 PageRank 算法来计算各个服务事件文本句子的重要性排序，这里的句子是语义角色标注后拼接的句子。在本节中句向量之间的余弦相似度相当于 PageRank 网页评分，通过 PageRank 算法计算出与所有句子相似度最高的句子作为评分最高的服务事件摘要。首先通过计算两两句向量之间的余弦相似度构建出相似度矩阵，然后把得到的相似度矩阵转换成以句子为节点、以句向量相似度为权值的无向有权图，迭代更新图中边的权值直至收敛。收敛后，PageRank 值排序就是重要性排序，PageRank 值越高，该句子越重要。

3）服务事件摘要输出

传统的语义角色标注只考虑了谓词-论元结构，标注结果只包含了谓词、施事者、受事者、状语角色等语义角色，缺少了补语角色，所以会丢失一些服务事件文本信息。这些信息对表达句子的语义起着重要作用，例如，"不了"这种带否定意义的短语，在服务事件文本"数据库服务启动不了"中，语义角色标注拼接结果是"数据库服务启动"，丢失了"不了"这个补语，导致语义完全相反。因此，生成服务事件摘要阶段还要考虑原服务事件文本的句法信息。丢失的补语通过依存关系分析来得到。依存句法分析（dependency syntactic parsing）[55]，简称依存分析，作用是识别句子中词汇与词汇之间的相互依存关系。依存句法通过分析语言单位内成分之间的依存关系解释其句法结构，主张句子中核心动词是支配其他成分的中心成分；而它本身却不受其他任何成分的支配，所有受支配成分都以某种关系从属于支配者。同时，本节还考虑了谓词-论元结构在原服务事件文本中的位置，根据经验默认原服务事件文本语序更流畅，因此根据谓词和论元在原服务事件文本的位置从前往后拼接生成服务事件摘要。考虑上述两个因素，最终把 PageRank 排名第一的服务事件文本作为服务事件摘要。

3.2.3　服务事件摘要的语义一致性检测

相比于传统的关键词摘要方法，基于语义角色标注抽取的服务事件由于是一个结构化的结果，即抽取的每个词都对应一个语义角色标签，所以基于语义角色标注抽取的服务事件摘要更容易让读者理解服务事件。然而，现有的基于语义角色标注的服务事件摘要抽取工作忽略了检查抽取出的服务事件摘要和原始文本的语义一致性。而当读者阅读原始文本语义不一致的事件摘要时，会对原始服务事件产生误解。例如，在图 3.24 中展示了由语义角色标注方法针对同一条文本输出的三个事件结果：A.（They, plan, get married, this summer），B.（They, get, married, this summer），C.（They, married, this summer）。通过观察可以发现事件 B 和 C 所表达的语义其实是与原文不同的。原文的语义表述是"他们计划在这个夏天结婚"，而事件 B 和 C 所表达的语义是"他们已经在这个夏天结婚了"。因此，有必要在抽取出服务事件后对服务事件进行语义一致性检测。

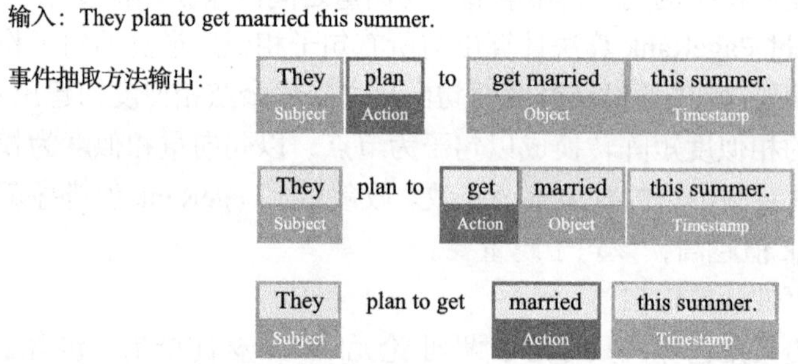

输入：They plan to get married this summer.

事件抽取方法输出：

| They | plan | to | get married | this summer. |
| Subject | Action | | Object | Timestamp |

| They | plan to | get | married | this summer. |
| Subject | | Action | Object | Timestamp |

| They | plan to get | married | this summer. |
| Subject | | Action | Timestamp |

图 3.24　语义角色标注方法针对同一条文本输出的三个结果

本书将那些语义与原文一致的服务事件称为真实服务事件，因此需要解决的问题就能转化为：给定一条服务事件的描述文本，目标是抽取出其中所有的真实服务事件。这个问题存在以下两个挑战。

（1）如何在语义层面上表示服务事件和服务事件的描述文本：传统方法[56]通过引入词特征和句法特征来表示文本的语义。而在表示服务事件的语义上，除了上述说到的词特征以外，传统方法[57]还加入了服务事件触发词和服务事件元素在原文中的位置来表示服务事件的语义。然而，以上所有服务事件文本特征都只能表示服务事件的文本描述和服务事件的浅层语义，这些特征并不能帮助从语义层面判断服务事件和原始文本的一致性。因为与原文语义不一致的服务事件和与原文语义一致的服务事件也可以产生相同的浅层语义特征。

（2）如何判断服务事件和原始服务事件文本的语义一致性：即使不真实的服务事件在字面上也可以与原始服务事件文本保持一致。而真实服务事件摘要不仅需要在其字面形式上保持一致，并进一步确保它们准确地表示了原始服务事件文本的语义，而且在一个服务事件文本中通常会有多个服务事件，如何判断服务事件文本中哪个服务事件与当前服务事件在语义上一致也是一个亟须解决的问题。

本节提出一种用于真实服务事件的抽取(real new event extraction, RNEE)模型。RNEE 模型由以下四个模块组成：①候选服务事件生成模块。首先，为了表示一个服务事件，总结了各种相关工作中事件的定义[58,59]，并将通用的服务事件模板定义为(Who, What, Whom, When, Where)五元组。然后，采用传统的语义角色标注方法[60]来得到候选服务事件。②候选服务事件嵌入模块。给定从候选服务事件生成模块生成的候选服务事件，该模块首先通过添加单独的标签"[SEP]"将候选服务事件转换为文本，然后将转换后的候选服务事件送到 BERT 模型[25]中，以获得候选服务事件的嵌入。③服务事件文本嵌入模块。为了得到服务事件文本的语义表示，使用 BERT 模型作为输入服务事件文本的编码器。此外，进一步使用 Bi-LSTM[10]来获得文档级的嵌入。④语义一致性判断模块。为了解决一条服务事件文本中存在多个服务事件的问题，在 RNEE 模型中引入注意力机制[16]来突出服务事件文本中与候选服务事件语义一致的服务事件。为了衡量服务事件文本和服务事件之间的语义一致性，RNEE 模型将嵌入分为候选服务事件是真实服务事件和候选服务事件不是真实服务事件两类。

1. 相关概念介绍

本节将先介绍一些相关概念以便读者能更好地理解本节所提的方法。有关事件的定义在很多领域都有研究[61]。WordNet[58]将事件定义为"在给定地点和时间发生的事情"。此外，在语言学理论[59]中，事件被定义为"在特定时间和地点发生的特定行为"。在本书的工作中，遵循传统的事件定义，并将通用服务事件模板定义为(Who, What, Whom, When, Where)五元组。另外，如果服务事件中对应的事件元素槽位不能从给定的服务事件描述文本中被提取，将用"[EMP]"填充相应的事件元素槽位。

2. RNEE 模型实现

接下来将详细介绍 RNEE 方法。RNEE 模型的整体架构如图 3.25 所示，包含以下 4 个模块。

(1)候选服务事件生成模块。对于每个输入服务事件文本描述，该模块使用语义角色标注算法[60]来获得所有的谓词-论元结构。基于服务事件的定义设置了一系列规则，这些规则旨在将每个谓词-论元结构中的论元映射到已定义的服务事件模板中，从而形成一个候选服务事件。因此，该模块的工作就是从给定的服务事件文本描述中抽取所有的候选服务事件。

(2)候选服务事件嵌入模块。该模块的目标是学习给定候选服务事件的语义。简单地说，候选服务事件嵌入模块将给定的候选服务事件从(Who, What, Whom, When, Where)五元组的形式转换为文本，使用 BERT 模型学习给定候选服务事件的语义。

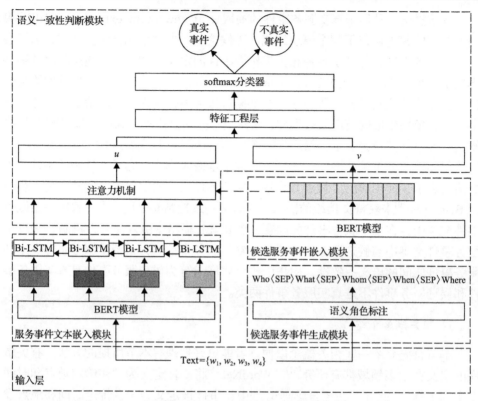

图 3.25　RNEE 模型的整体架构

（3）服务事件文本嵌入模块。该模块的目标是学习给定服务事件文本的语义表示。RNEE 模型使用预训练的 BERT 模型和 Bi-LSTM 模型来学习给定服务事件文本的语义。

（4）语义一致性判断模块。给定一个候选服务事件的向量表示和一个服务事件文本的向量表示，该模块判断候选服务事件是否与服务事件文本在语义上一致，即判断候选服务事件是否为真实服务事件。在该模块中有两个主要的问题需要考虑：①如何设计模型来衡量服务事件文本和服务事件之间的语义一致性；②同一条服务事件文本中可能包含多个服务事件，如何确定服务事件文本中的哪些服务事件是与给定候选服务事件在语义上一致的？

对于上述 4 个模块，详细介绍如下。

1）候选服务事件生成模块

给定一条服务事件文本，语义角色标注方法会对给定文本中的每个谓词进行分析，然后找到其相应的论元，如动作的发起者、动作的接收者等。受此启发，直接应用现有的语义角色标注方法[60]来对给定的服务事件文本生成所有谓词-论元结构。

此外，还发现在谓词-论元结构中的论元角色与定义的通用服务事件模板中的事件元素角色含义在本质上是相同的。为了将谓词-论元结构重新组织为候选服务事件，设置了一系列规则，旨在将谓词和其对应的论元角色映射到已定义的通用服务事件模板，从而组成候选服务事件。在表 3.9 中显示了制定的从语义角色标注标签到服务事件元素标签的映射规则。

表 3.9　语义角色标注标签到服务事件元素标签的映射规则

语义角色标注标签	具体意义	服务事件元素标签
Arg0	服务行为的发起者	Who
Predicate	具体服务行为	What
Arg1	服务行为的接收者或者受影响者	Whom
ArgM-TMP	服务行为发生的时间戳	When
ArgM-LOC	服务行为发生的地点	Where

综上所述，在该模块中，使用以下两个步骤从给定服务事件文本中生成候选服务事件：①应用现有的语义角色标注方法来获取所有谓词-论元结构；②遵循表 3.9 中制定的映射规则来使谓词-论元结构转化为候选服务事件。

2）候选服务事件嵌入模块

候选服务事件嵌入模块旨在学习给定候选服务事件的语义。为此，直接应用现有的预训练的 BERT 模型来捕获给定候选服务事件的语义。原因是预训练的 BERT 模型已经被证明可以通过在大量的语料库上进行训练来学习文本中的句法和语义信息[25]。然而，我们发现预训练的 BERT 模型只接受一个句子或一个单词作为输入，而本书工作中的候选服务事件却是一个五元组。如果直接使用每个事件元素的和向量或均值向量作为服务事件的嵌入，将导致事件嵌入引入更多的噪声或丢失更多的信息，这取决于输入的候选服务事件的最大文本长度。

为了解决这个问题，通过在每两个事件元素槽之间添加一个单独的标签"[SEP]"，将给定的候选服务事件转换为文本。例如，给定服务事件文本"运维人员登录系统后，需要核实每条文本进行分类准确率..."，假设通过候选服务事件生成模块生成的其中一个候选服务事件是(运维人员，登录，系统，[EMP], [EMP])。为了将该候选服务事件转换为文本，在每两个事件元素之间添加一个单独的标签"[SEP]"。因此，得到的文本为"运维人员[SEP]登录[SEP]系统[SEP][EMP][SEP] [EMP]"。然后，为了学习候选服务事件的语义，将得到的候选服务事件按照上述方式转化为文本后送到 BERT 模型，得到候选服务事件嵌入。

3）服务事件文本嵌入模块

服务事件文本嵌入模块的输入是由几个词组成的服务事件文本。服务事件文本中的每个词将被送到预训练的 BERT 模型中，从而获得词嵌入。然后，为了得到文档级嵌入，将上述得到的词嵌入发送到 Bi-LSTM 模型中，并将每个时间步隐藏层的输出作为文档级嵌入。需要注意的是，使用文档级嵌入而不是句子级嵌入来表示给定服务事件文本的原因是文档级嵌入可以比句子级嵌入更好地捕获整个服务事件文本的语义[62]。

形式上，给定服务事件文本 T_{text}，假设该文本包含几个词，$T_{\text{text}}=\{w_1,w_2,\cdots,w_n\}$，其中 n 是服务事件文本中词的个数。首先，使用预训练的 BERT 模型得到词嵌入 $\text{embed}_c=\{c_1,c_2,\cdots,c_n\}$，其中 c_n 是服务事件文本中第 n 个词的嵌入。然后，RNEE 模型将词嵌入 embed_c 送入 Bi-LSTM 模型中，得到服务事件文本 t 的文档级嵌入 embed_d：$h_{\text{text}} = \{h_1,h_2,\cdots,h_m\}$，$m$ 为 Bi-LSTM 模型的隐藏层大小，h_m 为 Bi-LSTM 模型第 m 个时间步的隐藏层输出。另外，h_m 的向量维度是 $2m$，因为 Bi-LSTM 模型会将相同时间步两个方向的输出拼接起来作为最后的输出。

需要注意的是，该模块中的预训练 BERT 模型与候选服务事件嵌入模块中使用的预训练 BERT 模型是相互独立的，即两个预训练 BERT 模型之间的参数并不共享。原因是使用两个预先训练的 BERT 模型分别嵌入服务事件文本和候选服务事件。服务事件文本中的每个词都有一个上下文，而候选服务事件没有，那么模型学习候选服务事件的语义时，服务事件文本的上下文就会起到噪声的作用，从而降低模型的整体准确率。因此，通过在两个不同的预训练 BERT 模型中嵌入服务事件文本和候选服务事件，两个预训练 BERT 模型可以各司其职。

4）语义一致性判断模块

在给定候选服务事件嵌入和服务事件文本嵌入的情况下，度量候选服务事件嵌入和原始服务事件文本语义一致性的一种简单方法是计算两种嵌入之间的相似度。然而有研究证明，对于相似度这样的连续值，在实际中是很难标注的，因为在标注相同的输入时，很难协调不同标注者之间的标准[63]。为了解决这一问题，将候选服务事件和服务事件文本之间的语义一致性检查任务建模为一个二分类任务，即将候选服务事件和服务事件文本之间的语义一致性标注为两个类别：语义一致还是不一致。

语义一致性判断模块中引入了注意力机制来检查给定服务事件文本和候选服务事件之间的语义一致性。然而，同一条服务事件文本可能包含多个服务事件，直接使用整个文档级文本嵌入将使二分类器无法准确地判断给定的候选服务事件和服务事件文本之间的语义一致性。因为二分类器无法确定服务事件文本中的哪个服务事件与给定的候选服务事件在语义上一致。

为了解决上述问题，在模型中引入了注意力机制[16]。注意力机制可以使得二分类器能够确定文本中哪个服务事件应该突出显示，从而提高其在服务事件文本嵌入中的权重。如图 3.25 所示，注意力机制层的输入由两部分组成：①Bi-LSTM模型输出的服务事件文本嵌入；②候选服务事件嵌入模块输出的候选服务事件嵌入。注意力机制层的输出是一个经过加权的服务事件文本嵌入,其中突出显示了与候选服务事件语义一致的部分。

形式上,给定服务事件文本嵌入模块的输出 h_{text} 和候选服务事件嵌入模块的输出 e_{event},则注意力权重 a_{text} 通过式(3.28)计算:

$$a_{text} = softmax(e_{event} \cdot tanh(h_{text}))\tag{3.28}$$

注意力机制层会输出一个加权后的文档级嵌入 wh_{text},通过式(3.29)计算:

$$wh_{text} = a_{text} \cdot h_{text}\tag{3.29}$$

分别得到加权的服务事件文本嵌入 u 和候选服务事件嵌入 v 后,在将其输入分类器之前引入一些特征工程策略:

(1) (u, v),是直接拼接加权服务事件文本嵌入 u 和候选服务事件嵌入 v。

(2) $(|u - v|)$,是 u 和 v 中每个维度差的绝对值。

(3) $(u \cdot v)$,是加权服务事件文本嵌入和候选服务事件嵌入的点积。

(4) $(u, v, |u - v|)$,是 u、v 和它们每个维度差绝对值的拼接向量。

(5) $(u, v, u \cdot v)$,是 u、v 和它们点积的拼接向量。

(6) $(u, v, |u - v|, u \cdot v)$,是上述所有提到特征的拼接向量。

生成的向量将被发送到 softmax 分类器,并分为两类:输入候选服务事件是真实服务事件和输入候选服务事件不是真实服务事件。

3. 事件语义一致性评估

1)数据集

在由百度公司注释并开源的真实服务事件数据集 DuEE[64]上评估 RNEE 方法。DuEE 数据集的相关统计结果如表 3.10 所示。在这个数据集中,每个事件都由一个特定的服务事件模板表示,也就是说,每个事件都可以由事件触发词触发,并且都有一些特定的事件元素。

表 3.10　DuEE 数据集的相关统计结果

数据集特征	训练集	测试集	验证集
事件类型	60	60	60
文本数量	10764	1346	1346
触发词个数	12368	1592	1745
事件元素个数	25412	3243	4093

2)数据重新标注

考虑到 DuEE 数据集中的每个事件对应一个特定的模板，它并不适用于本章的任务。因此，对 DuEE 数据集进行了重新标注。具体来说，保留了原始的"时间"和"地点"这类的事件元素。同时，将原始数据集中标注为触发词的词映射到工作中定义的通用服务事件模板中的 What 槽位。然后，基于对事件的理解，把将近 64 个原始数据集中的事件元素角色映射到 Who 槽位，如"操作者"和"标注者"等。此外，还将 48 个原始数据集中的事件元素角色映射到 Whom 槽位上，如"被分类对象"和"被聚类对象"等。因此，原始数据集中的所有事件都被映射到定义的通用服务事件模板上。

原始数据集并没有标注事件与原始文本的语义一致性，因此进一步对数据集进行重标注。具体来说，向抽取出的事件添加一个标签，指示该事件是否为真实事件。首先，将数据集中被转换成五元组的原始事件视为真实事件。然后，模拟了 RNEE 模型的实际应用场景，将语义角色标注方法应用到数据集中的每个文本中，以找到所有可能的候选服务事件。接下来，再次对比原始文本和每个候选服务事件的语义，并向每个候选服务事件添加是否为真实事件的标签。最后，在随机交换同一文本对应的所有真实事件的 Who 和 Whom 槽位后进一步扩大了不真实事件的数据量。此外，为了确认随机交换并填充后获得的所有事件都是不真实事件，再次对每个不真实事件进行检查，以确保其语义与原始文本不一致。

注意，这种用于生成不真实事件的数据增强策略将导致训练数据中两个类别之间的数据量极度不平衡。例如，在手动标注数据集中所有的真实事件之后，得到 27095 个真实事件；在采用上述数据增强策略生成不真实事件之后，得到 596228 个不真实事件。可见，真实事件和不真实事件的比例是 1∶22。此外，许多研究[65,66]表明，训练样本类别之间的数据量不平衡将导致分类结果更偏向于数据量大的类别。为了解决这个问题，直接使用随机降采样[67]方法来减少不真实事件的样本。

在接下来的实验中，使用的数据集统计量如表 3.11 所示。通过比较表 3.10 中训练集、测试集和验证集的触发词个数以及表 3.11 中的真实事件个数，可以发现重新标记的数据集中真实事件个数大于表 3.10 中的触发词个数，原因是语义角色标注方法从原始 DuEE 数据集中找到了没有标注的真实事件。

表 3.11　重新标注数据集的相关统计结果

特征	训练集	测试集	验证集
文本数量	10764	1346	1346
真实事件个数	21340	2995	2760
不真实事件个数	21340	2995	3760

3）对比方法

本节将介绍一些经典的基线方法以及最先进的文本分类模型。具体而言，采用的基线方法如下。

(1)TextCNN[68]：采用卷积神经网络作为基本神经网络单元，是一种有效的文本分类模型。

(2)TextRNN[69]：采用 Bi-LSTM 模型的隐藏层输出进行文本分类。

(3)TextRNN-Attention[70]：与 TextRNN 相比，该方法增加了注意力机制，用来捕捉文本中最重要的语义信息。

(4)TextRCNN[71](text recurrent convolutional neural networks, 文本循环卷积网络)：采用 CNN 作为基本的循环单元。

(5)DPCNN[72](deep pyramid convolutional neural networks, 深度金字塔形卷积神经网络)：用来解决传统 TextCNN 模型无法长距离捕获复杂模式的问题。

(6)FastText[73]：采用 skip-gram 代替词作为模型输入，是一种有效的文本分类方法。

(7)原始 BERT[25]：直接使用 BERT 模型[CLS]位置上的输出作为分类器输入。

(8)BERT-CNN、BERT-RNN、BERT-RCNN 和 BERT-DPCNN：使用预训练 BERT 模型来对输入文本进行嵌入，而不是在原始模型中随机初始化向量。

(9)ChineseBERT[74]：一个专门为中文设计的预训练模型，在原始文本输入的基础上加入了拼音与字形特征。

4）实验设置

在重新标注的数据集上评估本章方法。值得注意的是，为了提高实验结果的可靠性，以 1∶1 的比例对原始重新标注数据集进行了 10 次降采样，得到 10 个不同的数据集。接下来在这 10 个不同的数据集上运行每种方法，并将平均值作为最终结果。另外，使用 CUDA 10.1 版本的 2080Ti GPU 训练模型。

在验证集上调优了模型中的超参数。具体来说，将 batch_size 设置为 6，并且使用 AdamW 优化器[75]和 10^{-6} 的学习率。至于输入文本和事件的最大长度，分别计算数据集中所有文本的平均字符数和事件的平均字符数后，将其调整为 128。另外，Bi-LSTM 模型的隐藏维度设置为 384。

对于比较的所有基线方法，都以同样的方式对数据进行预处理。具体来说，将事件与文本连接起来作为基线方法的输入，并将事件标签(即事件是否为真实事件)作为标签。对于超参数，将 batch_size 设置为 6，并使用 AdamW 优化器，与本章方法相同。此外，输入文本和事件的最大长度也设置为 128。调整所有基线方法的学习率，以获得其在数据集上的最佳性能。

5）整体表现

接下来研究 RNEE 模型的整体表现。如表 3.12 所示，RNEE 模型在准确率和

$F1$ 值方面优于所有基线方法。至于召回率,RNEE 模型也表现出了相当的性能。这可以用以下两个主要原因来解释。首先,RNEE 模型使用了两个独立的 BERT 模型,这意味着两个 BERT 模型在训练过程中可以针对不同类型的文本学习到不同层次的语义。将 RNEE 模型的结果与使用原始 BERT 模型的分类结果进行比较,也证明了使用不同 BERT 模型分别嵌入文本和候选服务事件的有效性。其次,在模型中加入预训练的 BERT 模型来获得输入文本和候选服务事件的嵌入。已经通过理论和实验研究证明,预训练的模型可以有效提高下游任务的性能。通过对比基线方法(TextCNN、TextRNN、TextRCNN、DPCNN)与采用预训练的 BERT 模型的基线方法(BERT-CNN、BERT-RNN、BERT-RCNN、BERT-DPCNN),再次证明预训练模型能够有效提高现有方法的整体性能。

表 3.12 模型的整体表现   (单位:%)

方法	准确率	召回率	$F1$ 值
TextCNN	67.86	53.76	62.59
TextRNN	50.32	75.96	60.46
TextRNN-Attention	74.79	53.72	68.06
TextRCNN	78.81	72.69	77.43
DPCNN	80.22	76.93	79.54
FastText	73.27	51.72	65.93
原始 BERT	88.31	94.22	88.97
BERT-CNN	91.15	87.28	90.80
BERT-RNN	70.73	60.77	67.49
BERT-RCNN	91.05	**95.13**	91.40
BERT-DPCNN	86.49	92.62	87.27
ChineseBERT	90.00	86.91	89.68
RNEE	**91.50**	93.36	**91.66**

6)消融实验

下面进一步讨论有关 RNEE 模型的消融实验。首先,比较每个 RNEE 模型中的特征工程策略。然后,验证添加注意力机制和预训练的 BERT 模型是否有助于判断事件的语义一致性。

(1)特征工程策略比较。

RNEE 模型在分类之前引入了一些特征工程策略,接下来将比较每种特征工程策略对 RNEE 模型性能的影响。

表 3.13 显示了六种特征工程策略在数据集中的结果。其中,u 为注意力机制层的加权服务事件文本嵌入输出,v 为候选服务事件嵌入。显然,可以看到策略$(|u - v|)$在准确率和 $F1$ 值上都表现出色。此外,在本章的体系结构中,添加特征$(|u - v|)$

可以提高性能，这可以通过比较策略 (u, v) 和 $(u, v, |u-v|)$、$(u, v, u \cdot v)$ 和 $(u, v, |u-v|, u \cdot v)$ 的结果看出。但是，添加 (u, v) 作为特征会降低模型的性能，这可以通过比较策略 $(|u-v|)$ 和 $(u, v, |u-v|)$、$(u \cdot v)$ 和 $(u, v, u \cdot v)$ 的结果看出。

表 3.13　　RNEE 中不同特征工程的表现　　　　　（单位：%）

策略	准确率	召回率	$F1$ 值
$\|u-v\|$	**91.50**	93.36	**91.66**
$(u \cdot v)$	91.37	93.59	91.56
(u, v)	91.00	93.69	91.24
$(u, v, \|u-v\|)$	91.12	93.06	91.29
$(u, v, u \cdot v)$	91.50	91.95	91.54
$(u, v, \|u-v\|, u \cdot v)$	91.42	**94.02**	91.64

（2）注意力机制层的有效性。

注意力机制层的目标是在文本中找到与给定候选服务事件在语义层面上更相似的事件。因此，为了展示模型中注意力机制层的有效性，直接使用 Bi-LSTM 模型的输出作为输入向量 u。如图 3.26 所示，在所有六种特征工程策略中，有注意力机制层的模型在准确率和 $F1$ 值上都优于没有注意力机制层的模型。这表明包含多个事件的文本确实会影响 RNEE 模型对真实事件的识别精度。而在召回率方面，有注意力机制层的模型在策略 $(u \cdot v)$ 和策略 $(u, v, u \cdot v)$ 上的得分并不高，其表现与没有注意力机制层的模型相当。

（3）BERT 模型的有效性。

正如在 RNEE 模型的实现中提到的，将 BERT 模型引入 RNEE 模型分别捕获原始文本和候选服务事件的语义。为了评价 BERT 模型的有效性，接下来分别在服务事件文本嵌入模块和候选服务事件嵌入模块中去除 BERT 模型，来观察 RNEE 模型的性能。

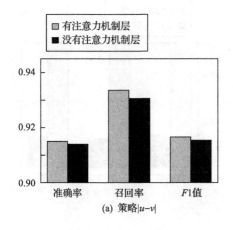
(a) 策略 $|u-v|$

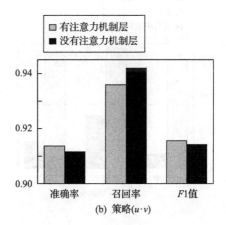
(b) 策略 $(u \cdot v)$

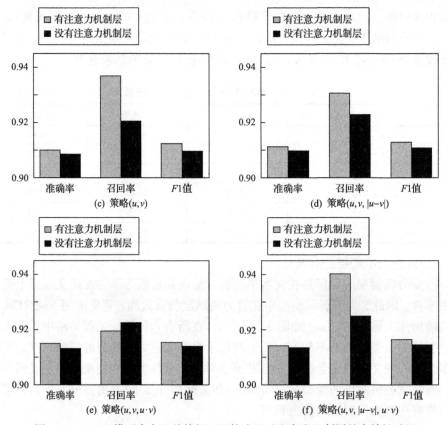

图 3.26　RNEE 模型中在六种特征工程策略下对注意力机制层的有效性验证

如图 3.27 所示，对于 RNEE 模型中的每一种策略，添加预训练的 BERT 模型可以大大提高性能。这是因为 BERT 模型通过在大量语料库上进行训练来学习文本中的句法和语义信息。

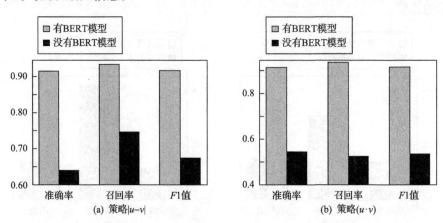

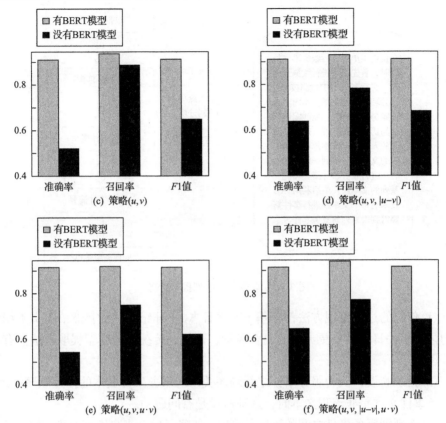

图 3.27　RNEE 模型中在六种特征工程策略下对 BERT 模型有效性验证结果

3.3　服务事件关系提取模型

面向自然语言文本的服务事件序列提取旨在从服务事件文本中挖掘服务事件之间的序列关系并得到相应的服务事件序列[76]。该研究可用于提取服务事件文本中服务事件序列这一结构性知识，以及帮助处理一些与服务事件序列相关的任务。具体地，给定服务事件文本与从该文本中抽取的服务事件，本书致力于通过挖掘服务事件之间的顺序关系来提取相应的服务事件序列。

如图 3.28 所示，左边文本中粗体文字表示文本中出现的服务事件，服务事件序列抽取的目的就是从服务事件文本 (左) 中构建出真实有序的服务事件序列 (右)。涉及的服务事件有数据预处理、事件库匹配、服务事件聚类、服务事件摘要、发现新服务事件。现有的与服务事件序列提取相关的研究有过程发现[77,78]、流程提取[79-81]、事件时间关系判别[82,83]等方法，用它们进行事件序列提取，则会面临以下挑战。

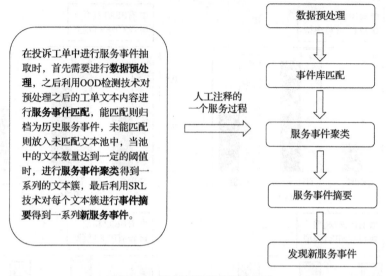

图 3.28　服务事件序列提取任务

（1）传统的过程发现方法都是基于事件日志的，非结构化的自然语言文本相比结构化的事件日志具有更灵活的语言表示，而这是传统过程模型提取方法没有办法处理的。

（2）错误假设：认为服务事件之间顺序关系与服务事件文本的描述顺序一致。当服务事件文本是非流程文本时，这种假设是有问题的。

（3）在判别服务事件之间的顺序关系时，忽略了融合来自字符级别、句子级别以及跨句子级别的不同粒度的上下文信息。由于服务事件文本中的服务事件元素散落在文本的各个句子中，若要有效判别服务事件之间的序列关系，并合成完整的事件序列，就需要对句子内信息和句子间信息进行收集与理解。

（4）虽然可以构建分类模型，通过判别任意两个服务事件之间的顺序关系来提取完整的事件序列，但这样的做法会使得模型过于关心服务事件对分类上的误差，而忽略了整个事件序列的误差。这与事件序列提取本质上是一项基于服务事件列表这一整体的任务不符。

针对本节所述面向自然语言文本的服务事件序列提取所面临的挑战，提出以下方案：给定服务事件文本与对应的从该文本中提取的服务事件集，通过提取任意服务事件对的序列关系来提取服务事件文本对应的服务事件序列，并使用基于多粒度信息编码和多任务联合优化的方式进行服务事件序列关系建模。由于服务事件是离散地分布于同一个句子或者多个句子内，对服务事件序列关系建模的关键在于从多个角度收集信息，以谋求全面地理解文本。下面通过两种方式分别从多个视角来构建模型，分别如下。

(1)基于 LSTM 与多头自注意力机制[16]的多粒度上下文编码器：给定服务事件文本与该文本对应的服务事件集，构建一个多粒度编码器以谋求从不同的角度来编码文本，分别是字符级别、句子级别和文档级别。

(2)基于 Pairwise 局部任务与 Listwise 全局任务的多任务联合优化：构建两个任务，分别是 Pairwise 局部任务和 Listwise 全局任务。给定服务事件文本，在多粒度编码的基础上，模型通过 Pairwise 局部任务学习如何分辨文档中任意服务事件对之间的序列关系，通过 Listwise 全局任务学习任意服务事件对应的序列位置。二者相辅相成，使得模型学习的视角更加全面。

1. 相关概念介绍

为了帮助读者更好地理解本章方法，下面简单介绍一些方法涉及的技术，包括多头自注意力机制、学习排序。

1)多头自注意力机制[16]

自注意力机制是 Transformer 中最核心的部分，在处理文本这样的序列化数据时，它帮助 Transformer 进行信息编码，且效果不受序列元素之间的距离限制。而多头自注意力机制具有多个独立的自注意力编码块，如图 3.29 所示。每个自注意力编码块之间参数不共享，在输入一段文本后，多个自注意力编码块单独对文本进行处理，最后整合各自得到的结果，并得到最终的文本特征表示。多头自注意力机制相对单独的自注意力机制来说，可以允许模型在不同的表示子空间学习到

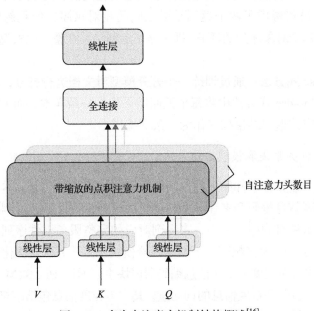

图 3.29　多头自注意力机制结构概述[16]

不同的相关信息，更有助于在具体任务中挖掘更多的相关特征。

2) 学习排序[84]

学习排序 (learning to rank) 是机器学习技术在信息检索领域的一类应用问题。在信息检索领域，很多时候需要对检索结果进行相关性排序。由于早期判别相关性时考虑到的因素较少，可以通过人工方式进行公式拟合。但是随着搜索的发展，对检索结果进行排序需要考虑的因素越来越多，人工公式拟合已经不太现实，因此考虑使用机器学习的方式设计相应的模型来拟合排序公式。另外，搜索引擎可以返回检索单位对应的点击数据作为训练数据，也方便了机器学习算法训练数据的构建。

学习排序问题一般可以概括如下：给定查询以及与查询相关的一系列返回结果，要求按照返回结果和查询的相关性对返回结果进行排序。在本节的服务事件序列抽取中，若将一条服务事件文本看成一条查询，而文本中对应的服务事件序列为查询对应的返回结果，则可以将从服务事件文本中抽取事件序列转化为服务事件排序问题。

学习排序问题对应的解决方法主要分为三类[84]。

(1) Pointwise 式方法：训练一个分类或者回归模型对检索返回结果进行分类或者打分，最后根据打分结果进行排序。该方法速度快且复杂度低，但是没有考虑返回结果之间的相对关系。

(2) Pairwise 式方法：通过确定两两返回结果之间的相对顺序得到最终的排序结果。该方法虽然考虑了两个返回结果之间的相对顺序，但是忽略了检索结果的排序是一项基于对象序列的任务，即忽略了返回结果在整个检索返回结果序列中的位置。

(3) Listwise 式方法：通过训练一个打分模型对文档进行打分，根据打分结果进行排序。Pointwise 式方法中将每个返回结果作为一条样本，而 Listwise 式方法将一个查询对应的返回结果列表作为一条训练样本。

2. 服务事件关系提取模型实现

为了应对上述服务事件序列抽取问题所面临的挑战与问题，本节提出一个新颖的基于多粒度信息编码和多任务联合优化的模型，该模型通过判断服务事件文本中任意服务事件对的序列关系，来得到对应的完整服务事件序列。模型总体架构如图 3.30 所示，分为多粒度上下文编码器模块、多任务联合优化模块和全局推理模块三个模块。多粒度上下文信息编码器模块主要通过 Bi-LSTM 以及多头自注意力机制来学习包含多粒度信息的词向量，其中多粒度信息包括字符级别信息、句子级别信息和跨句子级别信息。在此基础上，多任务联合优化模块通过 Pairwise 局

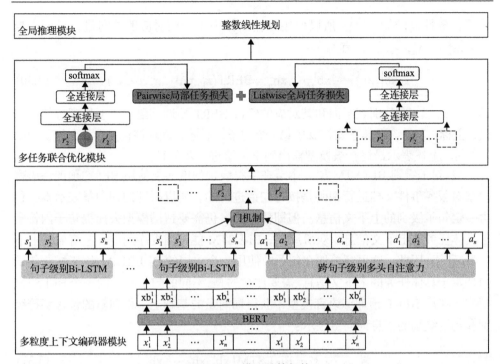

图 3.30　模型总体架构

部任务和 Listwise 全局任务分别从局部和全局两个角度来优化模型，使得模型在训练时不仅能够最小化服务事件对分类上的误差，也能够最小化在整个服务事件排序的误差。本节通过判断文本中任意服务事件对的序列关系来得到完整的服务事件序列，且模型对服务事件之间的关系判断可能存在冲突，所以最后需要通过全局推理模块进行冲突处理。

1) 多粒度上下文编码器模块

该模块通过聚合来自不同粒度 (句子内、句子间) 富含上下文信息的表示来探索服务事件对的上下文信息。多粒度上下文编码器模块由四个部分组成，分别为字符级别的嵌入层、句子级别 Bi-LSTM 层、跨句子级别多头自注意力层和特征融合层。

(1) 字符级别的嵌入层。给定一段服务事件文档 d，本节使用 BERT 预训练语言模型对该服务事件文档进行编码。首先根据词库构建每个词 x_n^i 对应的 One-hot 向量 w，接着该服务事件文档中的每一句文本所对应的 One-hot 特征向量序列 $d_i(w_0, w_1, \cdots, w_{n_{d_i}})$ 会被输送到 BERT 预训练语言模型中，$w_{n_{d_i}}$ 表示 x_n^i 对应的 One-hot 向量。经由 BERT 预训练语言模型，将得到句子中每个词 x_n^i 对应的输出向量 xb_n^i，该输出已被证明具有建模词的语义信息和提高许多自然语言处理任务性能的能力[25]。所以使用该输出作为每个词对应的词向量，对于文档 $d(x_1^1, x_2^1, \cdots, x_n^1, \cdots, x_n^i)$，有

$$xb_1^1, xb_2^1, \cdots, xb_n^1, \cdots, xb_n^i = \text{BERT}(x_1^1, x_2^1, \cdots, x_n^1, \cdots, x_n^i) \tag{3.30}$$

其中，x_n^i、xb_n^i 分别表示词和其对应的经过 BERT 预训练语言模型处理过的词向量，上标 i 表示该词属于文档 d 中第 i 个句子，下标 n 表示该词是第 i 个句子中第 n 个词。上述表示最终会被模型输出到下一层进一步处理。

(2)句子级别 Bi-LSTM 层。本节在字符级别的嵌入层使用 BERT 预训练语言模型对服务事件文档进行编码是按每句话进行的，所以得到的词向量表示本身包含一定句子级别的上下文信息。但即便如此，仍需要帮助模型去捕捉句子内特定于具体任务的上下文信息。众所周知，Bi-LSTM 能够捕捉序列中一些有效的上下文特征[85]。因此，这里简单地在句子中使用一个单层的 Bi-LSTM，用于捕获句子内特定于具体任务的上下文信息。需要注意的是，不同的句子共享同一个 Bi-LSTM 模型。在从 BERT 预训练语言模型中获得词向量的基础上，得到新的包含字符级别和句子级别的信息词向量表示：

$$s_1^i, s_2^i, \cdots, s_n^i = \text{Bi-LSTM}\left(xb_1^i, xb_2^i, \cdots, xb_n^i\right) \tag{3.31}$$

其中，s_n^i 表示文档中第 i 个句子中第 n 个词对应的词向量表示。

(3)跨句子级别多头自注意力层。LSTM 抽取特征有效性的一个主要限制就是距离，随着序列长度的增加，LSTM 会出现信息丢失。因此，仅使用双向 LSTM 去捕捉单个句子内的上下文信息，而单个句子的长度相对服务事件文档长度而言十分有限，这就能够在一定程度上缓解信息丢失。对于跨句子级别的上下文特征，使用多头自注意力层来捕捉，因为自注意力机制编码上下文信息是不受距离影响的[16]。这里使用 MHA 作为这一层的标记，在双向 LSTM 层的基础上，利用多头自注意力机制对其输出进行再编码，以获得跨句子级别的上下文特征：

$$a_1^i, a_2^i, \cdots, a_n^i = \text{MHA}\left(xb_1^i, xb_2^i, \cdots, xb_n^i\right) \tag{3.32}$$

其中，a_n^i 表示第 i 个句子中第 n 个词对应的带有跨句子级别特征信息的词向量，且该向量来自多头自注意力层的输出。

(4)特征融合层。经过上述操作，通过 BERT 预训练语言模型获得能够有效表示字符级别语义的特征向量 xb_n^i，并在此基础上分别通过 Bi-LSTM 和多头自注意力模型获得包含句子级别信息的词特征向量 s_n^i 和包含跨句子级别信息的词特征向量 a_n^i。目前需要做的是将这些来自不同粒度的特征信息进行有效的融合。给定

服务事件文档，模型需要对服务事件文档中任意服务事件对的序列关系进行判断，而做出判断所依赖的信息可能大部分来自句子级别、小部分来自跨句子级别，或者小部分来自句子级别、大部分来自跨句子级别，即并不是所有的特征对最终任务都具有相同的贡献度。因此，本节没有采用将句子级别特征向量与跨句子级别特征向量直接相加或者拼接等一视同仁的合并方法，而是采用了门机制对来自不同粒度的特征信息进行加权。门机制的本质是通过构建一个自适应的注意力权重向量来控制模型对不同粒度特征信息的取舍。注意力权重向量的维度和特征信息向量维度相同，且每一维取值都是在 0～1，1 表示完全保留，0 表示完全舍弃。定义门机制如下：

$$g = \sigma\left(W_1 \cdot s_n^i + W_2 \cdot a_n^i + b\right) \tag{3.33}$$

$$r_n^i = g \odot s_n^i + (1 - g) \odot a_n^i \tag{3.34}$$

其中，g 为门机制的注意力向量；W_1 和 W_2 为模型需要学习的权重系数；b 为模型需要学习的偏差系数；σ 为 sigmoid 激活函数；$\odot$ 为向量中对应元素逐个相乘；r_n^i 为第 i 个句子中的第 n 个字符的特征融合表示。

2）多任务联合优化模块

在获取了文档中每个词对应的聚合多粒度上下文信息的向量表示后，需要让模型学习如何判断文档中任意服务事件对的序列关系。仅从目标来看，很可能会让人误解并觉得这完全是一个 Pairwise 式的分类任务，而忽略了事件序列提取本质上是一项基于服务事件列表的任务。这会误导我们把模型的学习目标重点落在局部，即最小化服务事件对分类的错误，而忽略了全局，即最小化服务事件排序的错误。

本节将介绍针对上述问题做出的改进。在多粒度上下文编码器模块的基础上构建了多任务联合优化模块，共分为两部分：Pairwise 局部任务和 Listwise 全局任务。其中，Pairwise 局部任务提供局部视角，即学习如何最小化服务事件对分类上的错误；Listwise 全局任务提供全局视角，即学习如何最小化整个服务事件排序上的错误。

（1）Pairwise 局部任务。直接从自然语言描述的服务事件文本中抽取服务事件序列是一项非常困难的任务，因为这项任务需要非常多的上下文信息来支撑。一种最直接的方式是从局部角度出发，通过获得任意服务事件对之间的序列关系来构建完整的服务事件序列。这一做法是符合常识的，对于非常复杂且直接解决很困难的问题，人们往往会从局部角度出发对该问题进行拆解。这里使用 Pairwise 局部任务为模型提供一个局部视角，以学习如何判断服务事件之间的顺序关系。

给定训练数据集 $\{X(D_n, E_n), Y\}$，其中 X 表示样本即服务事件文档和该文档对应的服务事件集合，Y 表示标签即文档对应的真实服务事件序列。D_n 表示服务事件文档，E_n 表示从服务事件文档 D_n 中抽取的服务事件集合，(e_i, e_j) 表示任意两个服务事件集中的服务事件，其中 n 表示文档对应的编号。Pairwise 局部任务定义如下：

输入服务事件文档 D_n 中的任意服务事件对 (e_i, e_j)。

输出服务事件对对应的序列类别：0 或 1，二者分别对应不同的序列关系，0 表示 e_i 在服务事件序列中排在 e_j 前，1 表示 e_i 在服务事件序列中排在 e_j 后。

Pairwise 局部任务本质上是一个二分类任务，因此使用一个两层的感知机作为模型。对于每个服务事件对，会将服务事件对中服务事件词对应的从多粒度上下文信息编码器模块中获得的特征向量进行拼接，然后将拼接得到的向量输入 Pairwise 局部任务对应的感知机中：

$$p\left(r|e_i, e_j\right) = \sigma\left(W_2' \cdot \tanh\left(W_1'[r_{e_i}, r_{e_j}] + b_1\right) + b_2\right) \tag{3.35}$$

其中，r 表示二分类类别，$r \in \{0,1\}$；$p(r \mid e_i, e_j)$ 表示模型输出的二分类问题的概率值；W_1'、W_2' 表示权重矩阵；b_1、b_2 表示偏差向量；σ 表示 sigmoid 激活函数；r_{e_i}、r_{e_j} 表示基于多粒度上下文编码器模块得到的事件词的向量表示。

感知机对应的损失函数定义为

$$L\left(\theta_L\right) = -\sum_{n=1}^{S_D} I\left(y_n = \hat{y}_n\right) \lg p\left(\hat{y}_n \mid x_n, \theta_L\right) \tag{3.36}$$

其中，x_n 和 y_n 分别表示第 n 个训练服务事件对和服务事件对在标注语料库 D 中对应的服务事件序列关系标签；θ_L 表示模型需要学习的参数值；$\hat{y}_n$ 表示 x_n 的观测值，即模型给出的预测值；$I(y_n = \hat{y}_n)$ 表示指示函数，$y_n = \hat{y}_n$ 为真则指示函数值为 1，否则指示函数值为 0；$p(\hat{y}_n \mid x_n, \theta_L)$ 是第 n 个训练服务事件对在参数为 θ_L 的情况下，模型给出服务事件对序列关系预测的概率值。

(2) Listwise 全局任务。受 Cao 等[86]的启发，我们意识到尽管 Pairwise 局部任务提供了与人类相似的思维角度来建模事件序列，但它仍忽略了服务事件序列关系建模是基于服务事件对象列表这一事实。与学习排序中 ListNet 的思想相似，Listwise 全局任务将整个服务事件序列建模任务看成一个服务事件排序任务。在一些学习排序任务，如文档检索中，模型主要负责给每个相关文档进行打分，然后根据文档分值进行排序从而得到最终的检索结果。本节采取的方式与文档检索相似，只不过模型的打分对象变成服务事件。具体而言，将 Listwise 全局任务定义如下：

输入服务事件文档 D_n 中所有的服务事件 $e \in E_n$。

输出模型对每个服务事件给出的分值 score(e)。

可以根据事件对应的分值进行排序，最终得到对应的服务事件序列。

如图 3.30 的多任务联合优化模块所示，使用一个 2 层的感知机作为打分模型。对于训练集中的每个服务事件文档，将其中每个服务事件对应的多粒度信息编码向量输入打分感知机中，并得到相应的分值：

$$\text{score}(e) = W_2'' \cdot \tanh\left(W_1'' \cdot r_e + b_1\right) + b_2 \tag{3.37}$$

其中，e 表示任意服务事件，score(e) 表示服务事件 e 的预测分数；W_1''、W_2'' 表示权重矩阵；b_1、b_2 表示偏差向量；r_e 表示基于多粒度上下文编码器模块得到的事件词 e 的向量表示；tanh 表示激活函数。

定义优化函数如下：

$$\text{SmoothL1}(p,q) = \begin{cases} \dfrac{1}{2}(p-q)^2, & |p-q|<1 \\ |p-q|-0.5, & \text{其他} \end{cases} \tag{3.38}$$

$$G(\theta_G) = \frac{1}{D_i}\sum_{i=1}^{S_D}\frac{1}{l}\sum_{j=1}^{l}\text{SmoothL1}\left(r_j^i, s_j^i\right) \tag{3.39}$$

其中，p 表示模型给出的预测标签；q 表示真实标签。具体地，s_j^i 表示在第 D_i 个服务事件文档对应的服务事件序列中第 j 个服务事件相对应的真实等级值，r_j^i 表示第 D_i 个服务事件文档对应的服务事件序列中第 j 个服务事件相对应的模型给出的事件的预测分数 score(e)。

虽然服务事件排序任务与 Pairwise 局部任务中的服务事件对分类任务的最终目标相同，即都是为了从服务事件文本中构建出对应的服务事件序列，但是其本质不同。服务事件排序任务是一个基于整个服务事件对象列表的任务，它着眼于整体，而服务事件对分类任务是一个基于局部服务事件对的任务，它着眼于局部。

(3) 多任务联合训练。如算法 3.4 所示，在模型的训练阶段，Pairwise 局部任务和 Listwise 全局任务联合在一起训练。算法的输入为训练数据以及相应的超参数。输出为模型参数 θ_{encoder}、θ_L 和 θ_G，其中 θ_{encoder} 表示多粒度上下文编码器模块对应的参数。如第 1 行所示，模型会进行 maxEpoch 次迭代，每次迭代会从训练数据集 D 中不放回地随机抽取 batch 条样本(第 2 行)用于训练并更新模型，其中每条样本分别由一个服务事件文档文本以及对应的服务事件序列组成。在每次训练开始时先将损失清零(第 3 行)，接着对于随机抽取的 batch 条样本，分别计

算在参数 $\theta_{encoder}$、θ_L、θ_G 下的 Pairwise 局部任务损失 $loss_L$ 和 Listwise 全局任务损失 $loss_G$，并分别累加到 $L(\theta_L)$ 和 $G(\theta_G)$（第 4~9 行）。然后定义联合损失函数 $loss_{total}$ 为

$$loss_{total} = L(\theta_L) + \lambda G(\theta_G) \tag{3.40}$$

算法 3.4 模型训练

输入 训练数据 $D\{X(D_n, E_n), Y\}$，最大迭代次数 maxEpoch, 批次大小 batch, 超参数 λ

输出 模型参数 $\theta_{encoder}$、θ_L、θ_G

1.　**while** epoch < maxEpoch

2.　　D_{batch}←从训练数据集 D 中不放回地随机抽取 batch 条样本;

3.　　$L(\theta_L)$←0.0, $G(\theta_G)$←0.0;

4.　　**for instance in** D_{batch}:

5.　　　计算在参数 θ_L、$\theta_{encoder}$ 下对应的 Pairwise 局部任务损失 $loss_L$;

6.　　　计算在参数 θ_G、$\theta_{encoder}$ 下对应的 Listwise 全局任务损失 $loss_G$;

7.　　　$L(\theta_L) \leftarrow L(\theta_L) + loss_L$;

8.　　　$G(\theta_G) \leftarrow G(\theta_G) + loss_G$;

9.　　**end for**

10.　　$loss_{total} = L(\theta_L) + \lambda G(\theta_G)$;

11.　　通过最小化总损失 $loss_{total}$ 更新参数 $\theta_{encoder}$、θ_L、θ_G;

12.　**end while**

对 Pairwise 局部任务损失和 Listwise 全局任务损失进行融合（第 10 行），其中超参数 λ 用来维持 $L(\theta_L)$ 和 $G(\theta_G)$ 之间的平衡。最后进行模型参数的更新，重复上述步骤直至迭代结束（第 11、12 行）。

3) 全局推理模块

本节使用 Listwise 全局任务只是为了帮助模型在训练过程中更好地训练，使之不仅能够优化局部服务事件对分类上的误差，还能优化全局服务事件排序上的误差，即 Listwise 全局任务只涉及模型的训练过程。在测试阶段或者模型实际使用时，仅仅利用 Pairwise 局部任务模块的结果，并凭该结果获得完整的服务事件序列。但是这样通过判断文档中任意服务事件对的序列关系来间接获得服务事件序列的方法存在一个问题：模型可能会做出存在冲突的决策。例如，给定服务事

件对 (e_i, e_j)、(e_j, e_k) 和 (e_i, e_k)，模型分别做出以下决策：$(e_i, e_j, 0)$、$(e_j, e_k, 0)$ 和 $(e_i, e_k, 1)$。这样的决策是前后矛盾的，不满足序列上的传递性约束。因此，本节构建了全局推理模块来解决这一问题。

全局推理模块中使用的方法是整数线性规划，该方法已经被许多研究人员用来解决冲突、强化全局一致性[87]，但本节只用整数线性规划来处理传递性约束。设 $I_{i,j}^r$ 表示一个二进制指示变量，当且仅当模型对服务事件对 (e_i, e_j) 的预测标签为 $r \in R, R=\{0,1\}$ 时取值为 1，R 表示顺序关系标签集。E 表示事件集。再设 $P_{i,j}^r$ 表示模型预测服务事件对 (e_i, e_j) 标签 r 的置信度，该置信度产生自模型中 softmax 层的输出。为了解决模型对服务事件对预测结果中存在的冲突，获得全局最优的预测结果，定义整数线性规划的目标函数以及约束如下：

$$y = \operatorname{argmax} \sum_{(i,j) \in E} \sum_{r \in R} P_{i,j}^r I_{i,j}^r \tag{3.41}$$

$$\text{s.t. } I_{i,j}^{r_1} + I_{j,k}^{r_2} - I_{i,k}^{r_3} \leqslant 1, \quad \sum_{r \in R} I_{i,j}^r = 1, i \neq j \neq k \tag{3.42}$$

上述第一个约束表示：若服务事件对 (e_i, e_j) 的标签为 r_1 且服务事件对 (e_j, e_k) 的标签为 r_2，则服务事件对 (e_i, e_k) 的标签 r_3 必须被满足。例如，这样的关系三元组 (r_1, r_2, r_3) 包括 $(0,0,0)$ 和 $(1,1,1)$。第二个约束表示任意服务事件对，其标签赋值唯一。

3. 服务事件关系挖掘评估

1）实验数据

考虑到目前还没有公开数据集可以被直接用于从自然语言文本中提取事件序列这一任务，本节从现有的一些相关数据集 TimeBank (TB)[88]、AQUAINT (AQ)[89]、Platinum (PL)[90]、MATRES[91]中构造了一个新的可以直接用于事件序列抽取的数据集。TB、AQ 和 PL 三个数据集中包含许多涉及服务业的新闻文档，并且文档中包含的事件词也被标注了出来，而 MATRES 数据集中标注了上述文档中事件之间的时间关系，根据这些关系标注，可以间接获得文档所对应的事件序列。但是TB、AQ 和 PL 数据集中提供的文档存在一个缺陷：整体数量少且个体内容复杂繁多。为了简化内容和增加数据量，本节设计了以下方法。

数据处理流程图如图 3.31 所示。首先，使用一个尺寸为 k 的滑动窗口以步长为 1 的方式将每个文档划分成多个小文档。接着，根据已有的事件标注和事件关系标注为每一个小文档构建一个对应的图，其中图中的节点代表事件，边代表事件关系。然后，从图中可以得到每个小文档对应的最长路径，即每个小文档对应

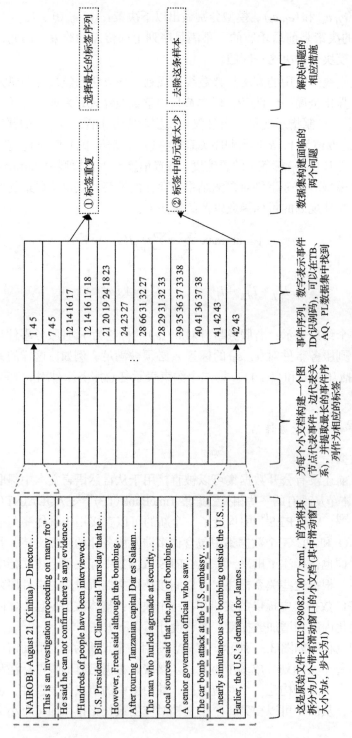

图3.31　数据集处理流程图

的最长事件序列，将该序列作为对应文档的事件序列标注。本书中的数据集构建方式如下：

$$x = \text{document}\left(\text{sent}_1, \text{sent}_2, \cdots, \text{sent}_k\right) \tag{3.43}$$

$$y = \text{eventSequence}\left(\text{event}_1, \text{event}_2, \cdots\right) \tag{3.44}$$

其中，x 和 y 分别表示训练样本(文档共包含 k 个句子)和训练样本相对应的标签；sent 表示句子；event 表示句子中标注出来的事件。

　　虽然通过使用以上步骤，数据集的构建初步完成，但是还存在以下两个问题。第一个是标签重复问题，即两个样本文档对应的事件序列标签重复。这里用一个例子来解释为什么会出现标签重复问题。假设在原始的大文档中存在一段包含 $l+1$ 个句子的文本片段(sent$_i$, sent$_{i+1}$, $\cdots$, sent$_{i+l}$)，该片段中包含一条事件序列 e_s。此时，若使用的滑动窗口尺寸为 $k(k<l)$，则可能出现以下的划分：文档(sent$_{i-1}$, sent$_i$, sent$_{i+1}$, $\cdots$, sent$_{i+l}$, $\cdots$, sent$_{i+k}$)，且该文档对应的事件序列标注可能包含 e_s。对于文档(sent$_i$, sent$_{i+1}$, $\cdots$, sent$_{i+l}$, $\cdots$, sent$_{i+k}$)，其对应的事件序列标注可能包含 e_s。此时由于两个文档对应的标注包含同样的部分，很有可能出现如图 3.31 所示的极端重复情况，即一个文档的标注是另一个文档的子集。这就是标签重复问题，对应的处理措施是删去事件序列标注是其他文档事件序列标注的子集的那部分文档。第二个是事件序列标注元素过少的问题，如图 3.31 所示，可能有一些划分得到的小文档对应的事件序列标注中只包含 2 个甚至 0 个事件，这样的样本本质上与本书研究的问题不相符，针对该问题相应的处理措施是删去这些不符合的样本。至此，数据集完全构建完毕。在实验中，将 TB 和 AQ 作为训练数据集，将 PL 作为测试数据集。换句话说，将根据上述步骤从 TB 和 AQ 中获得的样本作为训练集，将根据以上步骤从 PL 中获得的样本作为测试集。此外，为了进行超参数的调整，从训练集中随机划分 20% 的样本作为验证集。

　　2)基线方法

　　为了验证本章提出方法的有效性，这里选取三种方法作为基线。

　　(1)排序模型(文本顺序)：该方法按照事件在文本中出现的顺序对事件进行排序，从而得到文本对应的事件序列。其本质是基于事件顺序与文本描述顺序一致这一假设。选取该基线的原因是本书想要通过对比实验来证明基于上述假设的做法存在一定的误差以及进行有序的事件序列抽取的必要性。

　　(2)学习排序模型(ListNet)：该模型的提出是为了解决学习排序研究领域过于注重 Pairwise 式的方法而忽略了模型要解决的问题实质是基于对象序列这一整体。后来该思想被用于从临床医学记录中获取事件的时间线，即一条事件序列。本书选取该方法作为基线，主要是验证单独训练 ListNet 与多任务联合训练二者谁更有效。需要注意的是，为了对比实验的公正性，在训练 ListNet 时并没有使用任何语言学特征来强化特征表示,因为这些特征需要大量的额外标注。特征表示都是通过 Bi-LSTM 完成。

(3)基于 Bi-LSTM 的 Pairwise 式方法:在许多涉及事件关系判别或者实体关系判别的研究中,Bi-LSTM 都被大量使用且都取得了很好的效果。因此,本书选取该方法作为基线,且在模型实现上与文献[85]相同。此外该方法属于单独的 Pairwise 式方法,同样可以通过与本书多任务联合训练的对比实验验证二者的有效性。

3)评价指标

为了更全面地对模型进行评估与测试,从两个不同的角度出发来评估模型。

(1)局部视角。局部视角与 Pairwise 局部任务相对应,形式上是对事件对分类结果进行评估,但其本质上是在评估模型对事件相对位置的预测效果。具体来讲,在给定文档、文档中提取的事件集以及文档对应的事件序列的情况下,本书希望通过选中的评价指标来衡量模型是否能够足够准确地判断任意事件对之间的序列关系。这里选择的评价指标为准确性、精度、召回率和 $F1$ 值。

(2)全局视角。全局视角与 Listwise 全局任务相对应,形式上是对模型给事件的打分结果进行评估,但其本质上是在评估模型对事件绝对位置的预测效果。具体来讲,本章通过选择的评价指标去衡量模型对每个事件打出的分数值是否能拟合事件在事件序列中对应的排序值。这里选择的评价指标是均方误差(mean square error, MSE):

$$\text{MSE} = \frac{\sum_{e \in E}\left(\text{rank}_t(e) - \text{rank}_p(e)\right)^2}{|E|} \tag{3.45}$$

其中, E 和 $|E|$ 分别为事件集和事件集的大小;rank_t 和 rank_p 分别为事件 e 对应的真实排序值和模型给出的分数值。

4)实验结果与分析

表 3.14 和表 3.15 分别展示了本节提出的模型与基线方法的对比实验结果以及本节提出模型本身的消融实验结果。根据这些实验结果,总结了以下几个关键观点。

表 3.14　整体性能

模型	局部评价指标/%				全局评价指标
	准确率	精度	召回率	$F1$ 值	MSE
基线方法 1(文本顺序)	75.31	—	—	—	1.8094
基线方法 2(ListNet)	82.72	—	—	—	0.9919
基线方法 3(基于 Bi-LSTM 的 Pairwise 式方法)	87.86	84.21	82.42	83.25	0.7019
本节模型	**90.95**	**88.68**	**86.43**	**87.47**	**0.5174**

表 3.15　不同组件的消融分析

模型	局部评价指标/%				全局评价指标
	准确率	精度	召回率	$F1$ 值	MSE
本节模型	**90.95**	**88.68**	**86.43**	**87.47**	**0.5174**
不使用多粒度信息编码	89.09	85.66	84.64	85.13	0.5683
去除 Listwise 全局任务	88.89	86.28	82.82	84.34	0.6011

（1）无论从局部视角还是从全局视角的实验结果来看，本节提出的模型都大大优于所有基线方法。具体来说，与基线方法 1（文本顺序）相比，本节提出的模型在局部评价指标准确率上增加了 15.64 个百分点，在全局评价指标 MSE 值上减小了 1.292；与基线方法 2（ListNet）相比，本节提出的模型在局部评价指标准确率上增加了 8.23 个百分点，在全局评价指标 MSE 值上减少了 0.4745；与基线方法 3（基于 Bi-LSTM 的 Pairwise 式方法）相比，本节提出的模型在局部评价指标准确率上增加了 3.09 个百分点，在全局评价指标 MSE 值上减少了 0.1845。以上这些数据都证明了本节模型的有效性。

（2）文本描述顺序这一特征可以为模型确定事件之间的顺序关系提供一些帮助。从基线方法 1（文本顺序）的实验结果中可以看出两点：①设计具体模型去提取有序的事件序列是非常必要的，因为假设事件序列与文本描述顺序一致会导致得到的事件序列与真实的事件序列有较大的偏差；②文本描述顺序这一特征可以为事件顺序关系的判别提供一些信息。根据最大熵原则，在没有任何信息的情况下，二分类实验的准确率在 50%左右。但是发现在基线方法 1 中，从局部评价指标的实验结果来看，其准确率达到了 75.31%，比二分类实验的准确率高 25.31 个百分点。

（3）多任务联合优化优于单独的 Pairwise 式方法优化和 Listwise 式方法优化。如表 3.14 所示，单个 Pairwise 式方法或 Listwise 式方法都无法取得令人满意的性能。但是，在表 3.15 中显示的消融实验中，在使用多粒度信息编码时不考虑跨句子信息，此时仅从编码阶段看，本节提出的模型和基线方法 2、基线方法 3 完全相同，唯一不同的就是本节提出的模型在训练阶段采用多任务学习的方式联合优化 Pairwise 局部任务和 Listwise 全局任务。与单独的 Pairwise 式方法或者 Listwise 式方法相比，多任务联合优化方法无论是从全局评估角度还是局部评估角度来看，效果都显著提高。此外，如表 3.15 所示，当删除 Listwise 全局任务，让模型在多粒度信息编码的基础上单独优化 Pairwise 局部任务时，它对判断事件对之间的序列关系产生了较差的影响。与联合优化 Pairwise 局部任务和 Listwise 全局任务的模型相比，其准确率、精度、召回率和 $F1$ 值均有所下降，事件序列上的 MSE 也略高。这也进一步证实了本书的观点。

（4）多粒度信息编码对于事件序列关系建模具有非常重要的作用。根据表 3.15 中展示的数据，当多任务联合优化方法中不使用多粒度信息编码时，模型的准确率、精度、召回率和 $F1$ 值显著下降，事件序列的整体 MSE 值显著增加。单任务优化也是如此，例如，在去除 Listwise 全局任务后，此时模型本质上是与基线方法 2 相同的单独的 Pairwise 式方法，唯一区别是本书模型使用的是多粒度信息编码。然而，同样可以发现使用多粒度信息编码改善了模型在各种指标上的效果。

5）多任务联合优化的有效性

接下来，比较在训练阶段和验证阶段使用多任务联合优化模型和单任务优化模型的性能。图 3.32（a）显示了训练过程中 Listwise 全局任务对应的全局损失随着训练步数的变化情况，其中实线表示使用多任务联合优化模型，虚线表示单独

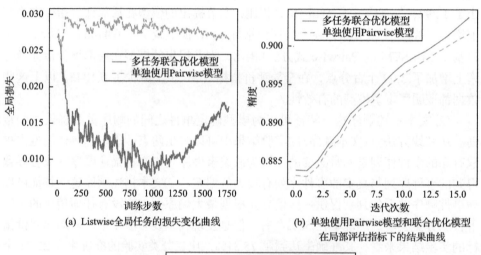

(a) Listwise全局任务的损失变化曲线　　(b) 单独使用Pairwise模型和联合优化模型
　　　　　　　　　　　　　　　　　　　在局部评估指标下的结果曲线

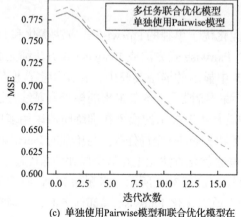

(c) 单独使用Pairwise模型和联合优化模型在
全局评估指标下的结果曲线

图 3.32　多任务联合优化模块分析

使用 Pairwise 模型。可以观察到，如果单独使用 Pairwise 式优化方法，则模型在全局任务中的训练损失基本保持不变；若使用多任务联合优化方法，则模型在全局任务中的训练损失有显著的下降趋势。这意味着单独的 Pairwise 式优化导致模型对事件绝对位置的预测水平没有得到提升，也进一步证明了单独的 Pairwise 式优化方法完全忽略了事件序列提取是一项基于对象列表的任务。图 3.32 (b) 与 (c) 中分别显示了使用多任务联合优化模型和单独使用 Pairwise 模型在局部评价指标和全局评价指标下的结果。可以看到，无论是局部评价指标精度还是全局评价指标 MSE 值，使用多任务联合优化模型的表现都优于单独使用 Pairwise 模型。

3.4　服务事件序列一致性检测模型：以电信客服服务流程为例

服务事件序列的一致性检测与过程模型的一致性检测一样，是非常重要的、有意义的工作。例如，在服务领域，许多企业要求客服人员使用事先规范的标准服务流程(特定的服务事件序列)为用户提供相关服务，而不同的客服人员业务水平不同，会导致标准服务流程未能准确执行，进而影响企业效益和服务质量。此时通过服务事件序列一致性检测，企业可以及时有效地对客服的服务进行质检，判断客服的服务事件序列是否与标准一致，进而及时纠正客服，提升服务质量，从而实现提高客户满意度的最终目标。

针对面向自然语言文本的事件序列一致性检测，本节以电信在线客服服务质检应用场景为出发点，探究了通过服务事件序列一致性检测来检验客服服务流程是否合规的问题[92]。在电信行业在线客服服务流程的一致性检测场景下，给定某服务场景下客服的服务对话(如图 3.33 所示，宽带办理业务场景)，需要判断该对话中涉及的服务流程(图 3.33 斜体部分)是否与标准服务流程(公司规定在宽带办理业务场景下，套餐的推送必须按照一定的顺序)一致，该服务流程本质上是一个服务事件序列(图 3.33 斜体部分包含两个服务事件：推送包月套餐与推送包年

> **用户：** 哎，你好我那个有一个宽带吧，想虚包记一下。
> **客服：** 找到了这边帮您关注了一下，宽带续包，这方面，我们在线可以帮您登记，刚才我查询了一下，*现在续包是分为两种类型的套餐，一种是号码跟宽带组合，包月的，还有就是单独宽带包年的*，您比较多有哪一种呢！
> **用户：** 他他是那个原原先的价位能续包回去吧！
> **客服：** 您原先是1800包两年的一个价格都是。那如果是您需要老套餐的话，我们可以先帮您做记录，因为我登记下去以后，我们一般是一天以内会有工作人员详细答复您这个具体要以工作人员为准好吗。
> **用户：** 呃，那没关系，那那你帮我那个登记一下吗？

图 3.33　电信客服服务场景下客服的服务对话

套餐),在服务事件序列中服务事件按照一定的顺序依次排列。此时若要做出准确判断,则需要挖掘该对话中涉及的服务流程的相关信息。目前相关的研究有三类:传统基于事件日志的过程模型一致性检测[77,93]、面向过程模型的差异检测[94,95]和基于文本挖掘技术的服务质检[96]。采用这三类研究方法解决本问题时会面临以下挑战。

(1)传统基于事件日志的过程模型一致性检测主要针对事件日志,而非对话文本。对话文本具有灵活的语法结构并且存在口语表述不规范以及词的表述多种多样等问题,而传统基于事件日志的过程模型一致性检测方法无法处理。

(2)面向过程模型的差异检测方法是在过程模型已知的情况下进行过程的比较,进而确定过程的执行语义是否一致。而在在线客服服务过程中,实际的客服服务过程是未知的,需要实时对客服的对话文本进行潜在的服务过程信息提取。

(3)基于文本挖掘技术的服务质检首先构建关键词(句)库,接着利用关键词(句)匹配技术,通过检测客服表述中的关键词(句)来判断客服是否遵守规定的服务流程。这些基于规则的方式一方面明显不具备足够的灵活性来处理日常中的口语对话,另一方面实际应用场景下多是口语对话,而口语表达的不规范以及词的表述多种多样等问题也使得关键词库的构建更加烦琐。

针对上述挑战,本节提出了如下解决方案:通过文本分类方式挖掘在线客服服务文本中潜在的服务事件序列信息,以此来进行服务事件序列一致性检测。客服服务过程一致性检测问题的重点在于如何有效挖掘服务对话文本中涉及的潜在的服务事件序列信息。本节通过文本分类的方式来实现,即将客服服务过程一致性检测问题看成基于文本的服务过程序列分类问题,利用有监督的机器学习分类方法予以解决。这样做有以下好处:首先,可以通过分类模型学习词的深层语义表示,从而处理词表述多样性以及不规范的口语表达等问题,同时也免去了传统方法需要构建关键词(句)的烦琐过程。其次,分类模型可以根据模型从客服对话文本中挖掘潜在服务事件序列信息实时地对客服的服务过程进行判断。具体算法如下。

(1)基于RNN[97]的服务事件序列一致性检测:客服服务对话文本本质上是一个由词组成的序列,并且词与词之间存在强烈的依赖关系。而RNN恰巧具有很强的序列建模能力,二者相符合,期望使用RNN来有效挖掘服务对话文本中潜在的服务事件序列信息。此外,RNN可以保留文本的词序特征,这一点非常重要。因为文本的词序特征很大程度上包含了文本中服务事件所对应的序列信息。

(2)基于CNN[98]的服务事件序列一致性检测:CNN的特点在于其能够很好地捕捉局部特征。而在客服服务的过程中,并不是一直在阐述服务重点,这意味着服务重点是散落在服务对话文本中的,这与CNN擅长捕捉局部重点特征不谋而合。其次,CNN同样能够保留文本的词序特征。

对于本问题的研究，本节不仅提出了上述两种检测算法，还针对以上两种检测算法应用到在线客服服务事件序列一致性检测问题的优劣进行了深入的分析与比较。

CNN 是一种可以利用数据内部结构的神经网络，如图像的二维结构、文本的一维结构（词序），利用卷积层的每一个计算单元提取一个小区域的特征（图像中的一小块区域，文本中的一小段文字）。早期，CNN 在图像分类领域的应用很成功，例如，在 ImageNet 大规模视觉识别挑战上取得成功[99]。在文本领域，CNN 在 20 世纪八九十年代被应用于语音识别，随后被应用于一些自然语言处理（nature language processing, NLP）任务，如词性标注[100]、实体搜索[101]、词嵌入[102]等任务。2014 年，Kim[103]首先将 CNN 应用于句子分类任务。

CNN 的核心操作分为卷积和池化，如图 3.34 所示。卷积操作是一个特征提取过程。池化操作一方面可以在卷积之后进一步进行特征筛选，另一方面可以减少训练参数，防止过拟合。

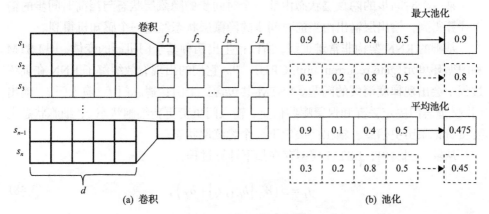

图 3.34　卷积与池化[98]

RNN 是一种专用的序列模型，它通过维护一个随时间步在序列之间传输的隐藏层向量来建模序列之间的依赖关系。隐藏层向量可以看成是序列中到目前为止看到的所有内容的表示，这是 RNN 比较直观的吸引力所在，也使得它在语言模型以及机器翻译等序列建模任务中脱颖而出。

RNN 常用来解决序列相关的问题，展开图结构如图 3.35 所示。x_t 表示时间步 t 输入的序列元素，h_t、o_t 分别表示时间步 t 的隐藏层状态和输出层输出。隐藏层状态与输出层输出的计算如下：

$$h_t = \sigma\left(W_h\left[h_{t-1}, x_t\right] + b_h\right) \tag{3.46}$$

$$o_t = \sigma\left(W_o h_t + b_o\right) \tag{3.47}$$

其中，σ 为激活函数；W、b 为参数。

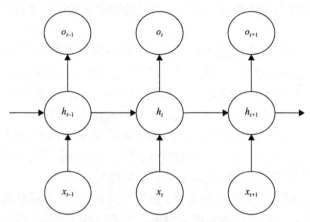

图 3.35　RNN 结构图[97]

　　某一个时间步的隐藏层状态由前一个时间步的隐藏层状态与当前时间步的输入计算得到，输出层输出由当前时间步的隐藏层状态经过一个感知机得到。

　　基础的 RNN 架构非常难训练，所以衍生出两种基于门机制的变体，即 LSTM 和门循环单元(gate recurrent unit, GRU)[104]。它们的出现有效缓解了 RNN 在训练过程中会出现梯度消失的问题。LSTM 共包含三个门：遗忘门 f、输入门 i、输出门 o。遗忘门决定丢弃和保留哪些信息，输入门负责更新细胞状态 c，细胞状态主要负责记录历史信息，输出门决定下一个隐藏层状态。

　　从输入到输出，LSTM 模型存在如下计算过程：

$$f_t = \sigma\left(W_f\left[h_{t-1}, x_t\right] + b_f\right) \tag{3.48}$$

$$i_t = \sigma\left(W_i\left[h_{t-1}, x_t\right] + b_i\right) \tag{3.49}$$

$$o_t = \sigma\left(W_o\left[h_{t-1}, x_t\right] + b_o\right) \tag{3.50}$$

$$\tilde{c}_t = \tanh\left(W_c\left[h_{t-1}, x_t\right] + b_c\right) \tag{3.51}$$

$$c_t = f_t \times c_{t-1} + i_t \times \tilde{c}_t \tag{3.52}$$

$$h_t = o_t \times \tanh\left(c_t\right) \tag{3.53}$$

其中，σ 和 tanh 分别表示 sigmoid 和双曲正切激活函数；$\tilde{c}_t$ 表示候选值向量，主要用于更新细胞状态；W、b 表示参数；sigmoid 函数值域为[0,1]，可用于调节各个门机制的效果；tanh 函数值域为[-1,1]，可以防止网络训练时数值过大。GRU 与

LSTM 机制类似，也是采用门机制，不过它只有两个门，即重置门与更新门，所以相对而言速度较快。

1. 架构描述

客服服务过程可以体现在客服与用户的多轮对话中，也可以体现在客服单一表述中，这里先针对后一种情况进行研究与分析。例如，图 3.33 所示的一段包含宽带续包服务过程客服服务的对话，按以下步骤进行：①用户表明意图；②客服根据用户意图实施对应的服务过程(斜体部分)；③用户提出疑问；④客服解答。可以看到宽带续包服务过程主要涉及两种续包类型的推荐，所以在宽带续包服务过程下存在两类实例：一类是该段对话中的服务过程：推送包月宽带后推送了包年宽带；另一类是推送包年宽带后再推送包月宽带。而在电信专家整理的一系列服务过程中，标准的宽带续包服务过程应该是：先向用户推荐包年宽带，再推荐包月宽带。所以这里可以根据标准的服务过程来判断客服服务过程是否与之一致。

本节将该问题转化为文本分类问题，按照标准服务过程对客服的服务过程进行打标(标签为一致或者不一致)，接着分析电信客服服务过程语料的特点构建合适的分类模型对客服的服务过程进行识别。算法过程如图 3.36 所示，共分为两个模块：①特征表示模块，将客服表述转换为相应的特征表示；②模型构建模块，通过构建合适的文本分类模型对客服表述对应的特征进行处理。

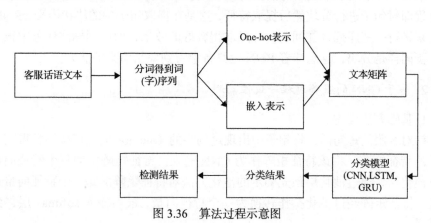

图 3.36　算法过程示意图

给定客服话语文本，首先需要借助一些特征表示方法将文本表示成计算机能够理解的数字符号。本节针对特征表示方法以及粒度进行了讨论与分析。

常见的文本特征表示方法有 One-hot 表示方式与嵌入表示方式。当对客服语料中的每句话进行分词或者按字切分之后会得到相应的词库或者字库。One-hot 表示方式具体做法是为每一个词(字)构建维度与词(字)库大小相同的向量，向量的每一维对应一个特定的词(字)且该对应维度取值为 1。该表示方式简单且易于实现,但是得到的特征向量可能具有较大的稀疏性,不具备捕捉词或字真实语义的能力。嵌入表示方式有三种:①收集大量的本领域内的相关语料,基于这些语料使用 word2vec 等方式训练从而得到对应的词(字)向量。该做法得到的词(字)向量通用性高,且具备表示词(字)真实语义的能力,但是得到的特征向量表示实际效果依赖大量的质量较高的语料文本。②基于目标任务的语料和模型,训练只针对该任务的词(字)特征向量表示。该做法得到的词(字)向量的使用只局限于本任务,在其他任务中不具备实际意义。③利用现有的预训练语言模型。由于许多预训练语言模型都是基于大量语料训练得到的,利用这些预训练语言模型可以得到非常准确的词(字)特征向量表示。

在处理中文文本时,分词是常见做法,但是出于以下三种考虑,在此加入按字级处理方式。

(1)中文的常用字个数是 3000 左右,而词的个数却十分庞大。若采用 One-hot 向量表示,一方面可能导致维度灾难与稀疏问题更加严重,另一方面也会导致模型的训练参数增加。

(2)目前中文分词常使用一些公开的工具包,如 Jieba 分词、HanLP 分词等。工具包中提供的分词算法本身存在一定的误差,而误差会传播到下游的任务中去。

(3)分词做法相对于按字符做法的优势在于:分词能够初步帮助提取句子中的块状语义。考虑到本节使用的模型为 CNN 与 RNN,对于 CNN,卷积核提取特征的过程即对句子进行分块然后提取特征,这是在提取句子中的块状语义;RNN 常被用来进行一些序列标注问题,并且取得较好的效果,而序列标注任务中很重要的一步同样是分块,这意味着 RNN 也具备学习到块状语义的能力。

2. 基于 CNN 的服务过程一致性检测

1)基础方法描述

针对客服的每句话,将句子中出现过的字的 One-hot 向量依次堆叠得到对应句子的特征矩阵。将该特征矩阵作为 CNN 输入。特征矩阵中的每个特征向量将经过池化层,通过池化层预先确定的池化方法对特征矩阵的每一个特征向量进行筛选。特征矩阵经过池化操作转换为一个特征向量,最后输入 softmax 层得到分类结果。

池化的本质是采样,可以对特征进行筛选。在处理图像时,由于图像中相邻像素之间的值相似,这就可能导致这些相似值经过卷积操作之后输出的特征值依然相似。相似值重复出现是冗余的,完全可以用一个最大值或者平均值来代替,这也是池化操作的思想所在。然而这里针对的是实际场景下的文本数据,池化操作的影响还有待考证,下面会进行深入的分析。

2）一致性检测特点分析

对客服每句话的卷积过程相当于在提取句子中大小为 k 的小区域块特征，一次卷积后得到句子的特征向量，向量的每一维对应一个块特征。这与 n-gram 特征表示很类似，但这里不直接使用 n-gram 特征表示的句子向量，主要出于以下考虑。

（1）n-gram 特征表示方法完全忽视了不同 n 元词组之间共享的词成分，不同的 n 元词组表示不同的特征，即使两个 n 元词组之间类似。卷积通过学习得到每个 n 元词组的特征表示，相比之下更能够体现各个 n 元词组之间的语义关联。这一点对在线客服服务过程一致性检测问题十分重要，因为客服对套餐的表述不可能完全一致，同一个套餐很有可能出现不同的表述。例如 S1："这个的话是不加手机加宽带电视的按月缴费的 199，如果是包年的话，一百兆是 1320。"同样是包月套餐，可以表述为"包月"而 S1 表述为"按月缴费"。

（2）使用 n-gram 特征表示方法得到的文本特征向量只考虑了 n 元词组内部的词序顺序而忽视了文本整体的词序。

很明显，CNN 对客服每句话的特征表示矩阵进行的卷积操作都是按照词序进行的，即不同的词序会得到不同的向量表示，这使得分类模型具有了考虑词序特征的能力。按照这种卷积方式进行的 CNN 模型称为 Seq-CNN[105]（Seq 表示按照词序）。例如，现有文本"按月缴费"，分字得到[按，月，缴，费]，这 4 个字作为字库（字库大小$|V|$=4）构建 One-hot 向量，并得到文本矩阵 S：

$$S = \begin{bmatrix} 1 & 0 & 0 & 0 \\ 0 & 1 & 0 & 0 \\ 0 & 0 & 1 & 0 \\ 0 & 0 & 0 & 1 \end{bmatrix} \quad \begin{matrix} 按 = \begin{bmatrix} 1 & 0 & 0 & 0 \end{bmatrix} \\ 月 = \begin{bmatrix} 0 & 1 & 0 & 0 \end{bmatrix} \\ 缴 = \begin{bmatrix} 0 & 0 & 1 & 0 \end{bmatrix} \\ 费 = \begin{bmatrix} 0 & 0 & 0 & 1 \end{bmatrix} \end{matrix}, \quad l_1 = \begin{bmatrix} 1 & 0 & 0 & 0 \\ 0 & 1 & 0 & 0 \\ 0 & 0 & 1 & 0 \end{bmatrix}, \quad l_2 = \begin{bmatrix} 0 & 1 & 0 & 0 \\ 0 & 0 & 1 & 0 \\ 0 & 0 & 0 & 1 \end{bmatrix}$$

若想提取文本中尺寸为 3 的小区域 l_1、l_2 特征（即 k=3），则需要一个大小为 3×4 的卷积核，即提取尺寸为 k 的区域特征需要一个 $k \times |V|$ 的卷积核。卷积核中包含 $k \times |V|$ 个训练参数。尽管对句子进行按字切分一定程度上减小了 $|V|$，但是输入矩阵仍然比较稀疏，这会引起不必要的参数增长。Bow-CNN[105]通过对卷积方式进行一个小的变换来缓解上述参数增长的问题。它使用词袋模型表示一个个大小为 p（此处 p=2）的小区域 p_1、p_2、p_3，即

$$p_1 = \begin{bmatrix} 1 & 1 & 0 & 0 \end{bmatrix}$$

$$p_2 = \begin{bmatrix} 0 & 1 & 1 & 0 \end{bmatrix}$$

$$p_3 = \begin{bmatrix} 0 & 0 & 1 & 1 \end{bmatrix}$$

此时提取"按月缴费"中大小为 3 的小区域特征只需要一个 $3 \times |V|$ 的卷积核，训练参数也会因此减少。并且，在训练参数减少的同时 Bow-CNN 能够提取的区域长度还大于 Seq-CNN，即在不增加训练参数的情况下使用相同尺寸的卷积核，Bow-CNN 提取的特征区域长度大于 Seq-CNN。这一特征在在线客服服务流程一致性检测任务下是很重要的，因为客服考虑到用户不清楚业务套餐，会对业务套餐进行解释，这就导致包含重要特征信息的序列可能会较长。Bow-CNN 在不增加训练参数的情况下，能够提取比 Seq-CNN 稍长的区域特征，这对模型的效果提升有一定的帮助。然而提取的特征区域过长也是没有意义的，区域大小需要合理的控制(在实验中取 $p=4$)。卷积核一次提取的特征区域长度的增长也是存在风险的，这是因为池化操作的存在。试想特征区域长度越长意味着包含的信息可能越多，而由卷积提取出的重要特征经过最大池化或者平均池化操作后必然会导致信息丢失。

3. 基于 RNN 的服务过程一致性检测

1) 基础方法描述

将客服每句表述 $X(x_1, x_2, \cdots, x_{t-1}, x_t, x_{t+1}, \cdots, x_n)$ 对应的词向量依次输入 RNN 中，并取最后一个时间步的输出，将其输入 softmax 层得到分类结果。

由于基础的 RNN 难训练，常用 LSTM 和 GRU 这两种变体。LSTM 引入了三种门机制，分别是遗忘门、输入门、输出门，都是用来控制信息的保留和遗忘。GRU 与 LSTM 有类似之处，同样采用门机制。但它只有重置门与更新门两个门，相比 LSTM，GRU 训练时运算较少，所以速度较快[104]。

2) 一致性检测特点分析

对于客服的表述，RNN 能够严格按照词序进行特征抽取，并且在每个时间步的特征抽取过程中始终都在联系上下文。这样的特征抽取无疑是更准确的，因为相同的字或词在不同的上下文语境下可能会表示截然不同的含义。这是 RNN 相比 CNN 的一个优势所在，CNN 更加注重局部特征的提取，而忽略了局部特征之间的依赖关系。

考虑下面这条样本 S2："现在关于续包，我们有两种资费，一种是手机加宽带，融合套餐；另外一种是单独一条，宽带续包年，两种实际价格差不多，您想了解一下哪一种，我给您介绍一下。"若想对这句话进行分类，实际上只需要如下信息"一种是手机加宽带，融合套餐，另一种是宽带续包年"。很明显在实际场景下，客服的表述存在着许多冗余信息(还有语音转文本出现的错误)，这些信息对该句子的判断并没有提升，甚至可能误导。

LSTM 和 GRU 中引入的门机制可以有效缓解上述问题。以 LSTM 为例，遗

忘门能够在每个时间步决定之前的哪些上下文信息是无用的、应该丢弃的。例如，
"现在关于续包，我们有两种资费"对于 S2 的识别完全没有帮助，所以这部分文
本对应的记忆细胞状态会被遗忘门以较大概率遗忘(此时遗忘门取值接近 0)。输
入门能够决定当前时间步输入的信息是否值得保留，对于"现在关于续包，我们
有两种资费"这部分无用信息同样会被输入门以较大概率丢弃(此时输入门取值接
近 0)。所以通过这些门机制的设计，RNN 能够对客服表述的信息取舍得当，进
而提升分类效果。

4. 事件序列一致性检测评估

1) 实验数据

本节使用的数据集来自电信行业客服在线服务过程，由客服在线服务过程中
的对话语音经过语音转成文本后，再由电信领域的专家阅读整通对话并定位到客
服的推送语段，最后判断客服的推送过程是否合规并达标。现已累计 1926 条服务
过程实例，共涉及以下服务过程类型：宽带续包服务过程、费用咨询服务过程、
套餐办理服务过程、故障检修服务过程、宽带升级服务过程、新装宽带服务过程、
网络电视咨询服务过程等。

2) 实验设置

为了体现不同模型在客服对话分类任务中的特点，首先需要一些规定：

(1) 使用不同的特征表示方法，分别包括 One-hot 和嵌入的方式。

(2) 每个模型不采用复杂结构，CNN 只包含一层卷积层，RNN 中 LSTM 和
GRU 接收输入序列都是从左至右单向的。

(3) 每个模型将进行 3 次五折交叉验证再取平均值作为该模型结果。

(4) 每组模型会针对字集、不去除停用词的词集和去除停用词的词集分别做一
组实验，并且使用的停用词集是由电信专家针对电信客服对话语料专门处理过的。

(5) 为了弥补实际场景下由标注困难而导致的数据量不足的问题，实验中采用
引入外部知识的方法，即外部知乎数据预训练得到的词向量[106]以及 BERT 预训
练模型。

(6) 实验中采用 StarSpace[107]模型作为不考虑词序特征的对比模型，该模型通
过将标签和样本同时嵌入相同空间中，然后通过计算标签嵌入向量和样本嵌入向
量之间的相似度来进行分类。它是一个非常有效的分类模型，但实验中该模型并
没有考虑到词序特征。

3) 实验结果与分析

在本节提出的在线客服服务过程一致性检测问题中，一个十分显著的特点是
必须对词序语义特征进行考虑。表 3.16 中显示了 CNN、RNN、StarSpace 三类模
型在本问题下的准确率。可以很明显地看出，考虑词序语义特征对本问题的影

响之大。StarSpace 模型由于没有考虑词序语义特征仅有 48.90% 的准确率、48.30%
的 $F1$ 值，二者与 CNN 相差了约 46 个百分点，与 RNN 相差了约 44 个百分点。

表 3.16　模型的最佳结果　　　　　　　　　(单位：%)

模型	准确率	$F1$ 值
CNN	**94.55**	**94.54**
RNN	92.52	92.20
StarSpace	48.90	48.30

表 3.17 显示了 CNN 和 RNN 的所有实验结果，一共包含两种卷积方式和三种
池化方式两两组合得到的 6 组 CNN 模型，以及 LSTM 与 GRU 两组 RNN 模型。
其中，cnn1、cnn2、cnn3、cnn4、cnn5、cnn6 分别代表 Seq-CNN+not-pooling、
Seq-CNN+max-pooling、Seq-CNN+avg-pooling、Bow-CNN+not-pooling、Bow-CNN+
max-pooling、Bow-CNN+avg-pooling 六组不同的 CNN 组合。训练模型的数据集
分别经过两个不同的处理：按字集做、按词集做，词集下又分为去除停用词和不
去停用词两种情况。表中 Acc 表示准确率。

表 3.17　实验结果　　　　　　　　　(单位：%)

模型	字集				词集(不去停用词)				词集(去除停用词)			
	词嵌入		One-hot		词嵌入		One-hot		词嵌入		One-hot	
	Acc	$F1$ 值	Acc	$F1$ 值	Acc	$F1$ 值	Acc	$F1$ 值	Acc	$F1$ 值	Acc	$F1$ 值
cnn1	**91.64**	**91.41**	91.28	91.36	88.88	88.50	87.28	86.89	90.39	89.45	88.27	88.25
cnn2	93.93	94.07	91.76	91.91	94.22	94.44	92.00	92.62	**94.55**	**94.54**	92.94	92.93
cnn3	86.12	85.80	72.86	73.14	87.87	87.67	72.43	73.01	**89.65**	**89.29**	83.28	85.51
cnn4	—	—	**90.86**	**90.69**	—	—	89.34	88.66	—	—	87.49	87.28
cnn5	—	—	92.89	92.72	—	—	**93.09**	**93.14**	—	—	93.00	92.78
cnn6	—	—	74.35	74.23	—	—	79.39	80.12	—	—	**86.19**	**86.39**
LSTM	89.93	89.74	89.67	89.54	90.01	90.01	90.45	89.64	**92.52**	**92.20**	91.20	90.54
GRU	90.10	90.15	89.25	89.80	90.11	90.13	90.67	90.03	**92.06**	**91.79**	91.85	90.69

(1)词嵌入与 One-hot。

考虑到 One-hot 特征表示得到的向量可能会过于稀疏，使用词(字)嵌入的方
式与之对比。此处的词(字)嵌入指使用本任务下的 1926 条样本，并使用嵌入层根
据下游任务训练得到的特征表示，不同于使用大量数据训练得到较为通用的词
(字)向量。由表 3.17 可知，这个共 15 组比较嵌入方式与 One-hot 方式的实验中，
仅有 2 组 One-hot 方式优于嵌入方式。这是由于在一定的样本量下，受字词数量

的影响 One-hot 方式得到的向量会变得更稀疏, 而嵌入方式在一定的样本数量下能够学习到更加合适的稠密向量表示。

(2) Bow-CNN 与 Seq-CNN。

Bow-CNN 与 Seq-CNN 是 CNN 的两种简单变体, 主要是针对卷积层做出调整。由表 3.17 可知, 在三组实验中的 One-hot 特征表示方法下(字集、词集(去除停用词)以及词集(不去停用词)), Bow-CNN 的最佳结果都优于 Seq-CNN, Seq-CNN 在嵌入表示的方式下优于 Bow-CNN。Bow-CNN 不做嵌入是因为 Bow-CNN 的方法以词(字)组为单位作为输入, 而词(字)组数量十分庞大, 并且每个词(字)组出现的频率不高。但是 Bow-CNN 在小样本情况下配合 One-hot 表示同样能够获得有竞争力的效果。

(3) max-pooling、avg-pooling 与 not-pooling。

为了探究在使用 CNN 模型进行线上客服服务过程一致性检测任务时池化操作的影响, 本节实现了包含三组 CNN 模型的对比实验, 分别是使用 max-pooling、使用 avg-pooling 和不使用池化(即 not-pooling), 实验结果如表 3.17 所示。不管是使用不同的词表(字集、词集)还是不同的卷积方式(Bow-CNN、Seq-CNN), max-pooling 方法下取得的效果最佳, avg-pooling 方法的作用明显弱于 max-pooling 方法, 甚至不如不进行池化操作。avg-pooling 方法在特征处理时一方面没有像 max-pooling 方法那样保留值最大的重要特征, 另一方面求均值在特征处理上并不是一个好的选择。例如, 将词向量按维度相加求平均得到句向量的做法, 虽然方法简单, 但是会丢失词序等重要信息。而去除停用词的操作总体上对于所有的池化操作是有很大帮助的, 电信客服服务过程的口语对话语音转译成文本后存在大量的语气词、错词和乱词, 针对电信对话文本整理得到的停用词集明显对池化这类特征筛选方式有很大的帮助。

(4) RNN 与 CNN。

在线客服服务过程一致性检测任务在 CNN 下的最高准确率为 94.55%, 在 RNN 下的最高准确率(使用外部数据训练的词向量)为 92.52%, 总体看来 CNN 比 RNN 更加适合本任务。为了进一步探究二者在本任务下的表现, 本节选择 RNN 与 CNN 各自表现最佳的变体(分别是词集(去除停用词)下, 使用词嵌入的 LSTM 和 Seq-CNN + max-pooling), 在不同的参数初始化条件下, 进行了 10 组实验比较。实验结果如图 3.37 所示, 在本任务下 CNN 的表现始终优于 RNN。根据数据集特点对该结果进行了分析, 如图 3.38 所示, S3、S4 两个服务过程实例中的"100 兆"、"宽带一年"、"1120 元"、"300 兆"、"按月"、"169 块钱一个月"、"一百兆"和"包两年 2220 块钱", 这些都是分类所依赖的最主要特征, 呈块状分布于文本中, 并且不存在强烈的序列关系。而 RNN 在序列建模上的强项在本任务中没有得到发挥, 相反 CNN 卷积过程的特点就是不断提取块状特征, 所以 CNN 比 RNN 更加适合本任务。

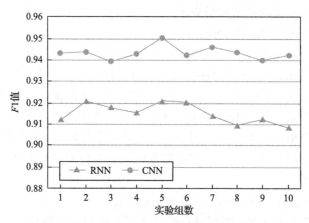

图 3.37　RNN 与 CNN 相比所得实验结果

S3：呃，两种。您可以考虑一下，第一种的话呢，是一个100兆的一个办理宽带一年，的话是1120元。那或者说第二种是300兆的一个宽带，然后资费的话按月进行付费，一就就每个月样子。您可以考虑

L：符合(先推送包年再推送包月)

S4：嗯，按月交169块钱一个月。会员，原先的话您这个是一百兆的包两年2220块钱这样子的

L：不符合

图 3.38　电信客服场景下的服务一致性例子

(5)使用外部知识。

由于在实际场景下，语料的标注十分困难，其数量常受制于口语表述不规范、语音识别错误等而增长缓慢。为了弥补数据量上的缺陷，本节决定在实验中采用一些使用外部知识的方法，分别是使用外部数据训练得到的词向量以及预训练模型 BERT，实验结果如表 3.18 所示。词向量的使用并没有使模型获得显著的提升，仅仅使 RNN 的准确率提高了 0.31 个百分点，$F1$ 值提升了 0.57 个百分点。虽然结果使人们感到诧异，但仍然是有依据的。词向量是针对知乎语料训练得到的，缺失了许多电信领域的专有名词。然而这些名词很多恰恰是关键的分类特征，如一些套餐名，所以不得不随机初始化这些词，它们不得不像上文提到的嵌入方式一样从标注语料中自我学习。对于 BERT 模型，直接使用官方提供的中文预训练模型，并且在其之上进行微调，实验结果显示，BERT 模型取得了次于 CNN 的效果，准确率为 94.04%，$F1$ 值为 94.03%，它并没有使得本任务获得明显的性能提升，

分析其原因是 BERT 模型本身参数数量过于巨大，而本书数据集的样本量不足以支撑 BERT 模型很好地微调其参数，所以获得的提升效果不佳。

表 3.18　使用外部知识的实验结果　　　　　（单位：%）

模型	准确率	$F1$ 值
CNN	94.55	94.54
CNN + pretrain vector	92.30	91.27
RNN	92.52	92.20
RNN + pretrain vector	92.83	92.77
BERT	94.04	94.03

参 考 文 献

[1] Shalev G, Adi Y, Keshet J. Out-of-distribution detection using multiple semantic label representations[C]. Proceedings of the 32nd International Conference on Neural Information Processing Systems, Montreal, 2018: 7386-7396.

[2] 叶铱雷. 面向任务型多轮对话的粗粒度意图识别方法[D]. 杭州: 浙江工业大学, 2021.

[3] Shen D H, Wang G Y, Wang W L, et al. Baseline needs more love: On simple word-embedding-based models and associated pooling mechanisms[C]. Proceedings of the 56th Annual Meeting of the Association for Computational Linguistics, Melbourne, 2018: 440-450.

[4] Bingel J, Søgaard A. Identifying beneficial task relations for multi-task learning in deep neural networks[C]. Proceedings of the 15th Conference of the European Chapter of the Association for Computational, Valencia, 2017: 164-169.

[5] Caruana R. Multitask learning[J]. Autonomous Agents and Multi-Agent Systems, 1998, 27(1): 95-133.

[6] Oh K J, Lee D K, Park C, et al. Out-of-domain detection method based on sentence distance for dialogue systems[C]. Proceedings of IEEE International Conference on Big Data and Smart Computing, Shanghai, 2018: 673-676.

[7] Kim J K, Kim Y B. Joint learning of domain classification and out-of-domain detection with dynamic class weighting for satisficing false acceptance rates[C]. Proceedings of Interspeech, Hyderabad, 2018: 556-560.

[8] Zheng Y H, Chen G Y, Huang M L. Out-of-domain detection for natural language understanding in dialog systems[J]. IEEE/ACM Transactions on Audio, Speech, and Language Processing, 2020, 28: 1198-1209.

[9] Larson S, Mahendran A, Peper J J, et al. An evaluation dataset for intent classification and out-of-scope prediction[C]. Proceedings of the Conference on Empirical Methods in Natural Language Processing and the 9th International Joint Conference on Natural Language Processing,

Hong Kong, 2019: 1311-1316.

[10] Zhang S, Zheng D Q, Hu X C, et al. Bidirectional long short-term memory networks for relation classification[C]. Proceedings of the 29th Pacific Asia Conference on Language, Information and Computation, Shanghai, 2015: 73-78.

[11] Yang Z C, Yang D Y, Dyer C, et al. Hierarchical attention networks for document classification[C]. Proceedings of the Conference of the North American Chapter of the Association for Computational Linguistics: Human Language Technologies, San Diego, 2016: 1480-1489.

[12] Wang G Y, Li C Y, Wang W L, et al. Joint embedding of words and labels for text classification[C]. Proceedings of the 56th Annual Meeting of the Association for Computational Linguistics, Melbourne, 2018: 2321-2331.

[13] Li R Z, Lin C H, Collinson M, et al. A dual-attention hierarchical recurrent neural network for dialogue ACT classification[C]. Proceedings of the 23rd Conference on Computational Natural Language Learning, Hong Kong, 2019: 383-392.

[14] Sukhbaatar S, Szlam A, Weston J, et al. End-to-end memory networks[C]. Proceedings of the 28th International Conference on Neural Information Processing Systems, Montreal, 2015: 2440-2448.

[15] Kumar A, Irsoy O, Ondruska P, et al. Ask me anything: Dynamic memory networks for natural language processing[C]. Proceedings of the 33rd International Conference on International Conference on Machine Learning, New York, 2016: 1378-1387.

[16] Vaswani A, Shazeer N, Parmar N, et al. Attention is all you need[C]. Proceedings of the 31st International Conference on Neural Information Processing Systems, Long Beach, 2017: 6000-6010.

[17] DeVries T, Taylor G W. Learning confidence for out-of-distribution detection in neural networks [J]. arXiv preprint arXiv, 2018: 1802.04865.

[18] MacQueen J. Some methods for classification and analysis of multivariate observations[C]. Proceedings of the Fifth Berkeley Symposium on Mathematical Statistics and Probability, Berkeley, 1967: 281-297.

[19] Zhang Y, Jin R, Zhou Z H. Understanding bag-of-words model: A statistical framework[J]. International Journal of Machine Learning and Cybernetics, 2010, 1(1): 43-52.

[20] Wu H C, Luk R W P, Wong K F, et al. Interpreting TF-IDF term weights as making relevance decisions[J]. ACM Transactions on Information Systems, 2008, 26(3): 1-37.

[21] Hadifar A, Sterckx L, Demeester T, et al. A self-training approach for short text clustering[C]. Proceedings of the 4th Workshop on Representation Learning for NLP, Florence, 2019: 194-199.

[22] Hinton G E, Salakhutdinov R R. Reducing the dimensionality of data with neural networks[J].

Science, 2006, 313(5786): 504-507.

[23] Goodfellow I, Bengio Y, Courville A. Deep Learning[M]. Cambridge: MIT Press, 2016.

[24] Devlin J, Chang M W, Lee K, et al. Bert: Pre-training of deep bidirectional transformers for language understanding[C]. Proceedings of the 2019 Conference of the North American Chapter of the Association for Computational Linguistics: Human Language Technologies, Minneapolis, 2019: 4171-4186.

[25] 何晗. 自然语言处理入门[M]. 北京: 人民邮电出版社, 2019.

[26] Zhang G, Liu Y, Jin X. A survey of autoencoder-based recommender systems[J]. Frontiers of Computer Science, 2020, 14(2): 430-450.

[27] Raunak V, Gupta V, Metze F. Effective dimensionality reduction for word embeddings[C]. Proceedings of the 4th Workshop on Representation Learning for NLP, Florence, 2019: 235-243.

[28] Tian F, Gao B, Cui Q, et al. Learning deep representations for graph clustering[C]. Proceedings of the AAAI Conference on Artificial Intelligence, Québec City, 2014: 1293-1299.

[29] van der Maaten L, Hinton G. Visualizing data using t-SNE[J]. Journal of Machine Learning Research, 2008, 9(11): 2579-2605.

[30] Peng X, Zhu H Y, Feng J S, et al. Deep clustering with sample-assignment invariance prior[J]. IEEE Transactions on Neural Networks and Learning Systems, 2020, 31(11): 4857-4868.

[31] Xie J Y, Girshick R, Farhadi A. Unsupervised deep embedding for clustering analysis[C]. Proceedings of the 33nd International Conference on Machine Learning, New York, 2016: 478-487.

[32] Cao B, Wu J W, Wang S C, et al. Unsupervised derivation of keyword summary for short texts[J]. ACM Transactions on Internet Technology, 2021, 21(2): 1-23.

[33] Pasquier N, Bastide Y, Taouil R, et al. Discovering frequent closed itemsets for association rules[C]. International Conference on Database Theory, Jerusalem, 1999: 398-416.

[34] Kleinberg J M, Kumar R, Raghavan P, et al. The web as a graph: Measurements, models, and methods[C]. International Computing and Combinatorics Conference, Jerusalem, 1999: 1-17.

[35] Ding C, He X F, Husbands P, et al. PageRank, HITS and a unified framework for link analysis[C]. Proceedings of the 25th Annual International ACM SIGIR Conference on Research and Development in Information Retrieval, Tampere, 2002: 353-354.

[36] Mihalcea R, Tarau P. Textrank: Bringing order into text[C]. Proceedings of the Conference on Empirical Methods in Natural Language Processing, Barcelona, 2004: 404-411.

[37] Han J W, Pei J, Yin Y W. Mining frequent patterns without candidate generation[J]. ACM SIGMOD Record, 2000, 29(2): 1-12.

[38] Mihalcea R, Corley C, Strapparava C. Corpus-based and knowledge-based measures of text semantic similarity[C]. Proceedings of the 21st National Conference on Artificial Intelligence,

Boston, 2006: 775-780.

[39] Sayyadi H, Getoor L. Futurerank: Ranking scientific articles by predicting their future pagerank[C]. Proceedings of the SIAM International Conference on Data Mining, Sparks, 2009: 533-544.

[40] Hoare C A R. Quicksort[J]. The Computer Journal, 1962, 5(1): 10-16.

[41] Li J, Maier D, Tufte K, et al. No pane, no gain: Efficient evaluation of sliding-window aggregates over data streams[J]. ACM SIGMOD Record, 2005, 34(1): 39-44.

[42] Li P J, Bing L D, Lam W, et al. Reader-aware multi-document summarization via sparse coding[C]. Proceedings of the 24th International Conference on Artificial Intelligence, Buenos Aires, 2015: 1270-1276.

[43] Gulden C, Kirchner M, Schüttler C, et al. Extractive summarization of clinical trial descriptions[J]. International Journal of Medical Informatics, 2019, 129: 114-121.

[44] Manning C, Surdeanu M, Bauer J, et al. The Stanford CoreNLP natural language processing toolkit[C]. Proceedings of the 52nd Annual Meeting of the Association for Computational Linguistics: System Demonstrations, Baltimore, 2014: 55-60.

[45] Lin C Y. Rouge: A package for automatic evaluation of summaries[C]. Text Summarization Branches Out, Barcelona, 2004: 74-81.

[46] Pei J, Han J W, Mortazavi-Asl B, et al. PrefixSpan: Mining sequential patterns efficiently by prefix-projected pattern growth[C]. Proceedings of the 17th International Conference on Data Engineering, Heidelberg, 2001: 215-224.

[47] Cheng X Q, Yan X H, Lan Y Y, et al. BTM: Topic modeling over short texts[J]. IEEE Transactions on Knowledge and Data Engineering, 2014, 26(12): 2928-2941.

[48] Zuo Y, Zhao J C, Xu K. Word network topic model: A simple but general solution for short and imbalanced texts[J]. Knowledge and Information Systems, 2016, 48(2): 379-398.

[49] Nichols J, Mahmud J, Drews C. Summarizing sporting events using twitter[C]. Proceedings of the ACM International Conference on Intelligent User Interfaces, New York, 2012: 189-198.

[50] Wang Z Q, Zhang Y E. A neural model for joint event detection and summarization[C]. Proceedings of the 26th International Joint Conference on Artificial Intelligence, Melbourne, 2017: 4158-4164.

[51] Blei D M, Ng A Y, Jordan M I. Latent dirichlet allocation[J]. The Journal of Machine Learning Research, 2003, 3: 993-1022.

[52] 吴佳伟, 曹斌, 范菁, 等. 一种结合 Bigram 语义扩充的事件摘要方法[J]. 小型微型计算机系统, 2019, 40(7): 1380-1385.

[53] Carreras X, Màrquez L. Introduction to the CoNLL-2005 shared task: Semantic role labeling[C]. Proceedings of the Ninth Conference on Computational Natural Language Learning, Ann Arbor,

2005: 152-164.

[54] Che W X, Li Z H, Liu T. LTP: A Chinese language technology platform[C]. Proceedings of the 23rd International Conference on Computational Linguistics: Demonstrations, Beijing, 2010: 13-16.

[55] 袁里驰. 利用深度神经网络并结合配价信息的语义角色标注[J]. 小型微型计算机系统, 2022, 43(9): 1925-1930.

[56] Borsje J, Hogenboom F, Frasincar F. Semi-automatic financial events discovery based on lexico-semantic patterns[J]. International Journal of Web Engineering and Technology, 2010, 6(2): 115-140.

[57] Chen Y B, Xu L H, Liu K, et al. Event extraction via dynamic multi-pooling convolutional neural networks[C]. Proceedings of the 53rd Annual Meeting of the Association for Computational Linguistics and the 7th International Joint Conference on Natural Language Processing, Beijing, 2015: 167-176.

[58] Miller G A. WordNet: A lexical database for English[J]. Communications of the ACM, 1995, 38(11): 39-41.

[59] Pawley A. Encoding events in Kalam and English: Different logics for reporting experience[M]// Tomlin R S. Coherence and Grounding in Discourse. Amsterdam: John Benjamins, 1987: 329-360.

[60] Gildea D, Jurafsky D. Automatic labeling of semantic roles[J]. Computational Linguistics, 2002, 28(3): 245-288.

[61] Becker H, Naaman M, Gravano L. Beyond trending topics: Real-world event identification on twitter[C]. Proceedings of the International AAAI Conference on Web and Social Media, Barcelona, 2011: 438-441.

[62] Zhao Y E, Jin X L, Wang Y Z, et al. Document embedding enhanced event detection with hierarchical and supervised attention[C]. Proceedings of the 56th Annual Meeting of the Association for Computational Linguistics, Melbourne, 2018: 414-419.

[63] Metallinou A, Narayanan S. Annotation and processing of continuous emotional attributes: Challenges and opportunities[C]. Proceedings of IEEE International Conference and Workshops on Automatic Face and Gesture Recognition, Shanghai, 2013: 1-8.

[64] Li X Y, Li F Y, Pan L, et al. DuEE: A large-scale dataset for chinese event extraction in real-world scenarios[C]. Proceedings of CCF International Conference on Natural Language Processing and Chinese Computing, Zhengzhou, 2020: 534-545.

[65] Cao B, Liu Y Q, Hou C Y, et al. Expediting the accuracy-improving process of SVMs for class imbalance learning[J]. IEEE Transactions on Knowledge and Data Engineering, 2020, 33(11): 3550-3567.

[66] Cui Y, Jia M L, Lin T Y, et al. Class-balanced loss based on effective number of samples[C].

Proceedings of the IEEE/CVF Conference on Computer Vision and Pattern Recognition, Long Beach, 2019: 9268-9277.

[67] Li X Y, Sun X F, Meng Y X, et al. Dice loss for data-imbalanced NLP tasks[C]. Proceedings of the 58th Annual Meeting of the Association for Computational Linguistics, Stroudsburg, 2020: 465-476.

[68] Zhang Y, Wallace B. A sensitivity analysis of (and practitioners' guide to) convolutional neural networks for sentence classification[C]. Proceedings of the Eighth International Joint Conference on Natural Language Processing, Taipei, 2017: 253-263.

[69] Liu P F, Qiu X P, Huang X J. Recurrent neural network for text classification with multi-task learning[C]. Proceedings of the Twenty-fifth International Joint Conference on Artificial Intelligence, New York, 2016: 2873-2879.

[70] Zhou P, Shi W, Tian J, et al. Attention-based bidirectional long short-term memory networks for relation classification[C]. Proceedings of the 54th Annual Meeting of the Association for Computational Linguistics, Berlin, 2016: 207-212.

[71] Lai S W, Xu L H, Liu K, et al. Recurrent convolutional neural networks for text classification[C]. Proceedings of the Twenty-ninth AAAI Conference on Artificial Intelligence, Austin, 2015: 2267-2273.

[72] Johnson R, Zhang T. Deep pyramid convolutional neural networks for text categorization[C]. Proceedings of the 55th Annual Meeting of the Association for Computational Linguistics, Vancouver, 2017: 562-570.

[73] Joulin A, Grave E, Bojanowski P, et al. Bag of tricks for efficient text classification[C]. Proceedings of the 15th Conference of the European Chapter of the Association for Computational Linguistics, Valencia, 2017: 427-431.

[74] Sun Z J, Li X Y, Sun X F, et al. ChineseBERT: Chinese pretraining enhanced by glyph and pinyin information[C]. Proceedings of the 59th Annual Meeting of the Association for Computational Linguistics and the 11th International Joint Conference on Natural Language Processing, Bangkok, 2021: 2065-2075.

[75] Loshchilov I, Hutter F. Decoupled weight decay regularization[C]. International Conference on Learning Representations, New Orleans, 2019: 1-9.

[76] 莫志强. 面向自然语言文本的事件序列提取与一致性检测[D]. 杭州: 浙江工业大学, 2021.

[77] van der Aalst W. Process mining[J]. Communications of the ACM, 2012, 55(8): 76-83.

[78] van der Aalst W. Process Mining: Data Science in Action[M]. Berlin: Springer, 2016.

[79] Walter K, Minor M, Bergmann R. Workflow extraction from cooking recipes[C]. Proceedings of the ICCBR Workshops, London, 2011: 207-216.

[80] Yamakata Y, Imahori S, Maeta H, et al. A method for extracting major workflow composed of

ingredients, tools, and actions from cooking procedural text[C]. Proceedings of IEEE International Conference on Multimedia & Expo Workshops, Seattle, 2016: 1-6.

[81] Qian C, Wen L J, Kumar A, et al. An approach for process model extraction by multi-grained text classification[C]. Proceedings of International Conference on Advanced Information Systems Engineering, Grenoble, 2020: 268-282.

[82] Mani I, Verhagen M, Wellner B, et al. Machine learning of temporal relations[C]. Proceedings of the 21st International Conference on Computational Linguistics and 44th Annual Meeting of the Association for Computational Linguistics, Sydney, 2006: 753-760.

[83] Chambers N, Wang S, Jurafsky D. Classifying temporal relations between events[C]. Proceedings of the ACL Demo and Poster Sessions, Prague, 2007: 173-176.

[84] Liu T Y. Learning to rank for information retrieval[J]. Information Retrieval, 2009, 3(3): 225-331.

[85] Han R J, Ning Q A, Peng N Y. Joint event and temporal relation extraction with shared representations and structured prediction[C]. Proceedings of the Conference on Empirical Methods in Natural Language Processing, Hong Kong, 2019: 434-444.

[86] Cao Z, Qin T, Liu T Y, et al. Learning to rank: From pairwise approach to listwise approach[C]. Proceedings of the International Conference on Machine Learning, Corvalis, 2007: 129-136.

[87] Do Q X, Lu W, Roth D. Joint inference for event timeline construction[C]. Proceedings of the Joint Conference on Empirical Methods in Natural Language Processing and Computational Natural Language Learning, Jeju Island, 2012: 677-687.

[88] Pustejovsky J, Hanks P, Sauri R, et al. The timebank corpus[C]. Proceedings of Corpus Linguistics, Lancaster, 2003: 647-656.

[89] Louis A, Nenkova A. A corpus of general and specific sentences from news[C]. Proceedings of the Eighth International Conference on Language Resources and Evaluation, Istanbul, 2012: 1818-1821.

[90] UzZaman N, Llorens H, Derczynski L, et al. Tempeval-3: Evaluating time expressions, events, and temporal relations[C]. The Second Joint Conference on Lexical and Computational Semantics, Atlanta, 2013: 1-9.

[91] Ning Q A, Wu H, Roth D. A multi-axis annotation scheme for event temporal relations[C]. Proceedings of the 56th Annual Meeting of the Association for Computational Linguistics, Melbourne, 2018: 1318-1328.

[92] 莫志强, 曹斌, 范菁, 等. 基于文本挖掘的在线客服服务流程一致性检测研究[J]. 小型微型计算机系统, 2022, 43(2): 293-299.

[93] Adriansyah A, van Dongen B F, van der Aalst W M P. Towards robust conformance checking[C]. Proceedings of International Conference on Business Process Management, Hoboken, 2010:

122-133.

[94] Li C, Reichert M, Wombacher A. On measuring process model similarity based on high-level change operations[C]. Proceedings of International Conference on Conceptual Modeling, Barcelona, 2008: 248-264.

[95] Dijkman R. Diagnosing differences between business process models[C]. Proceedings of International Conference on Business Process Management, Milan, 2008: 261-277.

[96] 关浩华. 基于语音分析的智能质检关键词提取方法设计[J]. 自动化与仪器仪表, 2017, (7): 106-108.

[97] Elman J L. Finding structure in time[J]. Cognitive Science, 1990, 14(2): 179-211.

[98] LeCun Y, Bottou L, Bengio Y, et al. Gradient-based learning applied to document recognition[J]. Proceedings of the IEEE, 1998, 86(11): 2278-2324.

[99] Krizhevsky A, Sutskever I, Hinton G E. Imagenet classification with deep convolutional neural networks[J]. Communications of the ACM, 2017, 60(6): 84-90.

[100] Collobert R, Weston J, Bottou L, et al. Natural language processing (almost) from scratch[J]. Journal of Machine Learning Research, 2011, 12: 2493-2537.

[101] Xu P Y, Sarikaya R. Convolutional neural network based triangular CRF for joint intent detection and slot filling[C]. Proceedings of IEEE Automatic Speech Recognition and Understanding Workshop, Olomouc, 2013: 78-83.

[102] Kalchbrenner N, Grefenstette E, Blunsom P. A convolutional neural network for modelling sentences[C]. Proceedings of the 52nd Annual Meeting of the Association for Computational Linguistics, Baltimore, 2014: 655-665.

[103] Kim Y. Convolutional neural networks for sentence classification[C]. Proceedings of the Conference on Empirical Methods in Natural Language Processing, Doha, 2014: 1746-1751.

[104] Cho K, van Merriënboer B, Bahdanau D, et al. On the properties of neural machine translation: Encoder-decoder approaches[C]. Proceedings of the Eighth Workshop on Syntax, Semantics and Structure in Statistical Translation, Doha, 2014: 103-111.

[105] Johnson R, Zhang T. Effective use of word order for text categorization with convolutional neural networks[C]. The Conference of the North American Chapter of the Association for Computational Linguistics: Human Language Technologies, Denver, 2014:103-112.

[106] Li S, Zhao Z, Hu R F, et al. Analogical reasoning on Chinese morphological and semantic relations[C]. Proceedings of the 56th Annual Meeting of the Association for Computational Linguistics, Melbourne, 2018: 138-143.

[107] Wu L Y, Fisch A, Chopra S, et al. Starspace: Embed all the things![C]. Proceedings of the AAAI Conference on Artificial Intelligence, New Orleans, 2018: 5569-5577.

第4章 服务过程差异检测技术

服务过程差异检测技术作为一种重要的智能服务适配过程使能技术，通过对两个服务过程进行比较，进而快速、准确地检测出两者间的差异。许多应用场景需要用到服务过程差异检测技术，如为了适应市场的变化、满足客户的需求、提高服务过程的执行效率，一个服务过程通常会建立多个版本的服务过程模型，了解不同版本服务过程模型在结构、行为、资源、绩效等方面的差异信息和差异产生的原因，可以帮助业务人员从中提取有价值的信息，进而创建一个更符合市场和客户需求、执行效率更高的优化服务过程。对此，本章首先介绍一种服务过程间的定量差异计算方法，即将两个服务过程间的差异程度用一个 0~1 的数值来表示，差异值越大说明两个服务过程越不相同。接着介绍一种基于编辑序列的服务过程差异检测方法，即计算出两个服务过程间的编辑序列并将其作为两个服务过程间的差异，将编辑序列应用到一个服务过程，可将其转换为另一个服务过程。然后介绍一种服务过程差异可视化技术，可视化的差异模式可将两个服务过程间的结构、行为差异显式地展示出来，有利于后续进一步进行资源、时间等差异分析。最后介绍服务过程差异检测技术的应用，即基于差异检测的服务适配过滤技术，通过检测两个不同版本服务过程间的差异，过滤掉服务过程中执行费用高、效率低的部分，可以构造一个比原有服务过程性能更优的服务过程。

4.1 服务过程定量差异计算

服务过程间的相似度计算是一种定量的差异计算，也是最简单的一种服务过程差异检测技术，即基于相似度计算可以得到一个衡量两个服务过程间差异的值，这个值越大说明两个服务过程间的差异越大。然而现有的服务过程定量差异计算方法过于简单，不适用于规模大、复杂度高的服务过程，为此针对复杂服务过程，本节介绍一种基于匈牙利算法的服务过程间定量差异计算方法。主要思想是找出两个服务过程间的相同部分，即映射节点，通过映射节点来计算两个服务过程的相似度，进而计算它们之间的差异程度[1]。

服务过程间的节点映射是定量差异计算的首要步骤，节点映射的准确率对定量差异计算的准确率有重要影响。本节采用 Petri 网对服务过程进行建模（见 2.1.2 节），其中 Petri 网中的变迁节点和库所节点分别对应服务过程中的任务节点和路由节点。对于 Petri 网建模服务过程中的变迁节点，两个变迁节点的标签若相同则它们可以直接映射起来。Petri 网建模服务过程中的库所节点表示与其相连接变迁节点的状态,与变迁标识作用不同,库所节点在服务过程中的标识仅用于区别其他库所节点,在实际业务背景中没有具体意义,进而不能像变迁节点映射一样简单地通过判断库所节点的标识进行库所映射关系的寻找。对此,本节通过衡量库所节点间的上下文环境(即该库所节点的前驱变迁和后继变迁节点)相似度来找出两个服务过程间的映射库所节点。首先,提取每个库所节点的上下文环境,从以下两个方面衡量一对库所节点间的上下文环境相似度:①共同路径,不仅考虑了两个库所节点的共同前驱、后继变迁节点数量,还考虑了通过这两个库所节点的共同路径;②图编辑距离,将库所节点的上下文环境看成一个图结构,进而计算从一个库所上下文环境变为另一个库所上下文环境所需的图编辑距离。接着,遍历两个服务过程中所有可能映射的库所节点对并计算它们的相似度。然后,引入匈牙利算法找出相似度之和最大的库所节点对组合,作为两个服务过程的最佳映射库所节点。最后,提出一个新的服务过程相似度衡量标准来计算两个服务过程的相似度,该服务过程相似度衡量标准是基于库所节点上下文相似度设计的,实验结果表明其比基于图编辑距离的相似度衡量标准更加有效。

4.1.1　相关概念介绍

　　Petri 网建模的服务过程包含两类节点:变迁节点和库所节点,其中变迁节点代表了服务过程中的任务,库所节点代表了相关任务的条件或状态。为了计算两个服务过程的定量差异,需要先找出它们的相同部分,即找出两个 Petri 网建模服务过程间的映射变迁和库所节点。对此,本节将给出实现服务过程间定量差异计算方法的一些相关概念。首先介绍传统的库所上下文环境相似度衡量标准,随后介绍两种新的库所间相似度衡量标准,其中一种基于共同变迁及共享路径,另一种基于图编辑距离。接着介绍一种新的服务流程间相似度衡量标准,最后给出服务过程间定量差异计算的问题描述。

1. 库所上下文环境相似度

　　本节首先介绍库所节点的上下文环境,进而基于上下文环境去衡量一对库所节点间的相似度。在下文中,假设两个变迁节点能够映射起来当且仅当它们的标签相同。为了更好地说明本节工作,先给出一些辅助概念。

　　给定两个 Petri 网建模服务过程的库所节点 P 和 P',$\cdot P$ 表示库所节点 P 的前驱变迁,即通过边流入 P 的变迁节点;$P \cdot$ 代表库所 P 的后继变迁,即从 P 通过边流出的变迁节点。下面对库所上下文环境进行定义。

　　定义 4.1　库所上下文环境。给定一个 Petri 网建模服务过程的库所节点 P,其上下文环境由 $\cdot P$ 和 $P \cdot$ 组成,即 P 的前驱变迁集合和后继变迁集合。

2. 共同变迁及共享路径

共同变迁指流入和流出两个库所节点中的相同变迁。仅仅使用共同变迁作为库所上下文环境的衡量标准是以往一些工作的研究内容[2]。其主要思想是计算围绕在两个库所节点周围的相同变迁数量，相同变迁越多，两个库所越相似。式(4.1)用于计算两个库所 P 和 P' 之间的共同变迁上下文环境相似度：

$$\text{Sim}_{\text{common}}(P,P') = \frac{|\bullet P \cap \bullet P'| + |P\bullet \cap P'\bullet|}{\max(|\bullet P|,|\bullet P'|) + \max(|P\bullet|,|P'\bullet|)} \tag{4.1}$$

其中，$|\bullet P \cap \bullet P'|$ 和 $|P\bullet \cap P'\bullet|$ 分别为库所节点 P 和 P' 的共同左变迁数目和共同右变迁数目；$\max(|\bullet P|,|\bullet P'|)$ 和 $\max(|P\bullet|,|P'\bullet|)$ 分别为库所节点 P 和 P' 中最大的左变迁数目和最大的右变迁数目。

图 4.1 展示了来自不同服务过程的两个片段，片段 1 中库所 P_1 的前驱变迁节点是 $\bullet P_1=\{A\}$，后继变迁节点是 $P_1\bullet=\{D,C,B\}$。对于片段 2 中的库所 P_2，$\bullet P_2=\{A\}$，$P_2\bullet=\{F,E,B\}$。由此，根据式(4.1)，P_1 和 P_2 的共同变迁上下文环境相似度为 $\text{Sim}_{\text{common}}(P_1,P_2)=(1+1)/(1+3)=0.5$。

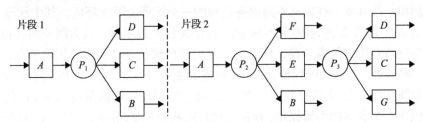

图 4.1　只考虑共同部分的库所上下文环境相似度样例

然而，基于共同变迁的库所相似度衡量标准，即式(4.1)，有时不能很好地衡量两个库所间的相似度。如图 4.1 所示，在片段 2 中，由于 $\bullet P_3=\{E\}$，$P_3\bullet=\{D,C,G\}$，片段 1 中 P_1 和片段 2 中 P_3 的共同变迁上下文环境相似度为 $\text{Sim}_{\text{common}}(P_1,P_3)=(0+2)/(1+3)=0.5$，与 P_1 和 P_2 的相似度相同。此时就产生了一个疑问：P_1 应该选择片段 2 中的 P_2 还是 P_3 进行映射？从直观上来看，P_1 应该选择 P_2 进行映射，因为 P_1 和 P_2 拥有一条共享路径 $A{\rightarrow}B$，而 P_1 和 P_3 却没有。本书认为这样的共享路径在进行库所映射时也会对库所的上下文环境相似度做出贡献。

因此，在共同变迁的基础上考虑共享路径，进一步准确地衡量两个库所的相似度：

$$\text{Sim}_{\text{common+trace}}(P,P') = \frac{|(\bullet P \times P\bullet) \cap (\bullet P' \times P'\bullet)| + |\bullet P \cap \bullet P'| + |P\bullet \cap P'\bullet|}{\max(|\bullet P \times P\bullet|,|\bullet P' \times P'\bullet|) + \max(|\bullet P|,|\bullet P'|) + \max(|P\bullet|,|P'\bullet|)}$$

$$\tag{4.2}$$

其中，$(\bullet P \times P \bullet)$ 是库所 P 的前驱变迁和后继变迁的笛卡儿积。$(\bullet P \times P \bullet)$ 中的每个元素表示的是穿过库所 P 的一条路径。因此，$|(\bullet P \times P \bullet) \cap (\bullet P' \times P' \bullet)|$ 代表了库所 P 和库所 P' 的共享路径数目。

根据式 (4.2)，图 4.1 中 P_1 和 P_2、P_1 和 P_3 的上下文相似度分别为 $\mathrm{Sim}_{\mathrm{common+trace}}(P_1, P_2) = (1+1+1)/(3+1+3) = 3/7$、$\mathrm{Sim}_{\mathrm{common+trace}}(P_1, P_3) = (0+0+2)/(3+1+3) = 2/7$。因此，对于片段 1 中的库所 P_1，P_2 是比 P_3 更好的映射选择。

3. 图编辑距离

如定义 4.1 所示，库所上下文环境是一个以库所节点为中心的服务过程片段，它也能看成一个图结构，因此可以使用图编辑距离 (graph edit distance, GED) 来计算两个库所节点间的上下文环境相似度，也就是计算从一个上下文环境变化为另一个上下文环境所使用的最小代价操作。给定两个库所上下文环境 P 和 P'，式 (4.3) 可以用来计算 P 和 P' 之间基于图编辑距离的相似度[3]：

$$\mathrm{Sim}_{\mathrm{GED}}(P, P') = \frac{1}{1 + \mathrm{GED}(P, P')} \tag{4.3}$$

例如，图 4.2 中有来自不同服务过程的三个库所上下文环境，其中片段 1 包含库所 P_1，片段 2 包含库所 P_2 和 P_3。由于关注的是库所，认为两个拥有相同标签的变迁节点能够随意替换，即它们之间的替换代价是 0。假设删除节点、插入节点、删除边、插入边的代价都为 1，则将 P_1 的上下文环境变为 P_2 的上下文环境需要删除变迁 D 以及三条边：$C \rightarrow P_1$、$P_1 \rightarrow E$、$P_1 \rightarrow D$，添加两条边：$E \rightarrow P_1$、$P_1 \rightarrow C$，总共包含 6 个基本的编辑操作，所以 $\mathrm{GED}(P_1, P_2) = 6$，$P_1$ 和 P_2 间基于 GED 的相似度为 $\mathrm{Sim}_{\mathrm{GED}}(P_1, P_2) = 1/7$。

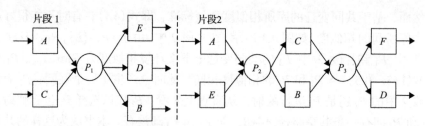

图 4.2　基于图编辑距离的库所上下文环境相似度计算样例

相似地，将 P_1 的上下文环境变为 P_3 的上下文环境包括以下操作：删除变迁 A 和 E、删除三条边 $A \rightarrow P_1$、$P_1 \rightarrow B$、$P_1 \rightarrow E$，插入变迁 F 以及插入两条边 $B \rightarrow P_1$、$P_1 \rightarrow F$，所以 $\mathrm{GED}(P_1, P_3) = 8$，$P_1$ 和 P_3 间基于 GED 的相似度为 $\mathrm{Sim}_{\mathrm{GED}}(P_1, P_3) = 1/9$。

如图 4.2 所示，P_1 和 P_2、P_1 和 P_3 间基于式 (4.2) 的相似度是相同的，即 $\mathrm{Sim}_{\mathrm{common+trace}}(P_1, P_2) = (1+1+1)/(6+2+3) = 3/11$、$\mathrm{Sim}_{\mathrm{common+trace}}(P_1, P_3) = (1+1+1)/(6+

2+3)=3/11，由此使用式(4.2)很难区分 P_1 与片段 2 中的 P_2 还是 P_3 进行映射更好。直观上，由于 P_1 和 P_2 共享了 4 个共同的变迁节点(A,B,C,E)，而 P_1 和 P_3 只共享了(B,C,D)三个变迁节点，P_1 与 P_2 的相似度应该比 P_1 和 P_3 的相似度高。从上述情况来看，基于图编辑距离的库所间相似度衡量标准可以提供理想的结果，即选择 P_2 与 P_1 进行映射，因为额外的共同节点是与编辑操作关联起来的，这都会在最终的编辑距离中得到体现。P_1 和 P_2 的基于图编辑距离的上下文环境相似度是 $\text{Sim}_{\text{GED}}(P_1, P_2)=1/7$，而 P_1 和 P_3 的相似度是 $\text{Sim}_{\text{GED}}(P_1, P_3)=1/9$。因此，$\text{Sim}_{\text{GED}}(P_1, P_2)>\text{Sim}_{\text{GED}}(P_1, P_3)$。

下面基于库所间的相似度给出两个服务过程模型间的相似度衡量标准。

4. 服务过程间定量差异

为了衡量两个服务过程间的定量差异，需要首先计算出两个服务过程间的相似度。现有大多数工作都是基于 GED 来计算两个服务过程间的定量差异[2,4,5]，而 GED 计算最困难的部分是找出将服务过程 P 变为另一个服务过程 P' 的最小代价编辑序列[6]。事实上，GED 计算问题已经被证明是一个 NP 难问题[6]。给定两个 Petri 网建模服务过程 G_1 和 G_2，基于图编辑距离的服务过程间相似度可用式(4.4)来计算：

$$\text{Sim}_{\text{GED}}(G_1, G_2) = \frac{1}{1 + \text{GED}(G_1, G_2)} \tag{4.4}$$

其中，$\text{GED}(G_1,G_2)$ 表示服务过程 G_1 和服务过程 G_2 间的图编辑距离。

为了克服 GED 计算带来的困难，本节基于库所上下文环境相似度提出了一个简单却有效的服务过程间相似度衡量标准。主要思想是计算两个服务过程间的最佳映射库所节点对的相似度之和，该相似度之和越大则两个服务过程越相似。正式的定义如下所示。

定义 4.2　基于最佳映射库所的服务过程相似度衡量标准。给定两个 Petri 网建模的服务过程 G_1 和 G_2，P_1 和 P_2 分别为它们的库所集合，MP 是它们的最佳映射库所集合。G_1 和 G_2 的相似度记为 $\text{Sim}(G_1,G_2)$，可以用式(4.5)来计算：

$$\text{Sim}(G_1, G_2) = \frac{2 \times \sum_{(P,P')\in\text{MP}} \text{Sim}(P, P')}{|G_1| + |G_2|} \tag{4.5}$$

对于最佳映射库所集合 MP 中的每一对映射库所节点对 (P, P')，它们的上下文环境相似度为 $\text{Sim}(P, P')$，MP 中所有映射库所节点对的上下文环境相似度总和为 $\sum_{(P,P')\in\text{MP}} \text{Sim}(P, P')$。由于每个库所对的上下文环境相似度为 0~1，将服务过

程 G_1 和 G_2 中所有的库所数目之和作为 G_1 和 G_2 间相似度的上界，即 $|G_1|+|G_2|$。因此，如果 G_1 和 G_2 是一样的，它们之间的相似度能够保证是 1，这样就能确保服务过程相似度是在[0,1]。

定义 4.3　服务过程间定量差异。给定两个 Petri 网建模的服务过程 G_1 和 G_2，根据定义 4.2，它们的相似度为 $\mathrm{Sim}(G_1,G_2)$，则 G_1 和 G_2 之间的定量差异为 $1-\mathrm{Sim}(G_1,G_2)$。

例如，图 4.3 中有两个售后服务过程的不同版本 Process 1 和 Process 2，假设它们的映射库所对集合 $\mathrm{MP}=\{(\text{start, start}),(P_1,P_1'),(P_2,P_2'),(P_3,P_3'),(P_4,P_4'),(\text{end, end})\}$，

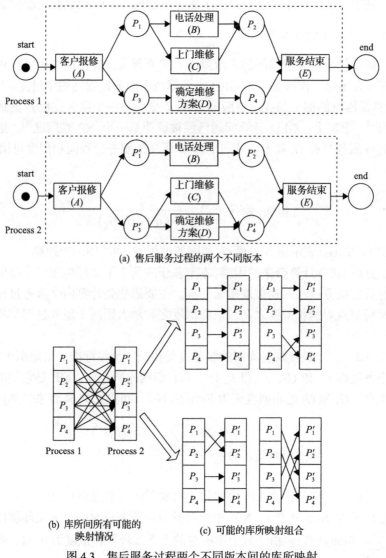

图 4.3　售后服务过程两个不同版本间的库所映射

其中 start 和 end 表示 Process 1 和 Process 2 的开始和结束库所节点。采用基于图编辑距离的库所相似度计算方法（即式（4.3）），可得到以上这些映射的库所对的相似度为 $\mathrm{Sim_{GED}}(P_1,P_1')=\mathrm{Sim_{GED}}(P_2,P_2')=\mathrm{Sim_{GED}}(P_3,P_3')=\mathrm{Sim_{GED}}(P_4,P_4')=1/3$, $\mathrm{Sim_{GED}}$ (start, start)$=\mathrm{Sim_{GED}}$ (end,end)$=1$。所以，基于式（4.5），Process 1 和 Process 2 间的相似度为 Sim（Process 1,Process 2）$=\{2\times[1\times2+(1/3)\times4]\}/(6+6)=5/9$，它们的定量差异为 4/9。

5. 问题描述

本节采用了一个在传统图匹配研究中经常使用的共同假设，即两个服务过程中的节点是一一映射的。这个假设也反映了一个服务过程中的节点不能与另一个服务过程中的多个节点进行匹配。由于一个 Petri 网建模的服务过程通常包含多个库所节点，两个服务过程模型中可能会存在多种库所映射组合的情况。如何确定两个服务过程中的最佳库所映射组合是需要解决的一个关键问题。下面用一个例子来进一步说明。

如图 4.3（a）所示，Process 1 和 Process 2 包含相同的变迁节点以及相同数目的库所节点，它们之间的不同之处是变迁 C 的位置。在 Process 1 中，C 和 B 是选择关系，它们的输入库所和输出库所分别为 P_1 和 P_2。在 Process 2 中，C 和 D 是选择关系，它们有着共同的输入库所 P_3' 和共同的输出库所 P_4'。若只考虑图中虚线框内部分，两个服务过程间可能的映射如图 4.3（b）所示，映射的组合数目是 4!=24 种，图 4.3（c）中展示了其中可能的 4 种映射组合。该例子说明两个服务过程间不同的库所映射组合可能导致不同的结构相似度。因此，库所映射的准确率会直接影响服务过程间定量差异计算的准确率。

定义 4.4　最佳库所映射组合。给定两个 Petri 网建模的服务过程 G_1 和 G_2，P_i 和 P_j' 分别表示 G_1 和 G_2 中的库所，其中 $1\leqslant i\leqslant n$, $1\leqslant j\leqslant m$ 并且 $n\leqslant m$。$C(G_1,G_2)$ 表示 G_1 和 G_2 中所有的库所映射组合。对于每个组合 $c\in C$，它包含了 n 对映射的库所。$\sum \mathrm{Sim}(P_i,P_j')$ 表示的是组合 c 的库所上下文环境相似度总和。因此，最佳的库所映射组合称为 $c\_\mathrm{best}\in C(G_1,G_2)$，是有着最大库所上下文环境相似度总和的组合。

下面用匈牙利算法得到两个服务过程间的最佳库所映射组合，进而计算出两个服务过程间的相似度，得到它们的定量差异。

4.1.2　服务过程间定量差异计算方法

本节首先介绍一个数据结构，使用该数据结构能够将最佳库所映射组合计算问题简化为一个经典的分配问题[7]，这样的分配问题可以用匈牙利算法来解决[8]。

然后介绍如何使用定义 4.2 和定义 4.3 中的衡量标准来计算两个服务过程的相似度及定量差异值[1]。

1. 数据结构和问题简化

定义一个数据结构，称为库所映射表，来存储两个 Petri 网建模的服务过程中所有可能映射的库所对间的相似度。库所映射表可以看成一个 $m \times n$ 的矩阵。给定两个 Petri 网建模的服务过程 Process 1 和 Process 2，它们的库所映射表如图 4.4 所示。虚线框中的行和列分别代表 Process 1 和 Process 2 中的库所，每一个位置 (i, j) 上的元素表示的是 Process 2 中的第 i 个库所 P_i 与 Process 1 中第 j 个库所 P'_j 之间的上下文相似度 $\mathrm{Sim}(P_i, P'_j)$。

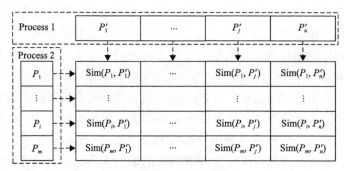

图 4.4　库所映射表

基于图 4.4 中的数据结构，在库所映射表中搜索出最佳库所映射组合这个问题可以被简化成找出不同行不同列的库所上下文相似度总和最大值。这个简化的问题事实上是一个分配问题的变体，分配问题一般用于将工作分配给工人、将机器分配给任务、将出租车分配给客人等，目标是为了确定最佳分配。例如，通过给每个工人分配不同的工作使得所花费的代价最小或得到的团队效益最大。匈牙利算法是一种经典的方法，可以在多项式时间内解决分配问题[7]。因此，本章使用匈牙利算法在库所映射表中搜索出最佳库所映射组合，随后进行下一阶段的服务过程间定量差异计算。

2. 基于匈牙利算法的定量差异计算方法

算法 4.1 展示了如何使用匈牙利算法来计算一对服务过程间的定量差异。算法的输入是两个服务过程 Process 1 和 Process 2，输出是它们之间的定量差异。基于匈牙利算法的定量差异计算分为三个阶段：①库所上下文环境构建阶段，为两个服务过程中的每个库所节点构建上下文环境；②元素映射阶段，首先对两个服务过程间的变迁节点进行映射，随后基于映射好的变迁节点计算库所节点对间的相似度，构建库所映射表并使用匈牙利算法从库所映射表中得到最佳库所映射组合；③定量差异计算阶段，基于最佳库所映射组合来计算两个服务过程间的相似度，进而得到它们之间的定量差异值。

阶段 1：库所上下文环境构建。

这个阶段主要为两个服务过程中的每个库所构建基于定义 4.1 所示的库所上下文环境。每个服务过程都使用一个键值对结构来维护其库所上下文环境，即 ⟨placeID, (preSet, postSet)⟩，其中 placeID 是库所编号，(preSet, postSet) 是该库所的前驱和后继节点组成的上下文环境。为了构建上下文环境，遍历服务过程中的每条边（由左、右节点组成），将左、右节点中的变迁节点加到变迁集合中去。在遍历完两个服务过程后，它们的两个库所集合将分别作为库所映射表中的行库所和列库所。

阶段 2：元素映射。

这个阶段主要完成两个任务：变迁映射和库所映射。为了映射两个服务过程中的变迁节点，本书假设两个变迁拥有相同的标签，则它们能够映射起来。在进行库所映射之前先进行变迁映射很有必要，因为如果两个服务过程拥有完全不相同的变迁节点，那么它们就是完全不一样的，就不需要进行下一步的相似度计算，这样的做法可节省大量时间。

库所映射会首先分别遍历两个服务过程中的库所节点，然后使用库所节点的数目来初始化库所映射表，行库所属于其中的一个服务过程，列库所属于另一个服务过程。然后，基于式(4.2)或式(4.3)来计算每一对库所间的上下文环境相似度，由此来填充库所映射表中的每个单元格。至此，用到了两个嵌套循环。需要注意的是，不同的库所相似度衡量标准的实现是不同的。两个服务过程间所有可能的库所对都计算完相似度之后，就建立起了库所映射表。图 4.3 中两个服务过程间的库所映射表初始化结果如表 4.1 所示。

表 4.1 图 4.3 库所映射表的初始化结果

库所	P_1'	P_2'	P_3'	P_4'
P_1	3/5	0	3/5	0
P_2	0	3/5	0	3/5
P_3	1/3	0	3/5	0
P_4	0	1/3	0	3/5

因此，为了找到两个服务过程间拥有最大库所相似度总和的最佳库所映射组合，本节引入了匈牙利算法，库所映射表会作为匈牙利算法的输入，详见算法 4.1。如图 4.3 所示，最佳库所映射组合为 $\{(P_1, P_1'), (P_2, P_2'), (P_3, P_3'), (P_4, P_4')\}$。

算法 4.1　使用匈牙利算法计算一对服务过程间的定量差异

输入　Petri 网建模的两个服务过程 Process 1 和 Process 2

输出　Process 1 和 Process 2 之间的定量差异值

1.　　rowPlaces〈placeID,(preSet,postSet)〉←初始化为空;

2.　　columnPlaces〈placeID,(preSet,postSet)〉←初始化为空;

3.　　**for** each edge $e \in$ Process 1 **do**
　　　　//遍历 Process 1 中的每条边

4.　　　　**if** e is from transition T to place P **then**
　　　　　　//若边是从变迁指向库所

5.　　　　　　rowPlaceMap.put$(P,(\text{preSet.add}(T), \text{postSet}))$;
　　　　　　　//提取库所及流入该库所的变迁集合

6.　　　　**if** e is from place P to transition T **then**
　　　　　　//若边是从库所指向变迁

7.　　　　　　rowPlaceMap.put$(P,(\text{preSet},\text{postSet.add}(T)))$;
　　　　　　　//提取库所及流出该库所的变迁集合

8.　　**for** each edge $e \in$ Process 2 **do**
　　　　//遍历 Process 2 中的每条边

9.　　　　**if** e is from transition T to place P **then**
　　　　　　//若边是从变迁指向库所

10.　　　　　columnPlaceMap.put$(P,(\text{preSet.add}(T), \text{postSet}))$;
　　　　　　　//提取库所及其流入该库所的变迁集合

11.　　　　**if** e is from place P to transition T **then**
　　　　　　//若边是从库所指向变迁

12.　　　　　columnPlaceMap.put$(P,(\text{preSet},\text{postSet.add}(T)))$;
　　　　　　　//提取库所及其流出该库所的变迁集合

13.　　mappedTransitions ← 记录 Process 1 和 Process 2 的映射变迁节点;

14.　　**if** mappedTransitions 为空

15.　　　　**return** Sim(Process 1,Process 2) = 0;
　　　　　//若两个服务过程中没有映射的变迁节点，则它们的相似度为 0

16.　　Place_Mapping_Table ← 初始化库所映射表为空;

17.　　**for** each place $P_i \in$ rowPlaces **do**
　　　　//遍历每一个行库所

18.　　　　P_i_Content ← 获得 P_i 的上下文;

19.　　　　　**for** each place P'_j ∈ columnPlaces **do**
　　　　　//遍历每一个列库所

20.　　　　　　P'_j_Content ← 获得 P'_j 的上下文;
　　　　　　Sim(P_i, P'_j)←计算库所 P_i 和库所 P'_j 之间的库所上下文环境相似度;

21.　　　　　　Place_Mapping_Table ← 将 Sim(P_i, P'_j) 插入 (i, j) 位置上;

22.　　　Best_Mapping ← 使用匈牙利算法得到 Place_Mapping_Table 最大的上下文环境相似
　　　度总和对应的最佳库所映射组合;

23.　　　**for** each mapping pair (P, P') ∈ Best_Mapping **do**
　　　//遍历最佳库所映射组合中的每一个库所

24.　　　　**if** Sim(P, P') = 0 **then**
　　　　//移除最佳库所映射组合中相似度为 0 的库所对

25.　　　　　　将 (P, P') 从 Best_Mapping 中移除;

26.　　　Sim(Process 1, Process 2) ← 基于找到的映射 Best_Mapping 来计算服务过程间的相
　　　似度;

27.　　　Diff(Process 1, Process 2) ← 1–Sim(Process 1, Process 2);
　　　//计算定量差别

28.　　　**return** Diff(Process 1, Process 2)

　　阶段 3：定量差异计算。

　　这个阶段包含三个步骤：①将相似度为 0 的库所对移除；②计算服务过程间的相似度；③计算服务过程间的定量差异。步骤①考虑到可能存在以下的情况：所有库所对之间的相似度都为 0，这样的库所对不能够相互映射。基于找出的映射，可以用式 (4.4) 或式 (4.5) 来计算出两个服务过程间的相似度，进而得到它们之间的定量差异。

　　3. 基于图编辑距离的库所上下文环境相似度计算

　　下面讨论如何使用式 (4.3) 来计算两个库所节点间基于图编辑距离的上下文环境相似度。算法 4.2 展示了基于图编辑距离的库所相似度计算伪代码。首先，基于映射的变迁节点，找出把第一个库所上下文环境变为第二个库所上下文环境所需的操作，即替换、删除和插入节点、边。然后，通过相加所有的操作编辑代价得到两个库所间的图编辑距离。最后，通过式 (4.3) 得到两个库所间基于图编辑距离的相似度。找出两个输入库所 P 和 P' 的变迁集合 ($P_{transitionSet}$ 和 $P'_{transitionSet}$)、P 和 P' 间的共同前驱变迁集合 (common_preSet) 和共同后继变迁集合 (common_postSet) (第 1～6 行)。通过对 P 和 P' 的变迁集合求交集得到它们之间的共同变迁集合 mappedTransition (第 7 行)。由于每一对输入库所节点都被认为是映射的，替

换节点的数目需要在共同变迁集合的基础上再加 1。

算法 4.2　基于图编辑距离的库所相似度计算

输入　两个库所 P 和 P' 的上下文环境 P_{Context} 和 P'_{Context}

输出　库所 P 和 P' 间基于图编辑距离的库所相似度 $\text{Sim}_{\text{GED}}(P, P')$

1.　•P, P• ← 得到 P 的上下文环境 P_{Context} 的前驱和后继变迁节点集合;

2.　•P', P'• ← 得到 P' 的上下文环境 P'_{Context} 的前驱和后继变迁节点集合;

3.　$P_{\text{transitionSet}} \leftarrow$ •$P \bigcup P$• ;
　　//得到库所 P 的变迁集合

4.　$P'_{\text{transitionSet}} \leftarrow$ •$P' \bigcup P'$• ;
　　//得到库所 P' 的变迁集合

5.　common_preSet ← •$P \bigcap$ •P' ;
　　//得到库所 P 与 P' 的左变迁交集集合

6.　common_postSet ← P• $\bigcap P'$• ;
　　//得到库所 P 与 P' 的右变迁交集集合

7.　mappedTransition ← $P_{\text{transitionSet}} \bigcap P'_{\text{transitionSet}}$;
　　//得到库所 P 与 P' 的共同交集集合

8.　subNodeSize ← $1 +$ mappedTransition.size;
　　//得到库所 P 与 P' 的替换节点数

9.　del_Ins_NodeSize ← $2 + P_{\text{transitionSet}}$.size $+ P'_{\text{transitionSet}}$.size $- 2 \times$ subNodeSize;
　　//得到库所 P 与 P' 的删除、插入节点数

10.　subEdgeSize ← common_preSet.size + common_postSet.size;
　　//得到库所 P 与 P' 的替换边数

11.　del_Ins_EdgeSize ← $P_{\text{transitionSet}}$.size $+ P'_{\text{transitionSet}}$.size $- 2 \times$ subEdgeSize;
　　//得到库所 P 与 P' 的删除、插入边数

12.　GED ← del_Ins_NodeSize $\times c_1 +$ del_Ins_EdgeSize $\times c_2 +$ subNodeSize $\times c_3 +$ subEdgeSize $\times c_4$;
　　//得到库所 P 与 P' 的图编辑距离

13.　$\text{Sim}_{\text{GED}}(P, P') \leftarrow \dfrac{1}{1 + \text{GED}}$;
　　//得到库所 P 与 P' 的库所相似度

14.　**return** $\text{Sim}_{\text{GED}}(P, P')$

　　没有映射起来的节点是需要被插入或被删除的,所以插入/删除节点的操作数等于两个库所上下文环境中所有的节点数目 $(2 + P_{\text{transitionSet}}$.size $+ P'_{\text{transitionSet}}$.size$)$ 减

去替换节点的数目。在一个库所上下文环境中，一条边是从其前驱变迁到该库所或是从该库所到其后继变迁，所以为了计算出替换边的数目，可以使用两个库所上下文环境中相同前驱/后继变迁的数目来表示对应的替换边的数目。对于不能映射的边，也是需要删除或者插入的。目前为止已经完成了所有操作，这样就可以去计算图编辑距离和定量差异了。需要注意的是，图编辑距离中的每一类操作都会有一个代价。本节设定映射节点的代价为 0，对于其他的操作，它们的代价都为 1，也就是说删除/插入节点代价 c_1 和删除/插入边代价 c_2 相等均为 1，替换节点代价 c_3 和替换边代价 c_4 相等均为 0。如图 4.5 所示，替换节点为 P_1-P_2、A-A、B-B、C-C，需要删除或插入的节点是 D 和 E，所以替换节点和删除/插入节点的数目分别为 4 和 2。由于 P_1 和 P_2 的前驱变迁交集为 A，后继变迁交集为 B，所以替换边的数目为 2。另外，P_1 和 P_2 的上下文环境中共有 8 条边，所以删除/插入边的数目为 4，即 $C{\rightarrow}P_1$、$P_1{\rightarrow}D$、$E{\rightarrow}P_1$、$P_1{\rightarrow}C$。最后可以得到 P_1 和 P_2 的上下文环境的 GED 为 2+4=6，它们的上下文环境相似度为 1/7，定量差异为 6/7。

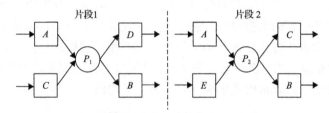

图 4.5　基于图编辑距离的库所上下文环境相似度计算例子

4.1.3　实验评估

本节给出基于匈牙利算法的服务过程间定量差异检测技术的实验评估。由于服务过程间的定量差异计算实质上就是相似度计算，本节基于所提方法与两个基准相似度计算方法比较检索服务过程库的准确率，随后比较其检索服务过程库的时间。所有的实验都是基于真实与合成数据集，其中真实部分源于 IBM 现有的一个数据集[9]，涉及保险、银行、通信、医疗保健等领域的服务过程。为了更好地进行实验评估，合成部分在真实数据上进行删除/插入节点和边的修改。

基于本节所提方法与两种基准方法，即贪心算法 (Greedy)[5]和它的改进算法 (Impr_Greedy)[10]进行准确率和效率方面的比较。贪心算法已经被证明在准确率和效率两个方面都有很好的表现[5]。贪心算法的改进算法减少了大量的图编辑距离计算次数，从而可以减少计算复杂度，在保证算法准确率的同时大大缩短了计算时间[10]。基于图编辑距离的计算方法和基于匈牙利算法的计算方法中涉及的边和节点删除、插入及替换的代价都设为一样，以便于比较。所有实验在以下环境进行：Intel(R) Xeon(R) CPU E5-2637, 3.5GHz 处理器和 8GB RAM，配置 JDK 1.6

和 Windows 7 系统。

1. 定量差异算法的准确性评估

从召回率-准确率[11]方面来评估本节所提方法的准确性，用到以下公式：

$$召回率 = \frac{|相关服务过程 \cap 检索的服务过程|}{|相关服务过程|} \tag{4.6}$$

$$准确率 = \frac{|相关服务过程 \cap 检索的服务过程|}{|检索的服务过程|} \tag{4.7}$$

为了计算本节所提方法和基准方法的召回率和准确率，随机从真实的数据集中选择 5 个检索服务过程。对于每一个检索服务过程，通过删除或添加一些节点和边改成它们各自的 19 个变体服务过程，即相关服务过程。如此，连同这 5 个检索服务过程，就构建了一个拥有 100 个服务过程的服务过程库。其中，每一个检索服务过程在服务过程库中都有各自的相关过程，服务过程库中剩余的服务过程就是该检索服务过程的干扰过程。基于这样的设置，本节的目标是使用不同的方法给每一个检索服务过程在过程库中找出它们的相关过程，然后通过平均准确率和召回率来评估这些方法的性能。表 4.2 总结了以上合成服务过程库的统计信息，包括库所、变迁、边数目的最小值、最大值、平均值。

表 4.2　合成服务过程库的统计信息

服务过程中的元素数目	最小值	最大值	平均值
库所	25	80	44.54
变迁	17	52	33.43
边	49	166	91.97

表 4.3 展示了使用 5 个检索服务过程来检索过程库的准确率-召回率情况，其中召回率的区间是[0.05,0.15)、[0.15,0.25)、[0.25,0.35)、[0.35,0.45)、[0.45,0.55)、[0.55,0.65)、[0.65,0.75)、[0.75,0.85)、[0.85,0.95)、[0.95,1)。每次检索都会对两种基准方法和本节所提方法进行比较，其中本节所提方法基于不同的库所相似度衡量标准及不同的服务过程相似度衡量标准分为两组：①Hun_*_GED 方法，其中的 GED 指服务过程间的相似度是采用式(4.4)来计算，中间的*表示可以采用式(4.1)、式(4.2)和式(4.3)(表示为 E1、E2、E3)中的任意一个衡量标准来计算库所间的上下文环境相似度。②Hun_*_E4 方法，其中的 E4 指服务过程间的相似度是采用式(4.5)进行计算的，与第一组一样，中间的*表示库所上下文环境相似度可以采用式(4.1)、式(4.2)、式(4.3)(表示为 E1、E2、E3)中的任意一个衡量标准来计算。为了更好地比较准确率和召回率的结果，选取两种典型的基于匈牙利算法的计

算方法（Hun_E1_GED、Hun_E3_E4）和两种基准方法进行比较，结果如图 4.6 所示。

表 4.3　过程库的准确率-召回率情况

召回率区间	准确率							
	Greedy	Impr_Greedy	Hun_E1_GED	Hun_E2_GED	Hun_E3_GED	Hun_E1_E4	Hun_E2_E4	Hun_E3_E4
[0.05,0.15)	1	1	1	1	1	1	1	1
[0.15,0.25)	1	1	1	1	1	1	1	1
[0.25,0.35)	1	1	0.981	0.99	1	0.99	1	1
[0.35,0.45)	0.984	0.984	0.925	0.953	0.954	0.962	0.993	0.984
[0.45,0.55)	0.957	0.975	0.844	0.868	0.874	0.866	0.96	0.975
[0.55,0.65)	0.93	0.951	0.747	0.789	0.799	0.786	0.898	0.94
[0.65,0.75)	0.734	0.788	0.451	0.516	0.508	0.549	0.696	0.774
[0.75,0.85)	0.306	0.386	0.22	0.233	0.231	0.261	0.31	0.382
[0.85,0.95)	0.194	0.222	0.184	0.185	0.184	0.189	0.194	0.222
[0.95,1)	0.194	0.197	0.192	0.193	0.192	0.193	0.193	0.197

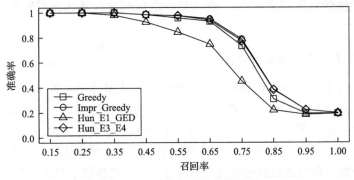

图 4.6　召回率与准确率的关系

（1）Hun_*_GED 方法对比基准方法。总体而言，随着召回率的增加，Hun_*_GED 方法的准确率比两种基准方法的准确率低。主要原因是使用基于匈牙利算法映射元素的方式与基准方法的元素映射方式不同，基准方法会遍历每一对可能映射的元素，每轮选择可以最大限度减少图编辑距离的库所元素来增量式地构建元素映射。因此，基准方法不能保证整体的上下文环境一定是最佳的。而本节所提的方法试图找出库所上下文环境相似度总和最大的库所映射组合，这种做法会使得图编辑距离变大，令有些相关服务过程的排名变低，从而准确率降低。

（2）Hun_*_E4 方法对比基准方法。当召回率超过 0.45 时，Hun_E3_E4 方法的准确率比贪心算法（Greedy）的准确率高。在召回率为 0.55～0.85 时，改进的贪心算法（Impr_Greedy）的准确率比 Hun_E3_E4 方法和贪心算法的准确率都要高。这是由于 Impr_Greedy 算法会找到一个接近最优的库所映射组合，使得效率更高。

可以说 Hun_E3_E4 方法和基准方法的准确率是在同一个水平上的。与第一组比较相似，在实验结果中，所有采用新的库所上下文环境相似度衡量标准(式(4.2)、式(4.3))都表现得比采用旧的库所上下文环境相似度衡量标准(式(4.1))好。更重要的是，最佳映射库所组合的上下文环境相似度总和可以用来有效衡量两个服务过程的相似度(式(4.5))，而图编辑距离(式(4.4))不再是计算服务过程间相似度的唯一衡量标准。

(3)Hun_*_GED 方法对比 Hun_*_E4 方法。对于使用相同的库所上下文环境相似度和不同的服务过程相似度衡量标准的方法，如 Hun_E1_GED 方法和 Hun_E1_E4 方法，实验结果表明采用本节提出的服务过程相似度具有更高的准确率，也就是 Hun_E1_E4 方法的准确率比 Hun_E1_GED 方法高。因此，可以得到关于基于匈牙利算法的相似度计算方法的结论：应用本节提出的服务过程相似度衡量标准比用图编辑距离衡量标准的准确率更高。

基于以上分析可知，使用本节提出的方法来检索相似服务过程可以得到与基准方法相似甚至更好的检索质量。因此，在下面的定量差异算法的效率评估中，主要关注的是使用式(4.2)、式(4.3)、式(4.5)来计算库所及服务过程间的相似度。

2. 定量差异算法的效率评估

从以下几个方面来评估检索过程库的时间：①整体检索效率：评估使用一个检索服务过程来检索整个过程库的时间；②相似度计算效率：评估计算一对服务过程间相似度的计算时间；③各阶段效率：研究相似度计算中不同阶段的计算时间。另外，为了研究本节所提方法在不同情况下的效率，使用一组拥有不同库所数目、变迁数目和边数目的检索服务过程 $T_1 \sim T_6$，这些检索服务过程细节如表 4.4 所示。

表 4.4　检索服务过程细节

检索服务过程元素数目	T_1	T_2	T_3	T_4	T_5	T_6
库所	20	40	60	80	100	109
变迁	17	31	43	54	66	68
边	40	81	122	162	202	219

1)整体检索效率

首先固定检索服务过程，即该检索服务过程拥有 50 个库所、36 个变迁和 102 条边，将过程库的大小从 20 变化到 100。然后将过程库的大小固定为 100，变化检索服务过程的大小，即使用表 4.4 中的 $T_1 \sim T_5$ 作为检索服务过程，进而比较所提方法和基准方法的整体检索效率。本实验所使用的过程库与 4.1.3 节第 1 部分准确性评估中使用的过程库是相同的。图 4.7 显示了变化服务过程和检索服务过程大小,其中的执行时间都进行了 lg 变换。

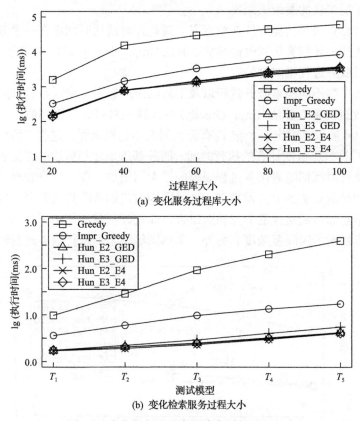

(a) 变化服务过程库大小

(b) 变化检索服务过程大小

图 4.7　变化服务过程库和检索服务过程大小

在图 4.7(a) 中,可以观察到本节所提方法和基准方法的执行时间变化。一般来说,所有方法的查询时间都会随着过程库规模的增大而增大,而本节所提方法比贪心算法快了接近 1.5 个数量级。这是因为贪心算法比匈牙利算法包含更多的图编辑距离计算。对于改进的贪心算法,其查询时间已经比贪心算法大大缩短,但是仍比本节所提方法用时多。另外,本节所提方法对于过程库大小的变化更为不敏感,这也是因为本节所提方法不需要一直计算图编辑距离。

在图 4.7(b) 中,这 5 个检索服务过程在不同的参数设置下表现出相同的趋势,即随着库所、变迁和边数量的增加,本节所提方法和基准方法所用时间都随之增加。然而,两种基准方法的检索时间增加很快,而本节所提方法增加相对缓慢。特别地,当检索服务过程很大,即服务过程为 T_5 时,贪心算法检索过程库所用时间比本节所提方法慢了 2 个数量级。因此,与基准方法相比,在服务过程变大时,本节所提方法具有更好的扩展性。另外，也可以在本节所提方法之间找到彼此间的差异，即 Hun_E3_GED 方法采用图编辑距离来计算库所上下文环境相似度和服务过程间相似度，比其他三种方法花费了更多的时间，这仍旧是因为 Hun_E3_GED 方法计算了更多次的图编辑距离。

由于贪心算法和其他方法在检索服务过程库时所用时间不在一个数量级，接下来主要关注匈牙利算法和改进的贪心算法(Impr_Greedy)之间的效率比较。

2) 一对服务过程相似度的效率

下面将考察不同检索服务过程以及不同的库所数目、变迁数目和边数目对所提方法和改进的贪心算法(Impr_Greedy)在计算一对服务过程相似度时的效率影响。图 4.8(a) 展示了固定一个与 T_5 有着相似大小的检索服务过程，该服务过程分别与 $T_1 \sim T_5$ 进行相似度计算的执行时间。四种基于匈牙利算法的方法和改进的贪心算法的执行时间都随着服务过程规模的增大而增加。改进的贪心算法的执行速度比基于匈牙利算法的方法慢得多，这是因为改进的贪心算法需要多次遍历服务过程中的节点以找到最佳的节点映射组合，而匈牙利算法使用了分治策略，大大降低了节点映射的时间复杂度。另外，采用图编辑距离进行服务过程间相似度计

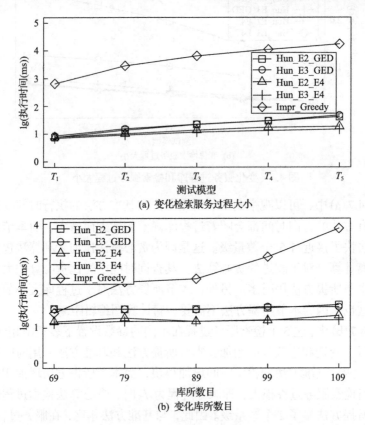

(a) 变化检索服务过程大小

(b) 变化库所数目

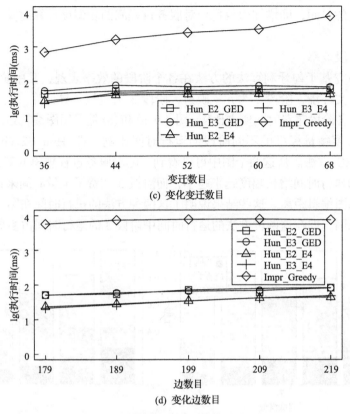

图 4.8　计算服务过程间相似度的时间

算的方法，即 Hun_E2_GED 方法和 Hun_E3_GED 方法，比使用基于最佳映射库所的服务过程相似度衡量标准的方法有着更快的时间增长速度（Hun_E2_E4 方法和 Hun_E3_E4 方法）。这也证明了使用图编辑距离来计算服务过程间相似度是非常耗时的，而本节所提的基于最佳映射库所的服务过程相似度衡量标准更加有效。

图 4.8(b)、(c) 和 (d) 分别为库所数目、变迁数目和边数目对服务过程的相似度计算时间的影响，使用相同的基准服务过程（表 4.4 中的 T_6）。图 4.8(b) 中将 T_6 每次去掉 10 个库所但保持变迁数目和边数目不变，图 4.8(c) 中将 T_6 每次去掉 8 个变迁但保持库所数目和边数目不变，图 4.8(d) 中将 T_6 每次去掉 10 条边但保持库所数目和变迁数目不变。与之前的原因相同，改进的贪心算法在大多数情况下表现得都不好。基于图编辑距离的服务过程间相似度计算比其他方法需要花费更多的时间。对于库所、变迁和边这些因素，边的数目对执行时间的影响相对较小，也就是说随着边数目的增加，计算一对服务过程的相似度时间增加较缓慢。主要原因是每条边都对应着一个库所和一个变迁，每增加一条边就需要增加处理相应

库所和变迁的时间，即增加边数目会对服务过程间的相似度计算时间产生更大的影响。

　　3）各阶段效率

　　本节研究基于匈牙利算法的方法在各个阶段的效率表现，其中阶段 1 为构建库所上下文环境，阶段 2 为元素映射，阶段 3 为定量差异计算。图 4.9 展示了图 4.8(a)中各阶段花费时间所占比例。图 4.9(a)和(b)是采用图编辑距离作为服务过程间相似度衡量标准的不同阶段的运行时间比例，即 Hun_E2_GED 方法和 Hun_E3_GED 方法。从这两个图中可以看到，随着服务过程规模的变大，阶段 1 和阶段 2 的执行时间增长幅度越来越小，而阶段 3 花费了大量时间来计算两个服务过程间的图编辑距离。这些结果说明了这两种方法的执行时间在图 4.8(a)会快速增长的原因，即在这两种方法的运行时间中阶段 3 的运行时间占主导地位。

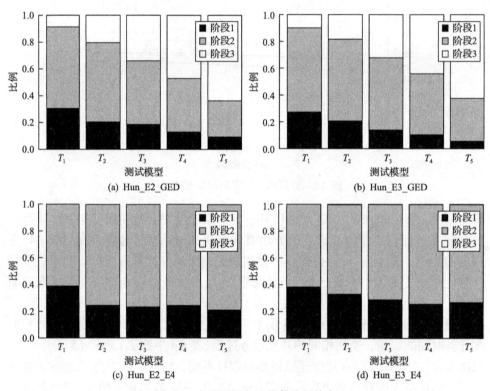

图 4.9　本节所提方法的各阶段效率

　　与以上结果相反，从图 4.9(c)和(d)中几乎看不到阶段 3 的运行时间。事实上，与其他两个阶段相比，Hun_E2_E4 方法和 Hun_E3_E4 方法未涉及太多计算，因为它们在阶段 2 计算服务过程间相似度时仅仅把所有的库所上下文相似度进行了相加，这就可以解释基于最佳映射库所的服务过程相似度衡量标准可以在服务过程规模变大时进行更有效的相似度计算。另外也可以看出随着服务过程规模变大，第二个阶段耗时变化不大。

可见，基于匈牙利算法的定量差异计算方法能够达到与基准方法相似的准确率，有时准确率甚至比基准方法高。更重要的是，该方法在计算时间方面优于改进的贪心算法。

4.2　基于编辑序列的服务过程差异检测

服务过程间的定量差异只能将两个服务过程间的差异用一个 0~1 的数值来描述，这个值越大说明它们之间的差异越大，但不能展示差异的组成部分。为了解决这个问题，本节介绍 FB-Diff 算法，该算法可以用来检测两个服务过程间基于编辑序列的差异[12]。首先将两个待检测差异的服务过程转换为对应的 TPST，两个 TPST 分别被分为若干由路由节点和与其直接相连的孩子节点组成的片段，每个片段用一个特征向量来表示。然后计算两个服务过程中所有可能映射的片段对相似度。基于这些片段对相似度，从所有片段对中选出一个近似最优的片段映射组合，从而基于映射的片段来找出映射的节点。最后生成可以将一个 TPST 转换为另一个 TPST 的编辑序列，该编辑序列即为两个服务过程间的差异。也就是说，将两个服务过程间的编辑序列计算问题转换成它们对应的 TPST 之间的编辑序列计算问题。

FB-Diff 算法的特点如下所示。

(1) 使用分治策略来有效地找到两个 TPST 间的相同部分。将两个 TPST 分为若干片段，TPST 间的差异检测是基于这些片段展开的。在片段映射的基础上，映射的节点可以从两个映射片段中寻找，而不是在两个服务过程中寻找，从而节省了大量的空间和时间。

(2) TPST 中的片段用特征向量进行表示。一个特征向量由六个特征组成，每一个特征描述的是片段的一个重要特性，如片段的组成、片段的语义。基于片段的特征向量可快速计算出一对片段间的相似度。

4.2.1　相关概念介绍

1. 基于特征的过程结构树

一个 TPST 可以被分割成若干片段，每个片段由一个路由节点和与其直接相连的孩子节点组成。例如，在图 4.10 中有两个 TPST：TPST 1 和 TPST 2，它们分别被分割成 $f_1 \sim f_4$ 和 $g_1 \sim g_4$ 这几个片段。一个片段用一个特征向量表示，一个特征向量包含了 6 个特征 {type, Sequence rate, Loop rate, XOR rate, AND rate, node sequence}，分别表示片段类型、片段中顺序节点所占比例、片段中循环节点所占比例、片段中选择节点所占比例、片段中并行节点所占比例、片段中节点标签的序列。每一个特征描述了片段中的一个重要特点。对于片段类型，本节使用 0 和 1 来分别表示该片段是无序的还是有序的。片段中顺序节点所占比例、片段中循环节点所占比例、片段中选择节点所占比例、片段中并行节点所占比例是片段中顺序、循环、选择和并行节点在所有孩子节点中所占的比例。这些比例用来描述这个片段的组成情况，也就是在这个片段中有哪些路由节点，所占的比例各为多少。节点标签序列由路由节点的标签、从左到右排序的所有孩子节点的标签组成。

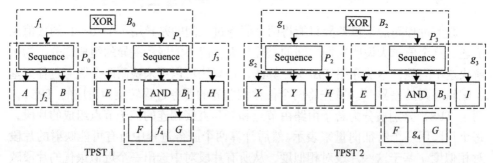

图 4.10　两个 TPST 例子

例如，图 4.11 中的两个基于特征的 TPST 是由图 4.10 中的两个 TPST 转换而来的，TPST 1 中的 4 个片段对应 4 个特征向量。例如，f_2 的特征向量为 $[1, 0, 0, 0, 0, \text{“Sequence}, A, B\text{”}]$，表示片段 f_2 的类型为有序片段，孩子节点中没有路由节点，所以所有的路由节点比例都为 0，节点标签序列为 "Sequence, A, B"。

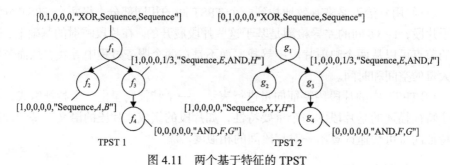

图 4.11　两个基于特征的 TPST

2. 编辑序列

一个编辑序列由一系列基本的编辑操作组成，可以将一个 TPST 转换成另一个 TPST[13]。对此，本节定义了以下五种编辑操作。

(1) 删除片段 deleteFragment(f)：删除片段 f。

(2) 插入片段 insertFragment(f, a, position)：把片段 f 插到路由节点 a 的第 position 个孩子节点的位置上，如果 a 是无序的，则 position 默认为 0。

(3)移动片段 moveFragment(f, a, position)：将片段 f 移动到路由节点 a 的第 position 个孩子节点的位置上，如果 a 是无序的，则 position 默认为 0。

(4)删除节点 deleteNode(n)：删除节点 n。

(5)插入节点 insertNode(n, a, position)：将节点 n 作为路由节点 a 的第 position 个孩子节点插入，如果 a 是无序的，则 position 默认为 0。

为了判断所得编辑序列的优劣，本节采用一个简单的代价模型来计算所得编辑序列对应的代价：将每一个基本编辑操作的代价都设为 1，一个编辑序列 E 的代价就是 E 包含的所有编辑操作 $e_1, e_2, \cdots, e_m$ 的代价总和，即 $\mathrm{Cost}(E) = \mathrm{Cost}(e_1) + \mathrm{Cost}(e_2) + \cdots + \mathrm{Cost}(e_m) = m$。总代价越小，则该编辑序列越好。例如，图 4.11 中的两个 TPST 的编辑序列为 {deleteFragment(f_2), insertFragment($g_2, B_0, 0$), deleteNode(H), insertNode($I, P_1, 3$)}，则该编辑序列对应的代价为 4。

4.2.2 基于编辑序列的服务过程差异检测方法

本节采用 FB-Diff 算法来有效地检测两个 TPST 之间的差异。其主要思想可以分为三个阶段：一是计算片段间的相似度，将 TPST 分割成一系列片段，每一个片段用一个特征向量来表示，进而通过计算两个特征向量间的相似度来得到两个片段间的相似度。二是映射片段和节点，使用贪心算法在所有可能映射的片段对中找出最终映射的片段对，进而在每一对映射片段中得到映射的节点。三是生成编辑序列，基于映射的片段和节点生成基于片段和节点的编辑操作。接下来详细介绍每一阶段的实现过程。

阶段 1：计算片段间的相似度。

这个阶段的目标是得到两个服务过程间所有可能映射的片段对间的相似度，可分为三个步骤：①计算节点标签序列间的相似度，给定两个 TPST 片段对应的特征向量，计算两个特征向量中最后一个特征(片段中节点标签的序列)间的相似度；②计算新特征向量，将特征向量中的最后一个特征替换成上一步计算得到的相似度，并在此基础上得到两个新的特征向量；③计算片段间的相似度，基于欧氏距离来计算出两个新特征向量之间的相似度。TPST 中有两种类型的片段，但只有相同类型的片段才有可能映射，所以只对相同类型的片段对计算相似度。

步骤 1 计算节点标签序列间的相似度。给定两个 TPST 片段对应的特征向量，两个特征向量中最后一个特征分别为节点标签序列 n_1 和 n_2，两者间的相似度可用式(4.8)来计算：

$$\mathrm{Sim}(n_1, n_2) = \frac{2 \times |\text{映射节点}|}{|n_1| + |n_2|} \tag{4.8}$$

在式(4.8)中，映射节点指 n_1 和 n_2 中的映射节点，如果 n_1 和 n_2 在一个无序片段中，

则映射节点是 n_1 和 n_2 的交集，也就是具有相同标签的节点即为映射节点；否则，n_1 和 n_2 的映射节点就是 n_1 和 n_2 间最长共同子序列(longest common node subsequence, LCNS)[14]中对应的节点。$|n_1|$和$|n_2|$则是两个节点标签序列的数量。

例如，在图 4.11 中，TPST 1 中的 f_4 片段和 TPST 2 中的 g_4 片段是无序片段，它们的特征向量都为{0, 0, 0, 0, 0, "AND, F, G"}。两个节点标签序列的映射节点为 "AND, F, G"，由此它们的相似度为 1。f_3 和 g_3 的特征向量分别为{1, 0, 0, 0, 1/3, "Sequence, E, AND, H"}和{1, 0, 0, 0, 1/3, "Sequence, E, AND, I"}，节点标签序列 "Sequence, E, AND, H" 和 "Sequence, E, AND, I" 的 LCNS 为 "Sequence, E, AND"，由此映射节点为 Sequence、E、AND，根据式(4.8)，这两个节点标签序列的相似度为 0.75。

步骤 2 计算新特征向量。一个片段的特征向量{type, Sequence rate, Loop rate, XOR rate, AND rate, node sequence}可以重写为{type, Sequence rate, Loop rate, XOR rate, AND rate, node sequence similarity}，也就是将特征向量中的最后一个特征节点标签序列替换成节点标签序列相似度。对于两个待计算相似度的片段，把其中一个片段的节点标签序列相似度设置为 1，另一个片段中的节点标签序列相似度则设置为步骤 1 中计算得到的相似度。这样做是为了衡量计算得到的相似度与 1 之间的差距。例如，图 4.11 中的片段 f_3 和 g_3，它们的新特征向量为{1, 0, 0, 0, 0, 1}和{1, 0, 0, 0, 0, 0.75}。

步骤 3 计算片段间的相似度。两个具有相同类型的片段间的相似度等于它们对应的新特征向量 fv_1 和 fv_2 间的相似度，可以用式(4.9)和式(4.10)来计算：

$$\text{dist}(\text{fv}_1, \text{fv}_2) = \sqrt{\sum_{i=1}^{6}(\text{feature1}_i - \text{feature2}_i)^2} \tag{4.9}$$

$$\text{sim}(\text{fv}_1, \text{fv}_2) = \frac{1}{1 + \text{dist}(\text{fv}_1, \text{fv}_2)} \tag{4.10}$$

式(4.9)中，feature1_i 和 feature2_i 分别指两个新特征向量中的第 i 个特征。以图 4.11 例，f_3 和 g_3 的距离是 0.25，它们的相似度是 0.8。由此，TPST 1 和 TPST 2 中具有相同类型的片段对集合为 openpair={ (f_1, g_1)，(f_1, g_4)，(f_2, g_2)，(f_2, g_3)，(f_3, g_2)，(f_3, g_3)，(f_4, g_1)，(f_4, g_4) }。

阶段 2：映射片段和节点。

为了确定映射的片段和节点，采用贪心算法[5]在每一轮选择出最佳的片段映射对。两种不同类型的片段需要采用两种不同的方法来找出映射的节点。算法 4.3 展示了映射两个 TPST 间片段和节点的伪代码。输入的是上一阶段得到的具有相同类型的片段对集合 openpair。在每一轮迭代中，FB-Diff 算法会选出当前能够最大限度增加整体图编辑距离相似度(式(4.4))的片段对进行映射[2]。由于每一个片段只能映射一次,FB-Diff 算法在选定映射片段对之后,会将已映射的片段对在 openpair 中移除。FB-Diff算法会一直进行迭代,直到没有一对片段的映射可以增加整体的相似度。随后,从映射的片段对中找出映射的节点。计算两个映射片段中的映射节点,与式(4.8)中的映射节点策略相同。

算法 4.3　片段和节点映射

输入　一个记录所有相同类型的片段间的相似度集合: openpair

输出　映射的片段对集合 m_F 和映射的节点 m_N

1.　　　m_F, m_N ← 初始化为空;

2.　　　**while**　$\exists (f_1, f_2) \in$ openpair, 使得 $\mathrm{Sim}(m_F \bigcup \{(f_1, f_2)\}) > \mathrm{Sim}(m_F)$ 且没有一对片段
　　　　$(g_1, g_2) \in$ openpair 能够使得 $\mathrm{Sim}(m_F \bigcup \{(g_1, g_2)\}) > \mathrm{Sim}(m_F \bigcup \{(f_1, f_2)\})$ **do**

3.　　　　　m_F ← $m_F \bigcup \{(f_1, f_2)\}$;
　　　　　//将 f_1 和 f_2 这对映射片段加到映射的片段对集合 m_F

4.　　　　　openpair ← $\{(g_1, g_2) \in$ openpair $\mid g_1 \neq f_1, g_2 \neq f_2\}$;
　　　　　//将 (f_1, f_2) 从 openpair 移除

5.　　　**for** m_F 中的每一对映射的片段对 **do**

6.　　　　　m_N ← $m_N \bigcup$ {映射节点};
　　　　　//将 m_F 中每一对映射的片段对的映射节点加到 m_N

7.　　　**return** m_F, m_N

以图4.11为例,采用FB-Diff算法找出的映射片段对为 $\{(f_1, g_1), (f_4, g_4), (f_3, g_3)\}$, 其中前两对映射节点对是完全相同的,而最后一对片段中的节点是部分相同的,从而可以确定映射的节点为 $\{E, F, G\}$, 其中 E 来自 (f_3, g_3), F 和 G 来自 (f_4, g_4)。

阶段3: 生成编辑序列。

该阶段的主要思想是基于映射的部分找出没有映射的片段和节点,并基于未映射的部分生成编辑序列。算法 4.4 是生成两个 TPST 间编辑序列的伪代码,输入是两个 TPST: t_1 和 t_2, 以及它们的映射片段对集合和映射节点: m_F、m_N,输出是可以将 t_1 变为 t_2 的编辑序列。t_1 和 t_2 中未映射的片段分别是需要删除和插入的片段,由此需要确定在 t_2 中插入片段的位置和父亲节点。如果两个片段是映射的,但是它们的父亲节点不同,则需要将 t_1 中的片段移动到与 t_2 中相应片段相同的位置。t_1 和 t_2 中未映射的节点是需要删除和插入的节点。如果两个映射片段是无序的,则可以将节点插在其父亲节点的任意孩子节点的位置,否则,必须首先确定

插入的位置。

算法 4.4　生成编辑序列

输入　两个 TPST：t_1 和 t_2，以及它们的映射片段对集合和映射节点：m_F, m_N

输出　t_1 和 t_2 之间的编辑序列

1.　　**for** t_1 中的每一个片段 $f_1 \notin m_F$ **do**

2.　　　　editScript ← 添加 deleteFragment (f_1)；

3.　　**for** t_2 中的每一个片段 $f_2 \notin m_F$ **do**

4.　　　　editScript ← 添加 deleteFragment (f_2, p, pos)；

5.　　**for** 每一对映射的片段对 $(f_1, f_2) \in m_F$ **do**

6.　　　　**if** f_1.parent 与 f_2.parent 不是映射节点 **then**

7.　　　　　　editScript ← 添加 moveFragment (f_1, p, pos)；

8.　　　　**for** f_1.children 中的每一个节点 $n_1 \notin m_N$ **do**

9.　　　　　　editScript ← 添加 deleteNode (n_1)；

10.　　　**for** f_2.children 中的每一个节点 $n_2 \notin m_N$ **do**

11.　　　　　editScript ← 添加 insertNode (n_2, p, pos)；

12.　**return** editScript

例如，图 4.10 中 TPST 1 和 TPST 2 的编辑序列为 {deleteFragment (f_2), insertFragment $(g_2, B_0, 0)$, deleteNode (H), insertNode $(I, P_1, 3)$}，其中的 insertFragment $(g_2, B_0, 0)$ 表示将 g_2 插入到 B_0 节点任意位置下作为其子树；insertNode $(I, P_1, 3)$ 则表示节点 I 将作为 Sequence 节点 P_1 的第 3 个孩子节点。

4.2.3　实验评估

本节将进行 FB-Diff 算法的实验评估，所有的实验都基于两个合成数据集，这两个合成数据集是在真实的数据集上修改(增加/删除节点和边)得到的。首先介绍两个合成的数据集，然后用它们来评估 FB-Diff 算法的准确率、整体效率及分阶段效率。所有的实验都在服务器 Intel(R) Core(TM) i5-6500 CPU @3.20GHz，8GB RAM, JDK 1.7 运行。

1. 数据集

本节将使用基于真实数据的两个合成数据集进行实验评估。真实的部分来自现有公开的 IBM 数据集[9]。第一个数据集由 100 个服务过程组成，是从 IBM 数据集中选择 10 个服务过程作为基准过程,将每个基准过程通过删除、增加边和节点修改成其相关的 9 个服务过程。表 4.5 展示了第一个数据集的基本信息,包括库所数目、变迁数目和边数目的最小值、最大值和平均值。

表 4.5　第一个数据集的基本信息

服务过程元素数目	最小值	最大值	平均值
库所	7	175	35.5
变迁	5	168	34.98
边	12	367	74.85

为了建立第二个数据集,首先,从 IBM 数据集中按不同的控制流结构 Sequence、XOR、AND、AND+XOR,选取 4 个基准服务过程。然后,每个基准服务过程都改造出它们各自的 5 个相关服务过程$(V_1, V_2, \cdots, V_5)$,改造只是减少片段数目、节点数目和边数目但不改变服务过程的结构,这些变化会作为基准编辑序列来衡量 FB-Diff 算法的准确率。由此,第二个数据集就有 4 类服务过程,每一类服务过程包含相同结构的 6 个服务过程。不同结构的变迁节点数目、片段数目可在表 4.6 和表 4.7 查看详情。

表 4.6　第二个数据集的变迁节点数目

控制流结构	基准服务过程变迁节点数目	相关服务过程变迁节点数目				
		V_1	V_2	V_3	V_4	V_5
Sequence/XOR/AND/AND+XOR	160	140	120	100	80	60

表 4.7　第二个数据集的片段数目

控制流结构	基准服务过程片断数目	相关服务过程片断数目				
		V_1	V_2	V_3	V_4	V_5
Sequence	1	1	1	1	1	1
XOR	37	34	28	21	22	12
AND	70	62	55	38	33	27
AND+XOR	95	84	66	56	50	37

2. 编辑序列差异算法的准确率评估

为了评估 FB-Diff 算法的准确率,本节使用第二个数据集来比较基准编辑序列与 FB-Diff 算法的结果。首先,研究不同的控制流结构对准确率的影响。随后,观察不同控制流结构的平均准确率。

如图 4.12(a)所示,FB-Diff 算法检测只包含 Sequence 结构和只包含 XOR 结构的服务过程间差异能达到 100%的准确率。然而对于只包含 AND 结构的服务过程，FB-Diff 算法所得编辑序列数目比基准编辑序列数目多 10~55 个百分点，而包含 AND+XOR 结构的服务过程的编辑序列数目比基准编辑序列数目多 15~47 个百分点。对于包含上述四类结构的服务过程，它们的准确率可以在图 4.12(b)中看到。同样地，只包含 Sequence 结构和只包含 XOR 结构的服务过程能达到 100%的平均准确率。然而对于只包含 AND 结构和包含 AND+XOR 结构的这两类服务过程，FB-Diff 算法所得编辑序列数目分别比基准编辑序列数目多了大约 20.2 个百分点、27.8 个百分点。

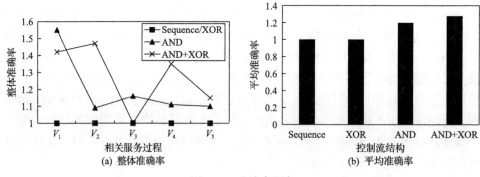

图 4.12　准确率研究

　　FB-Diff 算法在映射片段时只考虑了片段中孩子节点为路由节点的类型，而没有考虑这些路由节点的上下文，所以会使得两个映射片段中映射的路由节点的上下文不同，这会导致额外的删除、插入和移动操作。如图 4.13 所示，TPST 1 和 TPST 2 包含的片段分别是 $f_1 \sim f_7$ 和 $g_1 \sim g_3$，f_1 和 g_1 的相似度是 1，f_4 和 g_1 的相似度是 0.75，所以贪心算法会选择 f_1 和 g_1 进行映射。事实上，f_1 和 g_1 两个片段中 P_0 和 P_5、P_1 和 P_6 虽然映射起来了，但是只是类型一样，上下文是完全不一样的，

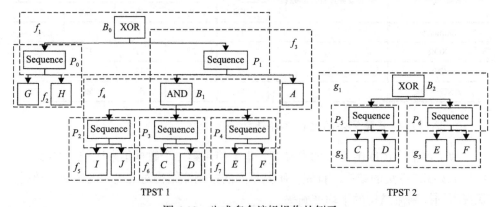

图 4.13　生成多余编辑操作的例子

即包含的孩子节点是不同的。而 P_3 和 P_5、P_4 和 P_6 的上下文是完全相同的，但由于它们没有映射起来，它们的孩子节点也不能映射，导致生成多余的删除、插入和移动操作。

3. 编辑序列差异算法的效率评估

本节通过两类实验来评估 FB-Diff 算法的效率：①基于第一个数据集，通过固定一个服务过程，考察改变另一个服务过程的一个库所、变迁或边对整体执行时间的影响；②用第二个数据集来评估 FB-Diff 算法每一个阶段的效率。

在第一类效率评估实验中，首先选出 3 组服务过程。每一组服务过程包含 5 个服务过程 $model_i(1 \leqslant i \leqslant 5)$ 和 3 个目标服务过程 $target_j(1 \leqslant j \leqslant 3)$，其中 5 个服务过程的库所、变迁和边的数目是递增的，3 个目标服务过程的元素数目与 5 个服务过程的最小、中间和最大元素数目大致相同。例如，在图 4.14(a) 使用的这组服务过程中，5 个服务过程分别包含 20、46、88、99、167 个变迁节点，3 个目标服务过程分别包含 20、91、168 个变迁节点。本节研究的是检测一对服务过程($target_j$，$model_i$)的差异所用时间。

图 4.14 进行的是第一类效率评估实验研究，可以看到总体趋势是相同的：执行时间随着变迁、库所和边的数目增加而增长。这是因为变迁、库所和边的数目增加导致片段或节点数目的增加，从而导致算法在处理映射片段、节点和生成编辑序列方面的时间增加。然而，不同类别的服务过程元素对执行时间的影响是不

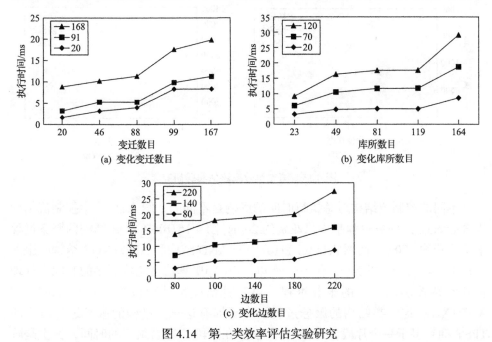

(a) 变化变迁数目

(b) 变化库所数目

(c) 变化边数目

图 4.14　第一类效率评估实验研究

同的。可以观察到变化库所元素的数目对执行时间的影响是最明显的，接着是变化边和变迁的数量。这是因为增加库所和边的数目时会增加更多的片段，使得FB-Diff 算法花费更多的时间来处理有关片段的操作，特别是在使用贪心算法来寻找映射的片段这一步。在每一轮迭代中，FB-Diff 算法会从所有可能映射的片段对中找出当前轮最优的映射片段对，可能映射的片段对数目越多，执行时间就越久。

在第二类效率评估实验研究中，本节选择第二个数据集，通过固定服务过程的控制流结构，研究改变变迁、库所和边的数目对每一阶段的执行时间的影响。阶段 1 是计算片段间的相似度，阶段 2 是映射片段和节点，阶段 3 是生成编辑序列。图 4.15 展示了四种结构分阶段的效率研究结果。对于每一类控制流结构，整体的执行时间会随着库所数目的减少而减少，这是因为库所数目的减少会使得片段数目减少，从而减少生成编辑操作的时间。

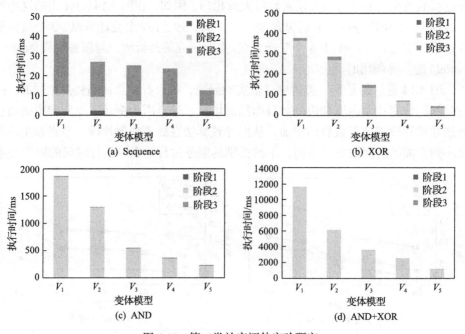

图 4.15　第二类效率评估实验研究

不同的控制流结构对总执行时间的影响是不同的，图 4.15(a) 中控制流结构为 Sequence 的服务过程平均只花费约 20ms，图 4.15(b) 中 XOR 结构的服务过程平均花费约 170ms，而图 4.15(c) 和(d) 中的 AND 结构和 AND+XOR 结构的服务过程平均耗时分别约为 1s 和 5s。所以，FB-Diff 算法会耗费更多的时间去处理包含复杂控制流结构的服务过程。第二种情况是处理包含 XOR、AND 和AND+XOR 这三类结构的服务过程，由于拥有这三类结构的服务过程对应的TPST 拥有多于一个片段，FB-Diff 算法会在阶段 2 花费最多的时间，其次是阶段 3 和阶段 1。阶段 1 与其他两个阶段相比,执行时间可以看成 0。TPST 中片段越多,寻找映射片段和映射节点所需迭代的次数越多,进而使得生成编辑操作的时间增加。

4.3 服务过程差异可视化技术

用户在对两个服务过程进行差异分析时需要了解差异发生的位置及原因。现有大多工作将两个服务过程之间的差异用一个编辑序列表示。然而编辑序列其实是一种低级别的语言,基于编辑序列的服务过程差异表示往往难以让用户理解。另外,现实生活中的一些组织机构在进行服务过程管理时会考虑资源、花费和执行时间等额外的因素。因此,有必要为用户提供一种更加直观的差异描述[15],使其了解两个服务过程间结构及其他服务质量方面的差异。

图 4.16 展示了请假过程的两个版本 P_1 和 P_2,这两个版本服务过程采用一种简化的方式进行建模。服务过程模型中包含两类节点:路由节点和任务节点,其中路由节点包含 AND-split、AND-join、XOR-split、XOR-join、Loop-split、Loop-join,对应四类控制流结构:①顺序结构,该结构中的每个任务节点都只有一条入边和一条出边;②并行结构,该结构开始于 AND-split 结束于 AND-join,其中的任务节点能够被并行执行;③选择模式,开始于 XOR-split 结束于 XOR-join,其中的一个分支会被执行;④循环模式,开始于 Loop-split 结束于 Loop-join,该模式中的任务节点能够被重复执行。

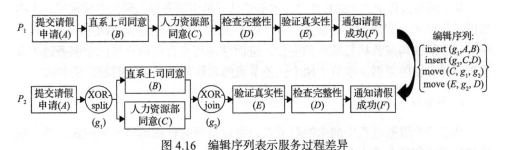

图 4.16 编辑序列表示服务过程差异

可以看到 P_1 版本与 P_2 版本有两个差异:①P_1 中的 B 和 C 是顺序执行的,而在 P_2 中,它们是选择执行(B 或 C 只有一个任务会被执行)的。也就是说,在 P_1 中,该请假申请需要被直系上司和人力资源部两者同意,而在 P_2 中,该请假申请只需要直系上司或人力资源部两者之一同意即可。②任务 D 和任务 E 的执行顺序在两个服务过程中是不一样的,即在 P_1 中,先检查请假申请的完整性再验证其真实性,而在 P_2 中,请假申请的完整性会在验证其真实性的后面进行检查。

基于图编辑距离的差异检测方法将图 4.16 中的两个服务过程间的差异用四个

编辑操作来表示：{insert(g_1, A, B), insert(g_2, C, D), move(C, g_1, g_2), move(E, g_2, D)}，即在任务节点 A 和 B 之间插入路由节点 g_1、在任务节点 C 和 D 之间插入路由节点 g_2、将任务节点 C 移动到路由节点 g_1 和 g_2 之间、将任务节点 E 移动到路由节点 g_2 和任务节点 D 之间。为了解释这个差异，用户需要首先手动地将每一个编辑操作应用到 P_1 上，然后尝试去推断发生的差异。这样的差异解释过程非常烦琐又很花费时间。事实上，前三个差异操作会导致请假过程 P_1 和 P_2 中任务 B 和 C 之间的不同执行关系，最后一个编辑操作使得两个服务过程中任务 D 和任务 E 的执行顺序被交换。然而，用编辑序列描述的差异让用户难以确定哪些操作导致哪些差异。例如，由于任务 C 被移动到两个路由节点 g_1 和 g_2 之间，任务节点 B 和 C 之间的执行关系就变为选择执行，但是编辑操作"move(C, g_1, g_2)"却无法描述任务节点 B 和 C 之间的选择执行关系。

　　为了解决该问题，本节提出基于差异模式的服务过程差异可视化技术。首先总结一系列基于 SESE 片段的差异模式，它们可以显式地展示两个服务过程中映射部分的结构或者执行顺序的变化。这种高级别语言的差异描述方式比编辑序列的差异描述方式对用户来说更加友好，还可以基于差异模式展开执行时间、花费、数据流等进一步的差异分析。接着将服务过程转换为对应的 TPST，用差异模式来描述两个 TPST 间不同层次上的差异。从 TPST 的角度来看，TPST 中的路由节点对应的是服务过程中不同层次上的分解。

4.3.1　差异模式表示

　　基于服务过程中的 SESE 片段，本节总结了两组服务过程间的差异模式：①图编辑差异模式；②行为差异模式。一个差异模式可以显式地展示两个服务过程中映射部分的结构或者执行顺序的变化，进而帮助用户直观地比较两个服务过程并分析差异产生的原因。本节中两个任务节点的名称相同，则它们就是映射的。

　1. 图编辑差异模式

　　基于两个服务过程中的未映射节点，可以得到两种图编辑差异模式：节点删除差异模式和节点插入差异模式。

　　(1)节点删除差异模式。给定两个服务过程，若第一个服务过程中的节点 node 不能在另一个服务过程中找到与其映射的节点，则需要删除节点 node，这个差异模式描述为：node 对比 ∅。

　　(2)节点插入差异模式。给定两个服务过程，若第二个服务过程的节点 node 不能在第一个服务过程中找到与其映射的节点，则需要插入节点 node，该节点插入的差异模式可以表示为：∅ 对比 node。

　　关于节点删除和节点插入这两类差异模式，有三种情况需要说明，如图 4.17

所示。

　　情况 1：插入/删除顺序节点。在两个映射的顺序结构中，第一个顺序结构中的非映射节点是需要被删除的，第二个顺序结构中的非映射节点是需要被插入的。如图 4.17(a) 所示，两个顺序结构中的任务节点 J 是映射的，因为它们的标签相同，而第二个顺序结构中的任务节点 M 在第一个顺序结构中找不到映射节点，由此任务节点 M 需要被插入。

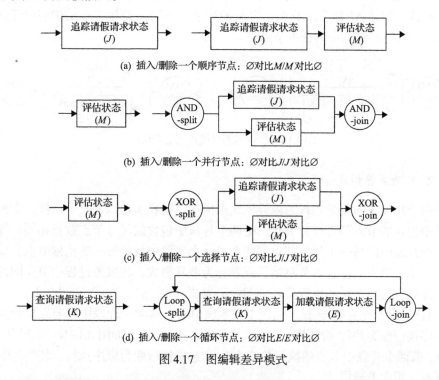

图 4.17　图编辑差异模式

　　情况 2：删除/插入并行/选择节点。在这种情况下，一个顺序结构与一个并行/选择结构是映射的。若在顺序结构中添加两个 AND/XOR 路由节点，且顺序结构中的未映射节点变成并行或选择结构中的分支，则这个顺序结构能够变成并行或选择的结构。相反，并行/选择结构变成顺序结构需要删除两个 AND/XOR 路由节点和未映射的节点。例如，在图 4.17(b) 和 (c) 中，在左边的顺序结构中插入任务节点 J 和两个 AND/XOR 路由节点后，可以得到一个并行/选择结构；右边的并行/选择结构若要变为左边的顺序结构，则需要删除任务节点 J 和两个 AND/XOR 路由节点。

　　情况 3：删除/插入循环节点。在一个顺序结构与一个循环结构映射的情况下，顺序结构变成循环结构可以通过添加两个 Loop 路由节点来实现。相反，若循环结构想变成顺序结构，则需要删除循环结构中的两个 Loop 路由节点。如图 4.17(d)

所示，左边的顺序结构通过添加一个任务节点 E 和两个 Loop 路由节点变为右边的循环结构；而右边的循环结构若想变为左边的顺序结构，可以通过删除一个任务节点 E 和两个 Loop 路由节点来实现。

对于两个非顺序结构映射的情况，一个结构变为另一个结构可以基于以上的两类图编辑差异模式来实现。图 4.18 给出了左边的并行结构与右边的选择结构映射，其中任务节点 F 和 F 映射，为了将并行结构变为选择结构，需要使用以下图编辑模式：删除 AND 路由节点、插入 XOR 路由节点、删除并行结构中的任务节点 N、插入选择结构中的任务节点 G。

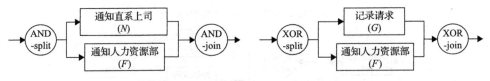

图 4.18　图编辑差异模式的复杂情况

2. 行为差异模式

两个片段中的差异用行为差异模式来描述，需要满足以下三个条件：①两个片段中包含的节点都为任务节点；②两个片段中包含的任务节点数目相同；③在第一个片段中的每一个任务节点都能在另一个片段中找到唯一的映射节点，反之亦然。基于以上条件，本节总结了五种行为差异模式，将服务过程中节点间的顺序、并行、选择、循环执行关系分别标记为"→"、"∥"、"⊕"和"↺"。

(1)顺序对比并行/选择。当两个片段映射时，这两个片段中的节点执行关系由顺序执行变为并行/选择执行，则该差异模式就出现了，如图 4.19(a)和(b)所示。相反，若两个片段中节点的执行关系由并行/选择执行变为顺序执行，则产生并行/选择对比顺序差异模式。

(2)顺序对比循环。两个映射片段中的节点执行关系由顺序执行变为循环执行，此差异模式就出现了，如图 4.19(c)所示。相反，循环对比顺序差异模式的发生，则是节点间的执行关系由循环变为顺序执行。

(3)并行对比选择。两个映射的片段有着相同的拓扑结构，但是拥有不同的路由节点(AND 或 XOR)，这会导致并行对比选择(图 4.19(d))或选择对比并行差异模式的出现。

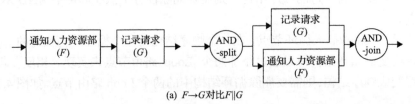

(a) $F{\rightarrow}G$对比$F{\parallel}G$

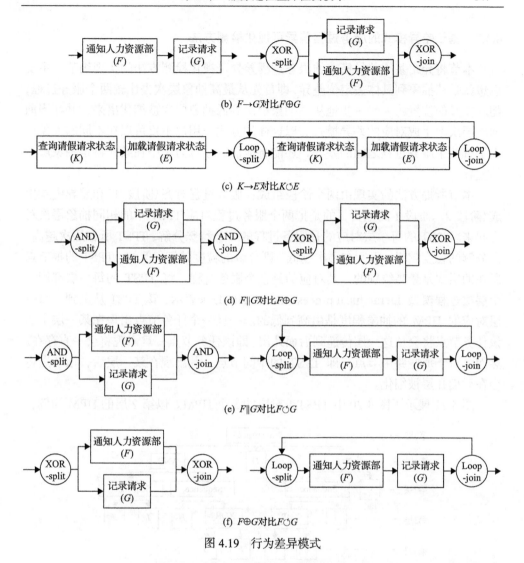

图 4.19 行为差异模式

(4) 并行/选择对比循环。两个映射片段中的节点执行顺序由并行/选择变为循环执行，就导致了此差异模式的产生，如图 4.19(e) 和 (f) 所示。相反，映射节点的执行顺序由循环执行变为并行/选择执行，则导致循环对比并行/选择差异模式的产生。

(5) 顺序交换差异模式。在两个包含任务节点 a 和 b 的顺序结构中，若第一个顺序结构中的 a 和 b 分别与第二个顺序结构中的 a 和 b 映射，且在第一个顺序结构中，a 在 b 之前执行，而在第二个顺序结构中，a 在 b 之后执行，则这两个结构形成顺序交换差异模式。该顺序交换差异模式可以被描述为 "$a{\to}b$ 对比 $b{\to}a$"。

4.3.2　基于差异模式的服务过程差异可视化检测方法

本节将介绍基于差异模式的服务过程差异可视化检测方法的实现细节。主要思想就是从抽象到具体去定位差异,即首先从最高抽象层次去比较两个服务过程,随后差异的位置将一步一步地从高抽象层次到低抽象层次被细化出来,并在当前抽象层次上生成对应的差异模式。以这样的方式,用户不仅可以在不同的抽象层次了解两个服务过程之间的差异,还能将他们的注意力集中在某一特定抽象层上的差异。

本节所提方法的实现由两个阶段组成:服务过程对齐(阶段 1)和差异模式生成(阶段 2)。阶段 1 的主要目的是把两个服务过程对应 TPST 中的相同抽象层次对应起来。TPST 的每一层对应的是服务过程的一个特殊分解,TPST 所在层次越高,则分解的粒度越粗,而所在层次越低,则分解的粒度越细。例如,TPST 的根节点所在的层次是最高级别的,其对应的是整个服务过程。将 TPST 的每一层都用一个层次过程模型(hierarchical process model, HPM)来表示,该 TPST 从上到下每一层对应的 HPM 的抽象程度是由高到低的。一旦一个任务节点出现在某一层中,该任务节点将会从这一层传递到后面几层,即该任务节点一旦出现将会一直存在。然而,对于那些路由节点,即 TPST 的中间节点,其出现在某一层后,该节点将会在后面几层被细化。

图 4.21 展示了图 4.20 中 TPST 1 对应的 5 个 HPM。以第 2 层的 HPM 为例,

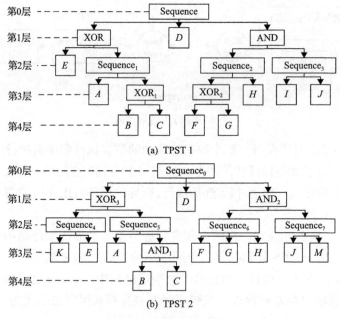

(a) TPST 1

(b) TPST 2

图 4.20　两个 TPST 例子

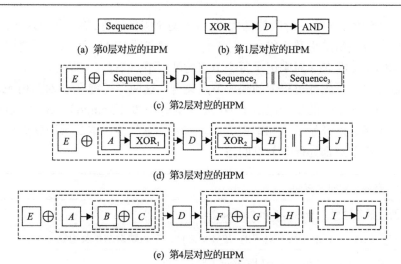

图 4.21 层次服务过程

如图 4.21(c)所示，任务节点 D 是从第 1 层传递到这一层的，最左侧虚线框中的任务节点 E 和路由节点 Sequence$_1$ 是由第 1 层的路由节点 XOR 细化而来的，右侧虚线框中的 Sequence$_2$ 和 Sequence$_3$ 是由上一层的 AND 细化而来的。

由于每个服务过程已经被分解成不同的层次，即 HPM，在阶段 1 中先将两个服务过程中具有相同抽象层次的 HPM 进行对齐。找出每一对对齐 HPM 中的映射节点，即第一个 HPM 中的哪些节点与第二个 HPM 中的哪些节点是映射的。

阶段 2 为每一对对齐的 HPM 生成差异模式。最终会得到一个差异日志，记录两个服务过程中所有对齐的 HPM 对之间的差异模式。也就是说，从该差异日志中可以了解到两个服务过程在不同抽象水平上的差异。

阶段 1：服务过程对齐。

本阶段的目标是对齐两个服务过程中的相同抽象层次，即 HPM 对齐。如果两个 HPM 具有相同的抽象水平，则它们可以被对齐，存在以下两种情况：①由两个服务过程转换而来的两个 TPST 具有相同的深度。在这种情况下，两个 TPST 中对应层次的两个 HPM 就可以对齐。例如，两个 TPST 都拥有 2 层，则一个 TPST 中的第 0 层和第 1 层分别与另一个 TPST 中的第 0 层和第 1 层对齐。②两个 TPST 拥有不同的深度。在这种情况下，两个 TPST 需要首先对齐底部，即两个 TPST 中的最底层先对齐，剩余的层将自下而上进行对齐。随后，拥有更多层数的 TPST 中会有一些层没有被对齐，这些没有对齐的层都将与较浅的 TPST 中的第 0 层进行对齐。例如，现有两个深度分别为 3 和 2 的 TPST：tpst$_1$ 和 tpst$_2$，tpst$_1$ 中的第 2 层和 tpst$_2$ 中的第 1 层对齐，tpst$_1$ 中的第 1 层和 tpst$_2$ 中的第 0 层对齐。此时，tpst$_1$ 中还有第 0 层没有找到对齐层，则将该层与 tpst$_2$ 的第 0 层对齐。

　　算法 4.5 给出了第一阶段的伪代码,输入两个服务过程,输出所有对齐的 HPM 对之间的节点映射结果及边集合。对于每一对对齐的 HPM,可以使用它们各自的边集合和两个〈键,值〉对来记录每个节点的映射节点集合。键存的是节点 ID,值存的是键在另一个服务过程中的映射节点集合。这两个〈键,值〉对是由 Mapping 函数得到的。两个边的集合记录了 HPM 中的每条边〈from,to〉,其中 from 和 to 分别表示每条边的开始节点和结束节点。需要注意的是,本节所提算法只考虑开始节点和结束节点都为任务节点的边。

算法 4.5　服务过程对齐算法

输入　　两个服务过程：Process 1 和 Process 2

输出　　align_result：记录了所有对齐的 HPM 对之间的节点映射结果及边集合

1.　　align_result ← 初始化一个列表来记录对齐结果;

2.　　$tpst_1$, $tpst_2$ ← 将 Process 1 和 Process 2 转换成其对应的 TPST;

3.　　$depth_1$, $depth_2$ ← 得到 $tpst_1$ 和 $tpst_2$ 的深度;

4.　　a ← 取得 $tpst_1$ 和 $tpst_2$ 中深度较深的那个;

5.　　b ← 取得 $tpst_1$ 和 $tpst_2$ 中深度较浅的那个;

6.　　l_a, l_b ← 将两个 TPST 的层次分别初始化为 0;

7.　　**while** $l_a <$ a.depth $-$ b.depth **do**
　　　　//将 a 的多余层(即第 0 层到第 a.depth $-$ b.depth 层)与 b 的第 0 层对齐

8.　　　　hpm_1, hpm_2 ← 获取 a 的第 l_a 层和 b 的第 l_b 层;

9.　　　　{hpm_map₁, hpm_map₂} ← Mapping (hpm_1, hpm_2);
　　　　//将 a 的第 l_a 层和 b 的第 l_b 层进行映射,获得映射结果

10.　　　edgeSet₁, edgeSet₂ ← 获取两个 HPM 的边集合;

11.　　　align_result ← {hpm_map₁, hpm_map₂, edgeSet₁, edgeSet₂};

12.　　　l_a++;

13.　　**while** $l_a <$ a.depth 且 $l_b <$ b.depth **do**
　　　　//将较深的 TPST 的剩余层与较浅的剩余层逐一对齐

14.　　　hpm_1, hpm_2 ← 获取 a 的第 l_a 层和 b 的第 l_b 层;

15.　　　{hpm_map₁, hpm_map₂} ← Mapping (hpm_1, hpm_2);

16.　　　edgeSet₁, edgeSet₂ ← 获取两个 HPM 的边集合;

17.　　　align_result ← {hpm_map₁, hpm_map₂, edgeSet₁, edgeSet₂};

18.　　　l_a++, l_b++;

---

19.   **return** align_result;

20.   **Mapping**(hpm$_1$, hpm$_2$)

21.   hpm_map$_1$, hpm_map$_2$ ← 初始化两个 map;

22.   **for** hpm$_1$ 中的每一个节点 node$_1$ **do**

23.   childSet$_1$ ← 获取 node$_1$ 的孩子节点集合;

24.   **for** hpm$_2$ 中的每一个节点 node$_2$ **do**

25.   childSet$_2$ ← 获取 node$_2$ 的孩子节点集合;

26.   **if** childSet$_1$ 与 childSet$_2$ 的交集不为空 **then**

27.   **if** hpm_map$_1$ 的键中不包含 node$_1$ **then**

28.   将 ⟨node$_1$, node$_2$⟩ 加入到 hpm_map$_1$ 中;

29.   **else**

30.   list ← hpm_map$_1$.get(node$_1$);

31.   将 node$_2$ 加入到 list 中去;

32.   hpm_map$_1$.put(node$_1$,list);

33.   **if** hpm_map$_2$ 的键中不包含 node$_2$ **then**

34.   将 ⟨node$_2$, node$_1$⟩ 加入到 hpm_map$_2$ 中;

35.   **else**

36.   list ← hpm_map$_2$.get(node$_2$);

37.   将 node$_1$ 加入到 list 中去;

38.   hpm_map$_2$.put(node$_2$,list);

39.   **return** {hpm_map$_1$, hpm_map$_2$}

对于算法 4.5 中的 Mapping 函数，其输入两个对齐的 HPM：hpm$_1$ 和 hpm$_2$，输出两个〈键,值〉对 hpm_map$_1$ 和 hpm_map$_2$。为了找出两个服务过程中的映射节点，需要遍历 hpm$_1$。对于 hpm$_1$ 中的每一个节点 node$_1$，遍历 hpm$_2$ 中的每一个节点 node$_2$。若 node$_1$ 和 node$_2$ 拥有共同的孩子节点，则它们能映射起来。以下两种情况记录了 node$_1$ 和 node$_2$ 的映射情况：①hpm_map$_1$ 的键集合不包含 node$_1$ 或 hpm_map$_2$ 的键集合不包含 node$_2$，则直接将 node$_1$ 和 node$_2$ 映射起来，也就是将〈node$_1$,node$_2$〉或〈node$_1$,node$_2$〉加入到 hpm_map$_1$ 或 hpm_map$_2$ 中。②hpm_map$_1$ 的键集合已经包含 node$_1$ 或 hpm_map$_2$ 的键集合已经包含 node$_2$，取出 node$_1$ 或 node$_2$ 的映射节点集合 list，然后将 node$_2$ 或 node$_1$ 加入到 list 中，最后将〈node$_1$,list〉或

〈node$_2$,list〉再加到 hpm_map$_1$ 或 hpm_map$_2$ 中。

图 4.20 中两个 TPST 的深度都为 5，由此从上到下共有 5 对 HPM 被对齐，如图 4.22 所示。以第 0 层和第 3 层为例，在第 0 层，hpm_map$_1$ 是{〈Sequence, Sequence$_0$〉}，hpm_map$_2$ 是{〈Sequence$_0$,Sequence〉}。这一层上的两个 HPM 的边集为空，因为没有出现任务节点。在第 3 层，hpm_map$_1$ 是{〈E,E〉,〈A,A〉,〈XOR$_1$, AND$_1$〉,〈D,D〉,〈XOR$_2$, {F,G}〉,〈H,H〉,〈J,J〉}，hpm_map$_2$ 是{〈E,E〉,〈A,A〉, 〈AND$_1$, XOR$_1$〉,〈D,D〉,〈F,XOR$_2$〉,〈G,XOR$_2$〉,〈H,H〉,〈J,J〉}。hpm$_1$ 的边集是{〈I,J〉}，hpm$_2$ 的边集是{〈K,E〉,〈F,G〉,〈G,H〉,〈J,M〉}。

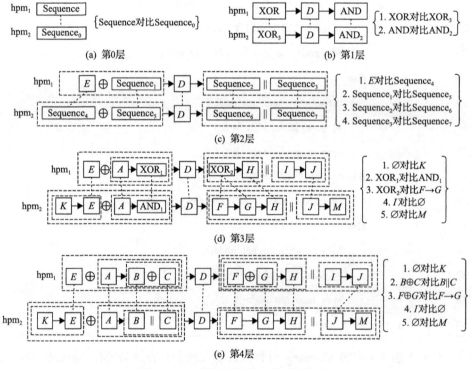

图 4.22　不同抽象层次上的差异模式

阶段 2：差异模式生成。

这一阶段的输入是阶段 1 的服务过程对齐结果，输出是两个服务过程中所有对齐的 HPM 之间的差异模式，即两个服务过程中不同抽象层次的差异。本阶段的目的是为两个服务过程生成一个由不同抽象层次的差异模式组成的差异日志。为了达到这个目的，本节使用定位策略在每一个抽象层次上定位差异并生成相应的差异模式。具体来说，本节采用以下四个步骤来生成每一对对齐的 HPM 之间的差异模式。伪代码如算法 4.6 所示。

算法 4.6　生成差异模式算法

输入　阶段 1 的服务过程对齐结果：align_result

输出　diff$_{all}$：记录了两个服务过程所有抽象层上的差异模式

1.　　diff$_{all}$ ← 初始化一个列表来记录两个服务过程间的差异模式；

2.　　**for** align_result 中的每个元素 ⟨ hpm_map$_1$,hpm_map$_2$,edgeSet$_1$,edgeSet$_2$ ⟩ **do**

3.　　　　diff$_{hpm}$ ← 初始化一个列表来记录两个 HPM 间的差异模式；

4.　　　　e_1, e_2 ← 初始化两个字符串；

5.　　　　**for** edgeSet$_1$ 中的每一条边 ⟨ from$_1$,to$_1$ ⟩ **do**

6.　　　　　　**for** edgeSet$_2$ 中的每一条边 ⟨ from$_2$,to$_2$ ⟩ **do**

7.　　　　　　　　**if** from$_1$ == to$_2$ 且 to$_1$ == from$_2$　**then**

8.　　　　　　　　　　将 from$_1$+ "→" +to$_1$+ "对比" +to$_1$+from$_1$ 的标签加到 diff$_{hpm}$ 中；

9.　　　　s_1, s_2 ← 初始化两个 set 来记录已经处理过的节点；

10.　　　　**for** hpm_map$_1$ 中的每一个元素 ⟨ n_1,r_list ⟩ **do**

11.　　　　　　**if** s_1 包含 n_1 **then**
　　　　　　　　//节点 n_1 已被处理过

12.　　　　　　　　**continue;**

13.　　　　　　**if** hpm_map$_1$ 不包含 n_1 **then**

14.　　　　　　　　将 n_1+ "对比 ∅" 加到 diff$_{hpm}$；

15.　　　　　　　　将 n_1 加到 s_1；

16.　　　　　　　　**continue;**

17.　　　　　　**else**

18.　　　　　　　　**if** r_list.size == 1 **then**
　　　　　　　　　　// n_1 只有一个映射节点

19.　　　　　　　　　　right ← r_list.get(0)；
　　　　　　　　　　　//获取唯一的节点

20.　　　　　　　　　　l_list ← hpm_map$_2$.get(right)；

21.　　　　　　　　　　**if** l_list.size == 1 **then**

22.　　　　　　　　　　　　O2O(n_1,right,hpm_map$_1$,s_1,s_2,diff$_{hpm}$)；
　　　　　　　　　　　　//生成一对一映射差异模式

23.　　　　　　　　　　　　**continue;**

24.	**else if** $l\_{list.size} > 1$ **then**
25.	M2O$(l\_list, right.toList, hpm\_map_1, s_1, s_2, diff_{hpm})$; //生成多对一或一对多映射差异模式
26.	**else if** $r\_list.size > 1$ **then** // n_1 有多个映射节点
27.	M2O$(n_1.toList, r\_list, hpm\_map_1, s_1, s_2, diff_{hpm})$;
28.	**for** hpm_map$_1$ 中的每一个不在 s_1 中的节点 n_1 **do**
29.	将 n_1 + "对比∅" 加到 $diff_{hpm}$;
30.	**for** hpm_map$_2$ 中的每一个不在 s_2 中的节点 n_2 **do**
31.	将 "∅对比" + n_1 加到 $diff_{hpm}$;
32.	将 $diff_{hpm}$ 加到 $diff_{all}$;
33.	**return** $diff_{all}$

步骤 1　生成顺序交换差异模式。获取两个 HPM 的边集并比较两个边集中边的所有可能组合情况，即一条边 $\langle from_1, to_1 \rangle$ 来自一个 HPM，另一条边 $\langle from_2, to_2 \rangle$ 来自另一个 HPM。若 $from_1$ 与 to_2 映射且 to_1 与 $from_2$ 映射，则存在顺序交换差异模式。

步骤 2　节点删除和节点插入差异模式。分别为两个 HPM 中的未映射节点生成节点删除和节点插入差异模式。

步骤 3　行为差异模式。由于 TPST 中的一个路由节点代表的是对应服务过程中的一个控制流结构，可以通过一步步细化路由节点来定位差异，直到差异全部由任务节点组成。在这个过程中，会得到一些差异模式是包含路由节点的，这些差异模式指出了发生差异的位置，由此需要定位到这些位置去，然后获得差异的详细信息。为了生成这类差异模式以及行为差异模式，需要首先遍历 hpm_map$_1$，然后在每一轮的遍历中从 hpm_map$_1$ 拿到当前遍历到的元素 $\langle n_1,$ $r\_list \rangle$。如果 r_list 只包含一个节点，则这个节点称为 right，从 hpm_map$_2$ 去获取 right 的映射节点 l_list。根据 l_list 中包含的节点数目，可以分为以下两种情况去生成差异模式。

情况 1：l_list 只包含一个节点，则 n_1 和 right 是一对一映射的，也就是说 n_1 只能找到唯一的映射节点 right，且 right 也只能找到唯一的映射节点 n_1。为了生成它们的差异模式，需要判断 n_1 和 right 的兄弟节点中是否也有映射的节点。如果有，则需要将 n_1 和与其映射的兄弟节点之间的执行关系变成 right 和与其映射的兄弟节点之间的执行关系，并将其描述为一个差异模式；否则，只要 n_1 或 right 有一个是路由节点，差异模式就描述为 "n_1 的标签对比 right 的标签"。路由节点指出了差异所在的位置,需要进一步去细化这个路由节点来找到具体的差异细节。

情况 2: l_list 包含多个节点,此时 l_list 和 right 就是多对一映射,即 right 与 l_list 中的每个节点都映射,而 l_list 中的每个节点都只有唯一的映射节点 right。为了生成 l_list 和 right 之间的差异模式,首先采用以下公式来计算 l_list 中每一个节点 n 与 right 之间的相似度:

$$\text{Similarity}(n, \text{right}) = \frac{2 \times (n\text{的孩子节点} \cap \text{right的孩子节点})}{n\text{的孩子节点} + \text{right的孩子节点}} \tag{4.11}$$

此情况下存在两种子情况来选择 l_list 的其中一个节点与 right 生成差异模式。

情况 2.1: l_list 中存在节点与 right 节点的相似度在 0~1,也就是说这些节点与 right 相似但是并不完全相同。

情况 2.2: l_list 中存在节点与 right 的父节点不同,即它们的父节点没有映射起来。

若以上的任意一种情况发生,选择 l_list 中与 right 有着最高相似度的节点 n,与 right 生成一对一映射的差异模式;否则,l_list 和 right 生成多对一的差异模式。

与情况 2 相似,若 r_list 包含多个节点,首先判断是否只选择 r_list 中的一个节点与 n_1 进行映射,还是 n_1 与 r_list 是一对多映射的。随后,生成相应的基于一对一映射的差异模式或基于一对多映射的差异模式。

步骤 4 节点删除和节点插入差异模式。由于第一个 HPM 中的部分节点都已经被处理过并生成相应的差异模式,需要为未处理过的节点生成差异模式,如情况 2.1 和情况 2.2 中的剩余未处理节点。对于第一个 HPM 中未处理过的节点,为其生成节点删除差异模式,对于第二个 HPM 中的未处理节点,为其生成节点插入差异模式。

算法 4.7 中的 O2O 函数用于生成一对一映射差异模式,输入一对映射节点 n_1 和 n_2,两个记录已处理节点的集合 s_1 和 s_2,hpm_map$_1$、hpm_map$_2$ 以及记录两个 HPM 间差异模式的列表 diff$_\text{hpm}$。首先,获得 n_1 和 right 的兄弟节点集合,即 s_list$_1$ 和 s_list$_2$。然后,把 s_list$_1$ 和 s_list$_2$ 中的映射节点对存储在 sibling_map。如果 sibling_map 为空,则意味着 s_list$_1$ 中的每一个节点都不能在 s_list$_2$ 中找到映射节点,此时就把 n_1 和 right 之间的差异模式描述为 "n_1 对比 right"。若 sibling_map 不为空,则相应的差异模式描述的是 n_1 和 sibling_map 中各个键之间的执行关系转变为 right 和 sibling_map 中各个值之间的执行关系。最后,生成的差异模式会加到 diff$_\text{hpm}$ 中,其中需要去除差异模式表达式中的最后一个标记。

算法 4.7　一对一映射差异模式生成函数

输入　一对映射节点 n_1 和 n_2，两个记录已处理节点的集合 s_2 和 s_2，两个对齐 HPM 的〈键，值〉对 hpm_map$_1$、hpm_map$_2$

输出　diff$_{hpm}$：记录两个 HPM 间差异模式的列表

---

1. **O2O** $(n_1, n_2, \text{hpm\_map}_1, \text{hpm\_map}_2, s_1, s_2, \text{diff}_{hpm})$

2. 　$p_1, p_2 \leftarrow$ 取得 n_1 和 n_2 的父节点;

3. 　将 n_1 加到 s_1; 将 n_2 加到 s_2;

4. 　$e_1, e_2 \leftarrow$ 初始化两个字符串;

5. 　$s\_list_1, s\_list_2 \leftarrow$ 取得 n_1 和 n_2 的兄弟节点;

6. 　sibiling_map $\leftarrow$ 初始化一个 map 来记录 n_1 和 n_2 的映射兄弟节点;

7. 　**for** s_list_1 中的每个节点 c_1 **do**

8. 　　**for** s_list_2 中的每个节点 c_2 **do**

9. 　　　**if** hpm_map$_1$.get (c_1) 包含 c_2 **then**
　　　　　// c_1 与 c_2 是映射节点的情况

10. 　　　　sibiling_map $\leftarrow \langle c_1, c_2 \rangle$;
　　　　　//记录 c_1 与 c_2 是 n_1 和 n_2 的映射兄弟节点

11. 　**if** sibiling_map.size $== 0$ **then**
　　// n_1 和 n_2 没有映射兄弟节点的情况

12. 　　**if** n_1 和 n_2 都不是任务节点　**then**

13. 　　　将 $n_1 +$ "对比" $+ n_2$ 加到 diff$_{hpm}$;

14. 　**else**
　　// n_1 和 n_2 有映射兄弟节点的情况

15. 　　$e_1 \leftarrow n_1 + p_1$ 所对应的路由节点的标记;

16. 　　$e_2 \leftarrow n_2 + p_2$ 所对应的路由节点的标记;

17. 　　**for** sibiling 中的每一对映射节点 $\langle c_1, c_2 \rangle$ **do**
　　　//迭代生成差异模式

18. 　　　将 c_1 加到 s_1; 将 c_2 加到 s_2;
　　　　//标记 c_1 和 c_2 为已处理

19. 　　　$e_1 \leftarrow e_1 + c_1 + p_1$ 所对应的路由节点的标记;

20. 　　　$e_2 \leftarrow e_2 + c_2 + p_2$ 所对应的路由节点的标记;

21. 　　将 $e_1 [:-1] +$ "对比" $+ e_2 [:-1]$ 加到 diff$_{hpm}$

　　算法 4.8 中的 M2O 函数，用于生成多对一或一对多映射差异模式，输入两个列表（其中一个列表的长度为 1，另一个列表的长度大于 1）、hpm_map$_1$、两个记录已处理节点的集合以及 diff$_{hpm}$。若情况 2.1 和情况 2.2 中任意一种情况发生，就使用 O2O 函数来生成差异模式，否则就生成基于一对多或者多对一映射的差异模式。

算法 4.8　多对一或一对多映射差异模式生成函数

输入　两个列表 list$_1$ 和 list$_2$，第一个 HPM 的〈键, 值〉对 hpm_map$_1$，两个记录已处理节点的集合 s_1 和 s_2

输出　diff$_{hpm}$：记录两个 HPM 间差异模式的列表

1.　　**M2O** (list$_1$, list$_2$, hpm_map$_1$, s_1, s_2, diff$_{hpm}$)

2.　　　　node, list ← 初始化一个 TPST 节点和一个列表;

3.　　　　e ← 初始化一个字符串; flag ← 0;

4.　　　　**if** list$_1$.size == 1 **then**
　　　　　　// list$_1$ 只包含一个节点、list$_2$ 包含多个节点的情况

5.　　　　　　node ← list$_1$.get (0); list ← list$_2$; flag ← 1;

6.　　　　**else**
　　　　　　// list$_2$ 只包含一个节点、list$_1$ 包含多个节点的情况

7.　　　　　　node ← list$_2$.get (0); list ← list$_1$;

8.　　　　**for** list 中的每一个节点 n_1 **do**

9.　　　　　　**if** 0 <Similarity (n_1, node) < 1 或者 n_1 的父节点≠node 的父节点　**then**

10.　　　　　　　n_2 ← 获取 list 中与 node 具有最高相似度的那个节点;

11.　　　　　　　**if** flag=1，将 node 加到 s_1;

12.　　　　　　　**else** 将 n_2 加到 s_1;

13.　　　　　　　**if** flag=1，将 n_2 加到 s_2;

14.　　　　　　　**else** 将 node 加到 s_2;

15.　　　　　　　**if** flag=1，执行 O2O (node,n_2,hpm_map$_1$,s_1,s_2,diff$_{hpm}$);

16.　　　　　　　**else** 执行 O2O (n_2,node,hpm_map$_1$,s_1,s_2,diff$_{hpm}$);

17.　　　　　　　**continue**;

18.　　　　**for** list 中的每个节点 l **do**

19.　　　　　　**if** flag=1，将 node 加到 s_1;

20.　　　　　　**else** 将 list 加到 s_1;

21.　　　　　　**if** flag=1，将 list 加到 s_2；

22.　　　　　　**else**　将 node 加到 s_2；

23.　　　　　　$e \leftarrow e+l+1$ 的父节点所对应的路由节点的标记；

24.　　　　**if** flag=1，node + "对比" + $e[:-1]$ 加到 diff_{hpm}；

25.　　　　**else** $e[:-1]$ + "对比" + node 的标签加到 diff_{hpm}

以图 4.20 中的两个 TPST 为例，利用阶段 1 得到的对齐结果来生成它们的差异模式。每个 TPST 都有 5 层，所以能得到 5 对对齐的 HPM。Process 1 和 Process 2 的差异模式由它们从上到下每一对对齐的 HPM 产生的差异模式组成，即从第 0 层到第 4 层。如图 4.22(a) 所示，第 0 层对应的两个 HPM 之间只有一个位置差异，即 "Sequence 对比 Sequence$_0$"。这意味着 Process 1 和 Process 2 被抽象成两个顺序结构块，两个服务过程之间是存在差异的，需要通过细化两个顺序结构块来进一步得到差异。再以图 4.22(e) 为例，首先检测到第一个 HPM 中的任务节点 I 需要被删除，由此生成一个节点删除差异模式 "I 对比 $\varnothing$"；接着，遍历第一个 HPM 中的每个节点，发现第一个 HPM 中的 B 与第二个 HPM 中的 B 进行映射，第一个 HPM 中 B 的兄弟节点 C 与第二个 HPM 中 B 的兄弟节点 C 映射，由此，生成一个行为模式 "$B \oplus C$ 对比 $B \| C$"。同样地，生成一个行为差异模式 "$F \oplus G$ 对比 $F \rightarrow G$"。最后，生成两个节点插入差异模式："$\varnothing$ 对比 K" 和 "$\varnothing$ 对比 M"。

4.3.3　差异可视化用例学习

本节将使用所提的基于差异模式的服务过程差异可视化检测方法来分析两个来自现实生活的服务过程之间的执行时间差异。用户案例采用了真实与合成的混合数据，其中的真实部分来源于一个医疗保健领域的项目[16]。本节从真实的数据源中选取了一个服务过程，并在此基础上利用 ProM 工具[17]对其进行一系列修改，获得两个变体 V_0 和 V_1，如图 4.23 所示。V_0 和 V_1 都是体检过程，它们都包含了 16 个任务节点。它们对应的 TPST，即 TPST$_0$ 和 TPST$_1$，如图 4.24 所示。表 4.8 展示的是 V_0 和 V_1 的资源分配情况，其中第一行、第四行记录的是两个服务过程中的所有任务节点，第二、三、五和六行记录的是 V_0 和 V_1 中任务节点对应的资源和执行时间。执行时间的单位是分钟(min)。例如，第二行中的 "$R1,5$" 表示 V_0 中的任务 A 执行所需资源为 $R1$，其执行时间为 5(min)。"—" 表示该服务过程中没有该任务节点，例如，V_1 中没有任务节点 O。

本节使用以下方式来计算不同控制流结构的执行时间：①一个顺序结构的执行时间等于该结构中所有任务节点的执行时间总和。②在一个选择结构中引入概率，即每一个选择分支都有一个被选择执行的概率，由此来计算整个选择结构的

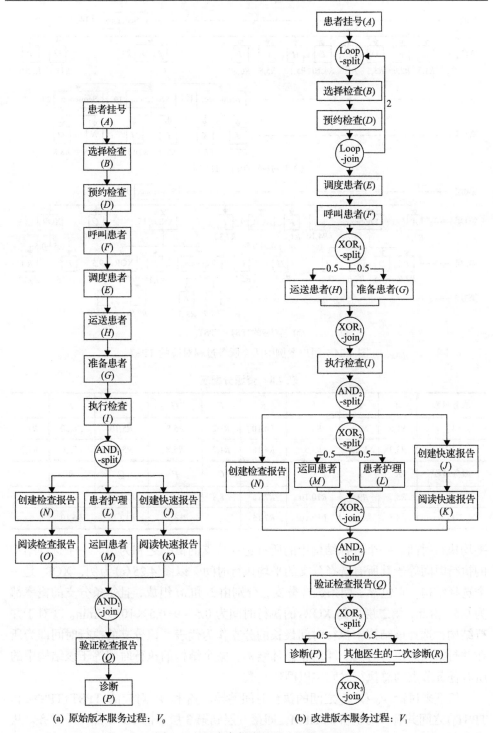

(a) 原始版本服务过程：V_0　　　　(b) 改进版本服务过程：V_1

图 4.23　用户案例中的两个服务过程

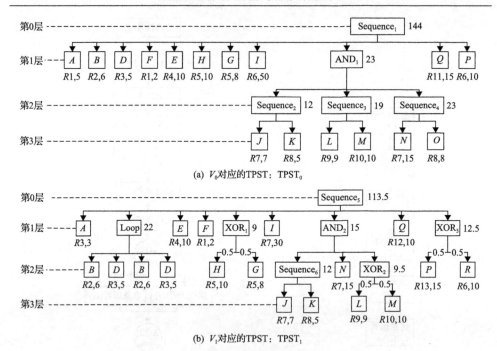

(a) V_0 对应的 TPST：$TPST_0$

(b) V_1 对应的 TPST：$TPST_1$

图 4.24　用户案例中两个服务过程对应的 TPST

表 4.8　资源分配表

服务过程	A	B	D	E	F	G	H	I	J
V_0	$R1,5$	$R2,6$	$R3,5$	$R4,10$	$R1,2$	$R5,8$	$R5,10$	$R6,50$	$R7,7$
V_1	$R3,3$	$R2,6$	$R3,5$	$R4,10$	$R1,2$	$R5,8$	$R5,10$	$R7,30$	$R7,7$

服务过程	K	L	M	N	O	P	Q	R
V_0	$R8,5$	$R9,9$	$R10,10$	$R7,15$	$R8,8$	$R6,10$	$R11,15$	—
V_1	$R8,5$	$R9,9$	$R10,10$	$R7,15$	—	$R13,15$	$R12,10$	$R6,10$

平均执行时间。一个选择结构中的所有选择分支的概率之和为 1。一个选择结构的执行时间等于其所有选择分支的平均执行时间。以图 4.25(c) 为例，XOR_2 是一个选择结构，它包含了两条选择分支，分别由 L 和 M 组成，且每条分支的概率都为 0.5。由此，第二层上的 XOR_2 的执行时间为 $0.5 \times 9 + 0.5 \times 10 = 9.5$min。③对于并行结构，选择该结构中执行时间最长的分支作为代表，该分支的执行时间即为所在并行结构的执行时间。④对于循环结构，整个结构的执行时间等于该结构中的所有任务节点的总执行时间乘以循环次数。

接下来讨论 V_0 和 V_1 之间的执行时间差异。V_0 和 V_1 对应的 TPST（$TPST_0$ 和 $TPST_1$）之间共有 4 对对齐的 HPM，即第 0 层到第 3 层上的 HPM 都一一对齐。从抽象程度最高的层次到抽象程度最低的层次来对执行时间的差异进行分析。

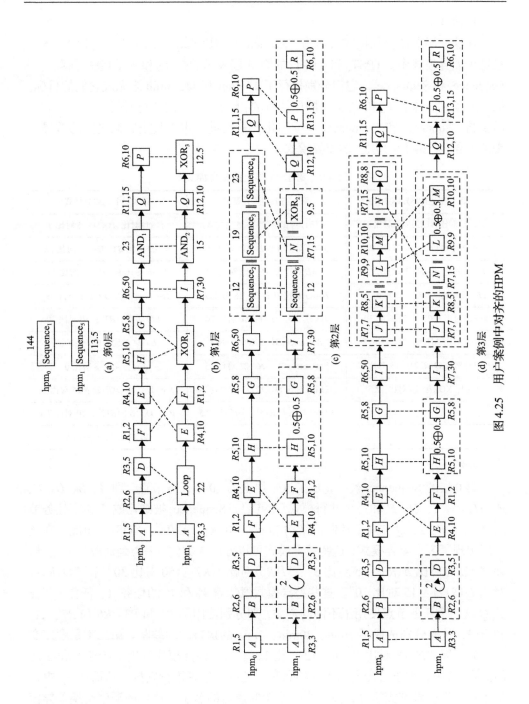

图 4.25　用户案例中对齐的HPM

1) 第 0 层

在这一层上的差异模式表示为 "Sequence$_1$ 对比 Sequence$_5$：144 对比 113.5"。在这个差异模式中，TPST$_0$ 和 TPST$_1$ 的第 0 层表示的是 V_0 和 V_1 的最高抽象，即 Sequence$_1$ 和 Sequence$_5$，它们分别执行了 144min 和 113.5min 来完成它们的目标。该差异模式意味着 V_0 和 V_1 都是顺序执行的，且 V_1 比 V_0 的执行时间快了 30.5min。需要将 Sequence$_1$ 和 Sequence$_5$ 继续细化，从而进一步去找出它们之间的差异。表 4.9 给出了第 1～3 层上的差异模式。

表 4.9　第 1～3 层上的差异模式

第 1 层上的差异模式	第 2 层上的差异模式	第 3 层上的差异模式
$A(R1)$ 对比 $A(R3)$：5 对比 3	$A(R1)$ 对比 $A(R3)$：5 对比 3	$A(R1)$ 对比 $A(R3)$：5 对比 3
$B{\to}D$ 对比 Loop：11 对比 22	$B{\to}D$ 对比 $B \circlearrowleft D$：11 对比 22	$B{\to}D$ 对比 $B \circlearrowleft D$：11 对比 22
$F{\to}E$ 对比 $E{\to}F$：12 对比 12	$F{\to}E$ 对比 $E{\to}F$：12 对比 12	$F{\to}E$ 对比 $E{\to}F$：12 对比 12
$H{\to}G$ 对比 XOR$_1$：18 对比 9	$H{\to}G$ 对比 $H \oplus G$：18 对比 9	$H{\to}G$ 对比 $H \oplus G$：18 对比 9
$I(R6)$ 对比 $I(R7)$：50 对比 30	$I(R6)$ 对比 $I(R7)$：50 对比 30	$I(R6)$ 对比 $I(R7)$：50 对比 30
AND$_1$ 对比 AND$_2$：23 对比 15	Sequence$_3$ 对比 XOR$_2$：NO	$L{\to}M$ 对比 $L \oplus M$：NO
$Q(R11)$ 对比 $Q(R12)$：15 对比 10	Sequence$_4$ 对比 N：23 对比 15	O 对比 $\varnothing$：8 对比 0
P 对比 XOR$_3$：10 对比 12.5	$Q(R11)$ 对比 $Q(R12)$：15 对比 10	$Q(R11)$ 对比 $Q(R12)$：15 对比 10
	$P(R6)$ 对比 $P(R13)$：10 对比 7.5	$P(R6)$ 对比 $P(R13)$：10 对比 7.5
	$\varnothing$ 对比 R：0 对比 5	$\varnothing$ 对比 R：0 对比 5

2) 第 1 层

第 0 层的 Sequence$_1$ 被细化成了这一层上的 10 个任务节点，即 A、B、D、F、E、H、G、I、Q、P 和一个并行模式（AND$_1$），Sequence$_5$ 被细化成了 5 个任务节点 A、E、F、I、Q 和 4 个控制流结构 Loop、XOR$_1$、AND$_2$、XOR$_3$。由此，在这一层出现了 8 个差异模式，这些差异模式可以分成 3 类。第一类是资源分配差异，即 "$A(R1)$ 对比 $A(R3)$：5 对比 3"、"$I(R6)$ 对比 $I(R7)$：50 对比 30" 和 "$Q(R11)$ 对比 $Q(R12)$：15 对比 10"。这些差异模式意味着 V_0 和 V_1 的任务 A、任务 I 和任务 Q 这三个任务节点使用了不同的资源，即分别使用了 $R1$ 和 $R3$、$R6$ 和 $R7$、$R11$ 和 $R12$，从而分别造成了 2min、20min、5min 的执行时间差距。第二类是顺序交换差异，即 "$F{\to}E$ 对比 $E{\to}F$：12 对比 12"。这个差异模式发生于任务 F 和 E 之间。在 V_0 中，护士首先会叫患者的名字，随后对患者进行安排，然而在 V_1 中，护士首先把患者都安排好，然后再一个个叫患者的名字。这样的顺序交换差异模式对整体的执行时间没有产生任何影响。第三类是位置差异，即 "$B{\to}D$ 对比 Loop：11 对比 22"、"$H{\to}G$ 对比 XOR$_1$：18 对比 9"、"AND$_1$ 对比 AND$_2$：23 对比 15" 和

"P 对比 XOR$_3$：10 对比 12.5"。这四个差异模式指出了差异发生的位置，即 V_0 和 V_1 中的哪些对应位置上发生了差异。这些服务过程差异模式分别导致两个服务过程间 11min、9min、8min 和 2.5min 的执行时间差距。由这 8 个差异模式引起的总执行时间差距为 30.5min，与第 0 层的总执行时间差距相同。对于那些包含路由节点的位置差异，即第三类差异模式，需要进一步细化它们从而得到更加详细的差异。

3）第 2 层

在这一层上出现了 10 个差异模式，其中 4 个差异模式与第 1 层上的相同，即 "$A(R1)$ 对比 $A(R3)$：5 对比 3"、"$I(R6)$ 对比 $I(R7)$：50 对比 30"、"$Q(R11)$ 对比 $Q(R12)$：15 对比 10" 和 "$F{\rightarrow}E$ 对比 $E{\rightarrow}F$：12 对比 12"。它们从上一层到这一层没有发生变化，是因为这些差异模式中不包含路由节点，由此它们不能再被细化。这 4 个差异模式分别导致 2min、20min、5min 和 0min 的执行时间差距。对于其他的 6 个差异模式，可以通过细化第 1 层上的位置差异模式来得到。首先，基于第 1 层的 "$B{\rightarrow}D$ 对比 Loop：11 对比 22"，进入 V_1 的 Loop，获得其在第 2 层的细化节点：任务节点 B 和 D。由此，出现了一个行为差异模式："$B{\rightarrow}D$ 对比 $B\circlearrowleft C$：11 对比 22"。从该差异模式可以知道在 V_0 中，一个患者会首先选择检查（任务 B），然后预约检查（任务 D），而在 V_1 中，一个患者会分别执行这两个任务两次。该差异模式造成了两个服务过程间 11min 的总执行时间差距。然后，根据差异模式 "$H{\rightarrow}G$ 对比 XOR$_1$：18 对比 9"，进入 V_1 中的选择控制流结构 XOR$_1$ 并获得其细化节点，即任务 H 和 G。由此，可以得到一个行为差异模式："$H{\rightarrow}G$ 对比 $H\oplus G$：18 对比 9"，这意味着在 V_0 中，一个患者首先被送到手术室然后进行术前准备。然而在 V_1 中，这两个任务被执行到的概率分别为 0.5 和 0.5。该差异模式导致了 9min 的执行时间差距。

接着，基于差异模式 "AND$_1$ 对比 AND$_2$：23 对比 15"，进入 V_0 中的 AND$_1$ 和 V_1 中的 AND$_2$ 并分别获得它们的细化节点。AND$_1$ 细化成 3 个顺序控制流结构：Sequence$_2$、Sequence$_3$、Sequence$_4$，AND$_2$ 细化成 1 个顺序控制流结构 Sequence$_6$、1 个任务节点 N 和一个选择控制流结构 XOR$_2$。由于 Sequence$_2$ 和 Sequence$_6$ 是相同的，可以找到在这一层上 V_0 和 V_1 间的 2 个差异模式："Sequence$_3$ 对比 XOR$_2$：NO" 和 "Sequence$_4$ 对比 N：23 对比 15"。"NO" 表示 Sequence$_3$ 和 XOR$_2$ 之间的差异对两个服务过程间的执行时间差距没有造成影响，这是因为在 AND$_1$ 和 AND$_2$ 中，Sequence$_3$ 和 XOR$_2$ 都不是执行时间最长的那个分支。这两个差异模式导致 8min 的执行时间差距。接下来需要继续细化包含路由节点的位置，从而来获得更加详细的差异。最后，通过细化差异模式 "P 对比 XOR$_3$：10 对比 12.5" 中的路由节点得到一个资源分配差异模式 "$P(R6)$ 对比 $P(R13)$：10 对比 7.5" 和一个节点插入差异模式 "∅ 对比 R：0 对比 5"。该差异模式导致两个服务过程间 2.5min 的执行时间差距。在这一层上，总的执行时间差距还是 30.5min。

4)第3层

这一层上共出现了 10 个差异模式,其中 8 个差异模式与第 2 层上的是一样的:
"$A(R1)$ 对比 $A(R3)$：5 对比 3"、"$I(R6)$ 对比 $I(R7)$：50 对比 30"、"$Q(R11)$ 对比
$Q(R12)$：15 对比 10"、"$F{\rightarrow}E$ 对比 $E{\rightarrow}F$：12 对比 12"、"$B{\rightarrow}D$ 对比 $B{\circlearrowleft}D$：11
对比 22"、"$P(R6)$ 对比 $P(R13)$：10 对比 7.5"、"$\varnothing$ 对比 R：0 对比 5"和"$H{\rightarrow}G$
对比 $H{\oplus}G$：18 对比 9"。这 8 个差异模式共导致了 22.5min 的执行时间差距。对
于剩余的 2 个差异模式,基于第 2 层上的位置差异模式来进行定位并得到:
"Sequence₃ 对比 XOR₂：NO"和"Sequence₄ 对比 N：23 对比 15"。首先,将 V_0
中的 Sequence₃ 细化为任务 L 和 M,V_1 中的 XOR₂ 细化为任务节点 L 和 M。由此
出现一个行为差异模式:"$L{\rightarrow}M$ 对比 $L{\oplus}M$：NO"。这意味着在 V_0 中,患者首先
被处理完之后再送去病房,然而在 V_1 中,这两个任务中只有一个任务会被执行且
两个任务被执行到的概率是相同的。这个差异模式对两个服务过程的执行时间差
距没有产生影响。随后,根据差异模式"Sequence₄ 对比 N：23 对比 15",将第 2
层的 Sequence₄ 细化成这一层的任务节点 N 和 O。由于 V_0 中的任务节点 O 在 V_1
中没有映射节点,它需要被删除,由此产生了一个差异模式:"$\varnothing$ 对比 R：0 对比
5"。这两个差异模式导致了 8min 的执行时间差距。

4.4　基于差异检测的服务适配过滤技术

为了找出现有服务过程中花费高、效率低的部分以便后续对其进行改进,采
用服务过程差异检测技术来比较服务过程当前的两个最优版本并找出它们之间的
差异部分。本节提出一种基于差异检测的服务过程优化方法来构建一个优化的服
务过程,使其比现有版本服务过程的执行费用更低,同时能保证服务过程的执行
时间在合理范围内。首先,对于给定服务过程的当前两个最优版本,检测它们在
结构和行为两方面的差异。由于现有差异检测方法只能展示差异的组成而不能指
出差异所在位置,如差异所属哪个控制流结构,本书考虑了位置因素以重新对差
异进行定义。接着,通过连接两个版本服务过程中的相同部分和不同部分,可以
得到所有可能的候选优化服务过程。最后,过滤掉最长执行时间大于给定时间,在
剩余的候选优化服务过程中选出执行费用最少的服务过程作为最佳优化服务过程。

由于不同的人员分配给服务过程中不同的任务会导致不同的执行时间和执行
费用,引入分配表来记录不同人员分配对应的任务执行费用和执行时间。每一个
分配被定义为 $\langle$role, task, time, cost$\rangle$,意味着人员 role 分配给任务 task,对应执行
时间 time 和执行费用 cost。图 4.26 表示退货过程的两个不同版本,其中的 A、B、
C、D、E、F 和 H 七个任务节点分别表示"申请退货"、"确认申请"、"验证申请"、
"同意退货"、"驿站寄件"、"快递员上门"和"快递柜寄件"。表 4.10 记录了图 4.26

中退货过程两个版本中所有任务节点的人员分配情况。例如，第二行第二列的 $(a, A, 4, 10)$ 表示人员 a 执行任务 A 花费的时间和费用分别为 4min、10 元。

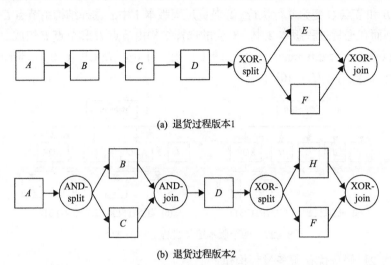

(a) 退货过程版本1

(b) 退货过程版本2

图 4.26　退货过程的两个版本

表 4.10　任务分配表

人员	任务 A	任务 B	任务 C	任务 D	任务 E	任务 F	任务 G	任务 H
a	4,10		5,10			2,10		
b		3,20	2.5,20		5.5,20			
c	2,40			2.5,40		3,40		
d					3,30		2.5,30	3.5,30

4.4.1　面向服务过程优化的适配过滤

本节所提方法的主要思想是构建所有可能的候选优化服务过程，将不符合要求的候选服务过程过滤掉，在剩余的候选服务过程中选出最佳优化服务过程，共包括 3 个阶段：①差异表示；②候选优化服务过程构建；③最佳优化服务过程选择。

阶段 1：差异表示。

将两个服务过程中的差异定义为 $\{[p_1, \text{node}_1, \text{pos}_1], [p_2, \text{node}_2, \text{pos}_2]\}$，其中在每个差异部分 $[p, \text{node}, \text{pos}]$，node 表示在这个差异部分中的节点集合，$p$ 表示 node 所在的控制流结构，pos 记录了 node 在 p 中的位置。若 p 是无序（选择或并行结构）的，则节点在 p 中的位置为 0。对此，首先将两个不同版本的服务过程转换为对应的 TPST，然后遍历每个 TPST 来找出差异部分所在的控制流结构以及每个差异部分中每个任务节点所在的位置。

图 4.27 是图 4.26 中退货过程两个不同版本对应的 TPST，它们之间共有 2 个差异：①退货过程版本 1 中节点 B 和节点 C 是顺序执行的，而在退货过程版本 2 中节点 B 和节点 C 变为并行执行；②退货过程版本 1 中的选择结构由节点 E 和节点 F 组成，而在退货过程版本 2 中，对应的选择结构由节点 H 和节点 F 组成。这两个差异可以被表示为 difference$_1$ = {[g_1, {B, C}, {2, 3}], [g_4, {B, C}, {0, 0}]}, difference$_2$ = {[g_2, {E}, {0}], [g_5, {H}, {0}]}。

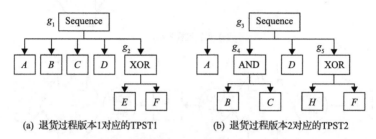

(a) 退货过程版本 1 对应的 TPST1　　　(b) 退货过程版本 2 对应的 TPST2

图 4.27　两个版本退货过程对应的 TPST

阶段 2：候选优化服务过程构建。

在该阶段，所有的候选优化服务过程通过连接两个不同版本服务过程的相同和不同部分进行构造。首先，将两个不同版本服务过程之间的相同部分固定不变。随后，一个差异会对应两个服务过程中的两个不同部分，差异组合由所有差异对应两部分中各选取一个部分进行组合得到，由此 N 个差异会得到 2^N-2 个不同的差异组合，对应着 2^N-2 个候选优化服务过程，其中减掉的 2 代表的是原有的两个不同版本的服务过程。

例如，图 4.26 中退货过程版本 1 和退货过程版本 2 之间共有 2 个差异，可以组成 $2^2-2=2$ 个差异组合。将每个差异组合与退货过程版本 1 和退货过程版本 2 的相同部分进行连接后，可以得到如图 4.28 所示的两个候选优化服务过程。

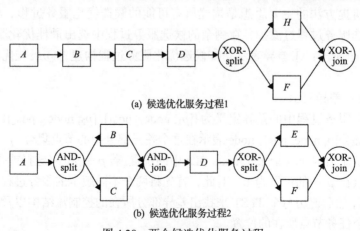

(a) 候选优化服务过程 1

(b) 候选优化服务过程 2

图 4.28　两个候选优化服务过程

阶段 3：最佳优化服务过程选择。

在这一阶段，使用最长执行时间指标来过滤不符合要求的候选优化服务过程并选出具有最小费用的最佳优化服务过程，具体包括以下步骤。

步骤 1　最长执行时间（longest execution time, LET）、平均执行费用计算。

对于每个候选优化服务过程的独立路径集合 IP={ip$_1$, ···, ip$_i$, ···, ip$_M$}（1≤i≤M），使用动态规划算法来计算 M 条独立路径中所有可能的人员与任务间的分配方式{a$_1$, ···, a$_N$}。每个分配 a$_i$（1≤i≤N）会对应一个执行时间 t$_i$ 和一个执行费用 c$_i$，由此可以得到所有独立路径在所有资源分配下的执行时间集合 T={t$_1$, ···, t$_N$}和执行费用集合 C={c$_1$, ···, c$_N$}。一个候选优化服务过程的最大执行时间和平均执行费用为其独立路径中的最大执行时间以及平均执行费用，即 max(T)和 average(C)。

图 4.28 中候选优化服务过程 1 和候选优化服务过程 2 的独立路径集合分别为{ABCDH, ABCDF}和{ABCDE, ABCDF}，每条独立路径的人员分配方式以及对应的执行时间如表 4.11 所示。

表 4.11　候选优化服务过程 1 和 2 中独立路径的所有人员分配方式以及对应的执行时间

独立路径	人员分配	执行时间/min	执行费用/元
ABCDH	abacd	18	110
	abbcd	15.5	120
	cbacd	16	140
	cbbcd	13.5	150
ABCDF	abaca	16.5	90
	abacc	17.5	120
	abbca	14	100
	abbcc	15	130
	cbaca	14.5	120
	cbacc	15.5	150
	cbbca	12	130
	cbbcc	13	160
ABCDE	abacb	20	100
	abacd	17.5	110
	abbcb	17.5	110
	abbcd	15	120
	cbacb	18	130
	cbacd	15.5	140
	cbbcb	15.5	140
	cbbcd	13	150

候选优化服务过程 1 的两条独立路径对应 12 种人员分配方式，最长执行时间

为 18min，平均执行费用为 126.7 元。同样地，候选优化过程 2 的两条路径共拥有 16 种人员分配方式，对应的最长执行时间为 20min，平均执行费用为 125 元。

步骤 2　最佳优化服务过程选择。

给定两个不同版本的所有候选优化服务过程，首先过滤掉候选优化过程中最长执行时间超过给定时间 T 的候选服务过程。例如，将最长执行时间设置为 25min，则图 4.28 中的两个候选优化服务过程（最长执行时间分别为 18min 和 20min）都没有被过滤掉。接着，选出平均执行费用最小的候选服务过程，并与原来的两个不同版本服务过程的执行费用进行比较，若费用最小的候选优化服务过程的平均执行费用小于原来两个不同版本服务过程的执行费用，则该候选优化服务过程即为最佳优化过程；否则，优化服务过程创建失败。例如，图 4.28 中候选优化服务过程 1 的平均执行费用为 126.7 元，候选优化服务过程 2 的平均执行费用为 125 元，而图 4.26 中的两个服务过程的费用为 125 元和 126.7 元，由于两个候选优化服务过程的平均执行费用均没有小于图 4.26 中两个服务过程的费用，创建优化服务过程失败。

4.4.2　服务过滤用例学习

本节讨论如何应用服务过程差异检测方法在现实应用场景中进行服务过程优化。图 4.29 是从真实场景中梳理出的一个医院就诊过程的两个版本[16]，这两个版本就诊过程对应的 TPST 如图 4.30 所示。图 4.29 中就诊过程两个版本的人员分配情况如表 4.12 所示，其中 a 是前台接待，b 和 c 是护士，d 和 e 是医生，执行时间和费用的单位分别为"分钟（min）"和"元"。例如，前台接待 a 接待任务 A（患者挂号）花费 5min、10 元。

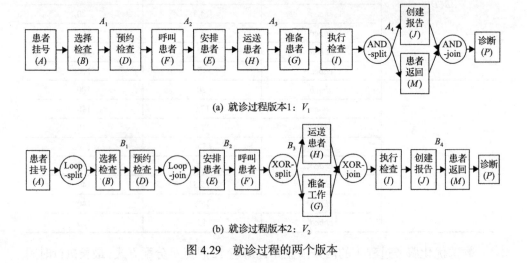

(a) 就诊过程版本1：V_1

(b) 就诊过程版本2：V_2

图 4.29　就诊过程的两个版本

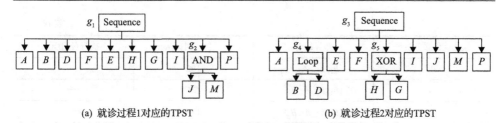

(a) 就诊过程1对应的TPST　　　　　　　　(b) 就诊过程2对应的TPST

图 4.30　就诊过程两个版本对应的 TPST

表 4.12　案例分析中人员分配情况

人员	任务 A	任务 B	任务 D	任务 E	任务 F	任务 H	任务 G	任务 I	任务 J	任务 M	任务 P
a	5,10	1,3	1,2								
b				10,10		15,25	13,50		16,20		
c				5,20	2,4	20,30					
d								20,40	10,50		
e									5,60		15,30

图 4.29 中两个版本的就诊过程 V_1 和 V_2 间共有 4 个差异：(A_1, B_1)、(A_2, B_2)、(A_3, B_3)、(A_4, B_4)。这些差异具体为：①患者在 V_1 中只能选择检查并预约检查一次，而在 V_2 中患者可以多次选择和预约检查。②V_1 首先呼叫患者然后对其进行安排，V_2 先将患者安排好然后对其进行呼叫。③V_1 首先运送患者随后为患者做好准备工作，而在 V_2 会根据实际情况选择运送患者还是为患者做好准备工作。④在检查完之后，V_1 中创建报告和患者返回同时进行，而在 V_2 中，患者需要等报告创建出来以后才能返回。

基于上述四个差异，可以创建 14 个候选优化服务过程：$P_1 \sim P_{14}$。本次案例分析将 V_2 中循环模式的执行次数设置为 2，即患者可以选择两项检查并进行预约。表 4.13 列出了 14 个候选优化就诊过程对应的差异组合、最长执行时间以及执行费用。首先，在此案例分析中设定时间限制为 100min，则最长执行时间大于 100min 的候选优化就诊过程被过滤。然后，由于 V_1 和 V_2 的平均执行费用分别为 256.5 元和 219 元，而 P_1、P_2 和 P_{14} 的平均执行费用都为 214 元，小于 V_1 和 V_2 的费用，所以 P_1、P_2 和 P_{14} 都可作为最佳优化服务过程。假设选择 P_2 作为最佳优化服务过程，如图 4.31 所示。

表 4.13　案例分析中候选优化过程的差异组合、最长执行时间以及执行费用

候选优化服务过程	差异组合	最长执行时间/min	执行费用/元
P_1	(A_1, A_2, B_3, B_4)	100	214
P_2	(A_1, A_2, B_3, A_4)	100	214
P_3	(A_1, B_2, B_3, B_4)	100	—

续表

候选优化服务过程	差异组合	最长执行时间/min	执行费用/元
P_4	(B_1, A_2, B_3, A_4)	102	—
P_5	(B_1, B_2, A_3, A_4)	115	—
P_6	(B_1, B_2, A_3, B_4)	115	—
P_7	(B_1, A_2, A_3, B_4)	115	—
P_8	(A_1, B_2, A_3, B_4)	113	—
P_9	(A_1, A_2, A_3, B_4)	113	—
P_{10}	(A_1, B_2, A_3, A_4)	113	—
P_{11}	(B_1, B_2, B_3, A_4)	102	—
P_{12}	(B_1, A_2, B_3, B_4)	102	—
P_{13}	(B_1, A_2, A_3, A_4)	115	—
P_{14}	(A_1, B_2, B_3, A_4)	100	214

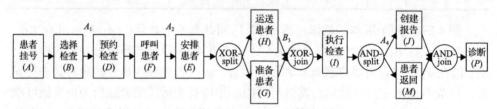

图 4.31 就诊过程的最佳优化过程 P_2

参 考 文 献

[1] Cao B, Wang J X, Fan J, et al. Querying similar process models based on the Hungarian algorithm[J]. IEEE Transactions on Services Computing, 2016, 10(1): 121-135.

[2] La Rosa M, Dumas M, Uba R, et al. Merging business process models[C]. Proceedings of the International Conference on the Move to Meaningful Internet Systems, Hersonissos, 2010: 96-113.

[3] Becker M, Laue R. Analysing differences between business process similarity measures[C]. Proceedings of the International Conference on Business Process Management, Clermont-Ferrand, 2011: 39-49.

[4] Dijkman R, Dumas M, van Dongen B, et al. Similarity of business process models: Metrics and evaluation[J]. Information Systems, 2011, 36(2): 498-516.

[5] Dijkman R, Dumas M, García-Bañuelos L. Graph matching algorithms for business process model similarity search[C]. Proceedings of the International Conference on Business Process Management, Heidelberg, 2009: 48-63.

[6] Zeng Z P, Tung A K H, Wang J Y, et al. Comparing stars: On approximating graph edit distance[J]. Proceedings of the VLDB Endowment, 2009, 2 (1): 25-36.

[7] Burkard R, Dell'Amico M, Martello S. Assignment Problems: Revised Reprint[M]. Philadelphia: Society for Industrial and Applied Mathematics, 2012.

[8] Kuhn H W. The Hungarian method for the assignment problem[J]. Naval Research Logistics Quarterly, 1955, 2 (1-2): 83-97.

[9] Fahland D, Favre C, Jobstmann B, et al. Instantaneous soundness checking of industrial business process models[C]. Proceedings of the International Conference on Business Process Management, Ulm, 2009: 278-293.

[10] Yan Z Q, Dijkman R, Grefen P. Fast business process similarity search[J]. Distributed and Parallel Databases, 2012, 30 (2): 105-144.

[11] Davis J, Goadrich M. The relationship between precision-recall and ROC curves[C]. Proceedings of the International Conference on Machine Learning, Pittsburgh, 2006: 233-240.

[12] Wang J X, Cao B, Fan J, et al. FB-Diff: A feature based difference detection algorithm for process models[C]. Proceedings of the IEEE International Conference on Web Services, Honolulu, 2017: 604-611.

[13] Chawathe S S, Rajaraman A, Garcia-Molina H, et al. Change detection in hierarchically structured information[J]. ACM Sigmod Record, 1996, 25 (2): 493-504.

[14] Paterson M, Dančík V. Longest common subsequences[C]. Proceedings of the International Symposium on Mathematical Foundations of Computer Science, Kosice, 1994: 127-142.

[15] Cao B, Wang J X, Fan J, et al. ProDiff: A process difference detection method based on hierarchical decomposition[J]. IEEE Transactions on Services Computing, 2022, 15 (1): 513-526.

[16] Li C, Reichert M, Wombacher A. The minadept clustering approach for discovering reference process models out of process variants[J]. International Journal of Cooperative Information Systems, 2010, 19 (3/4): 159-203.

[17] van Dongen B F, de Medeiros A K A, Verbeek H M W, et al. The ProM framework: A new era in process mining tool support[C]. Proceedings of the International Conference on Application and Theory of Petri Nets, Miami, 2005: 444-454.

第 5 章 智能服务组合技术

智能服务组合技术将多个原子服务按照一定的规则和业务逻辑进行组合，以提供更多功能更强大的服务，实现智能服务的增值和复用，是一种重要的智能化服务管理过程使能技术。对此，本章将介绍两种不同的智能服务组合技术，即服务自动组合技术和基于过程行为的推荐交互式组合技术。首先对服务自动组合问题和现有相关技术进行阐述；然后介绍基于服务自动组合的服务功能链优化方法，该方法从时间和空间维度考虑了服务自动组合技术在服务功能链优化中的应用问题；最后基于过程行为的推荐交互式组合技术，根据服务过程行为相似度为待建模服务过程的片段推荐下一个服务过程节点，以更高效地构建一个服务过程。

5.1 服务自动组合技术

服务可以执行特定的信息请求或功能，具有良好的封装性、松耦合性和高度的可集成能力，但是单一的服务无法实现复杂的业务逻辑和功能[1]。例如，一个旅行计划服务可以由酒店预订、车票预订、天气查询等子服务组成，每个子服务包含多个候选服务，满足用户需求的服务往往不止一种。此外，用户提交的服务需求除了功能性需求之外，还会包含若干非功能性需求，如费用最省、时间最短等。

为解决这一问题，企业和组织开始集成现有服务，通过构建组合服务来快速响应业务和技术需求。另外，服务组合技术的应用与研究也引起了学术界的广泛关注，如何将具有不同功能的服务动态灵活地组合成满足用户复杂需求的组合服务已成为面向服务的架构(service-oriented architecture, SOA)领域研究的重点和热点问题[2]。

5.1.1 服务组合问题的描述

本节给出服务组合相关问题的概念描述。

定义 5.1 任意服务 w 可以表述为一个二元组 $w=\{I_s,O_s\}$，其中 I_s 为 w 的入参集合，O_s 为 w 的出参集合，且有 $I_s \in C, O_s \in C$，C 为属性集。

定义 5.2 类似定义 5.1，用户请求可以表述为一个二元组 $r=\{I_r,O_r\}$，其中 I_r 和 O_r 分别为用户请求的输入和输出。

服务组合是指给定一组用户请求 R，寻找能够满足该请求的一个组合服务。随着互联网应用的不断发展，越来越多的机构在互联网上发布自己的服务，服务数量快速增长，服务执行环境更加复杂多变，服务质量(QoS)更加受到关注。因此，在服务组合时各个任务都对应大量的候选服务，如何选取最符合用户需求的服务成为一大难题[3]。

　　科学的指标体系对于评价服务组合方案的优劣有重要意义，一种有效的思路是引入指标 QoS，对组合服务的 QoS 进行评价，从不同的候选组合方案中寻找服务质量最佳的方案。基于 QoS 的服务组合是服务组合中最活跃的研究方向之一，常用的指标包括响应时间、可靠性、可用性及成本等[4]。这些属性又可分为两类：一类是效益型属性，如可靠性和可用性，其值越大越好；另一类是成本型属性，如成本花费和响应时间，其值越小越好。通常情况下两类属性存在冲突，可靠性越高的服务往往成本会越高。基于 QoS 对组合服务方案进行比较时，需要将不同类型的 QoS 属性进行归一化，然后进行权衡。积极指标 q' 和消极指标 q'' 的处理方式如式(5.1)和式(5.2)所示：

$$q' = \begin{cases} \dfrac{q - q_{\min}}{q_{\max} - q_{\min}}, & q_{\max} \neq q_{\min} \\ 1, & q_{\max} = q_{\min} \end{cases} \tag{5.1}$$

$$q'' = \begin{cases} \dfrac{q_{\max} - q}{q_{\max} - q_{\min}}, & q_{\max} \neq q_{\min} \\ 1, & q_{\max} = q_{\min} \end{cases} \tag{5.2}$$

其中，q 为指定服务的 QoS 值；$q_{\max}$ 和 $q_{\min}$ 分别为 q 的最大值和最小值，代表归一化处理之后的 QoS 值。式(5.1)和式(5.2)将 QoS 值由初始值线性映射到区间[0,1]上。

　　组合服务的 QoS 由各子服务的 QoS 聚合而成，服务组合的基本方式包括顺序、选择、并行和循环，如图 5.1 所示，不同的组合方式导致 QoS 的计算方法也有所区别。表 5.1 给出了上述四类组合方式下的聚合函数，其中 q_i 为第 i 个子服务对应的 QoS 属性，K 为循环次数，p_i 为选择分支 q_i 的概率。

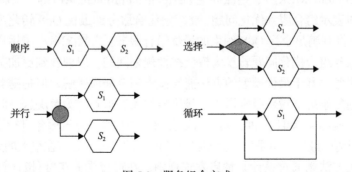

图 5.1　服务组合方式

表 5.1　不同组合方式下的 QoS 聚合函数

指标	顺序	选择	并行	循环
成本	$\sum_{i=1}^{n} q_i$	$\sum_{i=1}^{n} p_i q_i$	$\sum_{i=1}^{n} q_i$	$K q_i$
响应时间	$\sum_{i=1}^{n} q_i$	$\sum_{i=1}^{n} p_i q_i$	$\max_{i=1,2,\cdots,n} \{q_i\}$	$K q_i$
可靠性	$\prod_{i=1}^{n} q_i$	$\sum_{i=1}^{n} p_i q_i$	$\prod_{i=1}^{n} q_i$	q_i^K
可用性	$\prod_{i=1}^{n} q_i$	$\sum_{i=1}^{n} p_i q_i$	$\prod_{i=1}^{n} q_i$	q_i^K

综上，考虑 QoS 的服务组合问题模型可以描述为 $\{W,R,Q\}$，其中 W 为 Web 服务集合，R 为用户请求集合，Q 为 QoS 属性集合。即在给定用户请求 R 的前提下，搜索满足用户需求的服务组合方案，并满足 QoS 需求。

5.1.2　服务组合问题研究现状

服务组合方法主要包括以下两类：基于工作流的过程驱动组合方法和基于语义描述的服务组合方法[5]。前者从服务过程建模的角度出发，着重研究服务组合中的数据流和控制流，强调对动态环境的处理。后者从语义角度出发，重视服务的描述。两种研究方向依赖不同的技术基础，使用不同的服务模型。

由于选取服务组合的指标通常为 QoS，本节重点关注基于 QoS 的服务组合最优化问题[6]。目前针对服务组合 QoS 优化的主要研究方法包括基于最优模型的方法、启发式方法和智能优化方法三类。

为了从全局出发解决服务组合的优化问题，研究人员提出了大量基于最优模型的方法。该类方法将服务组合优化问题转换为已知的优化模型进行求解，如整数线性规划(integer linear programming, ILP)问题、多选择背包问题(multi-choice knapsack problem, MCKP)、指派问题(assignment problem, AP)等。文献[7]使用有向非循环图表示组合服务优化问题，将求解组合服务的最优 QoS 转化为 ILP 问题进行求解，得到满足全局 QoS 约束的最优组合服务。文献[8]考虑了用户的期望和偏好，将服务组合优化问题转换为模型线性规划问题，以便找到更加契合优化需求的组合服务。基于最优模型的方法能够搜索到全局最优解，但是随着服务数量增多，问题复杂度呈指数级别增长，最终导致无法求解。为解决这一问题，一些学者提出了 skyline 策略[9]，通过对组合服务每个子任务的候选服务进行筛选以提高求解优化问题的效率，但是对于大规模优化问题的求解依然存在很大的效率问题。

启发式方法则通过设计某种启发式规则，在可接受的花费(指计算时间和空间)下给出待解决组合优化问题每一个实例的一个次优解。由于服务组合已被证明是 NP 难问题，当问题规模较大时，引入启发式方法可以实现最优性与求解效率的良好折中。文献[10]采用贪心算法来解决组合服务的选择问题，根据指定的 QoS 属性将候选子服务进行排序，针对每个组合服务，优先选择优先级较高的子服务。文献[11]基于规划图策略(graph plan)，首先将所有的候选子服务存储进图数据库，通过向前扩展，选出符合已知输入的服务并将其加入规划图，规划图中的服务作为其他服务的输入，当规划图不再添加新的服务时结束循环。然后通过向后搜索段反向查询路径，检索解决方案。文献[12]预先计算所有可能的服务组合方式并以关系型数据库存储，当请求到达时，动态生成搜索结构化查询语言(structured query language, SQL)语句并搜索得到 top-K 的最优组合方式。文献[13]引入模糊逻辑来优化服务选择，提出了两种模型支持系统，一种用于评估每个步骤中组合服务的 QoS 值，另一种用于确定服务选择过程中 QoS 标准的权重。总体来说，当问题规模不大时启发式策略具有较好的效果，但是当服务数量增大时，同样面临求解效率的问题，此外，启发式方法不能保证得到全局最优解。

为了解决服务最优组合问题，大量智能优化算法被应用于这一领域并取得了良好的效果。智能水滴算法[14]、蚁群算法[15]、粒子群优化算法[16]等智能优化算法对初始点的选择不敏感，不依赖梯度信息，具有良好的全局搜索能力。智能优化算法的局限性在于理论体系尚不完善，同时算法的收敛性以及解的最优性也无法得到保证，因此限制了其在工程领域的进一步应用。

5.1.3　服务自动组合与服务功能链优化

本节以网络功能虚拟化[17]场景下的服务功能链组合为例，介绍服务自动组合技术的实际应用。

传统网络架构由于存在可扩展性差、维护成本高等弊端，难以适应当前随着互联网发展不断增长的服务化需求。为此，基于动态服务模式的新型网络架构成为近年来研究的热点。网络功能虚拟化(network function virtualization, NFV)是实现网络服务化架构的关键技术之一。NFV 将网络中的各类网元软件化为虚拟网络功能(virtual network feature, VNF)，实现了网络功能和物理硬件的解耦。通过在商用服务器上部署和管理 VNF，使网络摆脱了对传统硬件设备的依赖，便于设备和服务的更新升级，降低了运营成本，提升了业务部署的弹性。

在 NFV 架构中，网络服务主要由服务功能链[18](service function chain, SFC)承载，SFC 是指有序的 VNF 序列，一个典型的网络服务由终端用户和 SFC 共同构成。运行在 SFC 中的 VNF 可以在单个运营商网络中实现，或者通过不同的运营商网络互通实现。图 5.2 展现了由五个 VNF 组成的服务功能链，数据流从起始点开始依次经过防火墙、深度包检测、加密、网络监视和解密，最后到达终点。与之相对的，在虚拟网络中部署 VNF，并引导业务流依次被 VNF 处理的过程，称为服务功能链编排。服务功能链编排是网络能力开放的核心内容，即针对多样化的业务场景和需求实现面向服务化的高效 VNF 组合，生成满足经济效益和性能指标要求的 SFC。

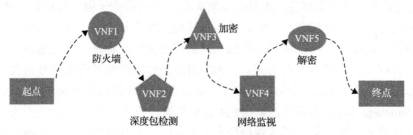

图 5.2　五个 VNF 组成的服务功能链

由前文描述可知，服务功能链编排可以看成服务自动组合技术在 NFV 中的应用，其中 VNF 可以视为单体的 Web 服务，SFC 可以视为由多个 VNF 构成的组合服务。其目标是通过合理的编排方式实现资源配置及传输时延等指标的最优化。

服务功能链编排是一个 NP 难问题，包含两个阶段[19]：虚拟网络功能链构建（VNF chain composition, VNF-CC）和虚拟网络功能链转发图映射（VNF forwarding graph embedding, VNF-FGE）。VNF-CC 阶段的目标是根据用户的请求构建 SFC，VNF-FGE 阶段的目标是将得到的服务功能链部署到物理网络。接下来，进一步对这两个阶段进行详细介绍。

1. 虚拟网络功能链构建

在 NFV 架构中，由用户发起的服务需求称为虚拟网络功能需求（virtual network functions request, VNFR），根据 VNFR 建立 SFC 的过程称为虚拟网络功能链构建，这一阶段的主要工作是确定所需的 VNF 数量及顺序。

任意 VNFR R 可以由如下五元组表示：$R = \{r_{init}, N, n_{init}, n_{term}, L\}$，其中 r_{init} 为初始数据率，N 为组成 SFC 的 VNF 集合，n_{init} 和 n_{term} 分别为数据流的起点与终点，L 为 VNF 之间的依赖关系。由于 VNFR 仅给出了 VNF 之间的依赖关系，一个 VNFR 可以对应多种 SFC。图 5.3 给出了一个 VNFR 及两种可能的 SFC。由图可知，该 VNFR 共包含 5 类 VNF，起点和终点分别为 VNF1 和 VNF5，初始数据率为 1Gbit/s，实线代表每个 VNF 的流出数据流，虚线代表 VNF 之间的依赖关系。由 VNFR 导出的两组有效 SFC 分别为 SFC1 和 SFC2。SFC1 和 SFC2 结构存在较大差异，但是均满足 VNFR 的依赖关系。通常来说，构成方式不同的 SFC 在服务性能方面也会存在较大差异。SFC1 采用分支并行结构，共部署 6 个 VNF，而 SFC2 采用并行+顺序结构，共部署 5 个 VNF。从部署资源耗费上来看，SFC2 优于 SFC1，但是 SFC2 中 VNF4 由两条链路共用，因此可靠性不及 SFC1。在实际场景中，需要综合考虑网络节点的空间分布情况、VNFR 的处理时间阈值等，选取合理的 SFC 构成方案。

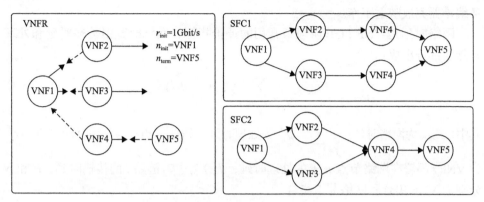

图 5.3　VNFR 及 SFC 示意图

2. 虚拟网络功能链转发图映射

VNF-FGE 阶段需要解决的问题是在确定了 SFC 结构的前提下，将 VNF 部署到底层网络基础设施上，使得服务质量和网络开销尽可能优化。

图 5.4 表示 VNF-FGE 过程，其中物理网络节点由高性能物理服务器组成，虚

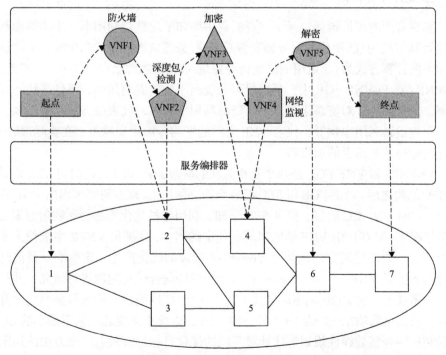

图 5.4　VNF-FGE 过程示意图

拟机（virtual machine, VM）运行在物理服务器上，并能实例化多个 VNF。图中，VNF-FGE 的一般方法是根据优化目标获取 VNF 和 VM 之间的映射关系，通过服务编排器完成映射工作。

网络时延是 VNF-FGE 阶段最常用的评价指标，网络时延由传输时延和处理时延两部分组成：

$$T_{\text{delay}} = \sum_{f \in F, n \in N} \psi_n^f + \sum_{l \in L} d(l) \tag{5.3}$$

其中，T_{delay} 为网络时延；$\displaystyle\sum_{f \in F, n \in N} \psi_n^f$ 为处理时延之和；$\displaystyle\sum_{l \in L} d(l)$ 为传输时延之和；ψ_n^f 为 VNF f 部署在网络节点 n 上的处理时延；$d(l)$ 为逻辑链路 l 的传输时延；F 和 N 分别为 VNF 集合和网络节点集合。

VNF-FGE 常见的优化目标之一是网络传输时延最小化。其难点在于，在优化过程中需要同时考虑网络拓扑结构和链路的资源约束。当网络规模较大或 SFC 数量较多时，很难在有限时间内找到最优解，因此大量研究采用启发式方法，主要求解思路是基于贪心算法并结合网络物理结构，使 VNF 尽可能部署在相邻或相近的节点上，从而缩短传输时延。

3. 最优评价指标

算法常用的评价指标包括平均资源利用率和平均链路利用率，平均资源利用率的计算方式为（已使用的服务器资源总量/服务器资源总量）×100%，平均链路利用率的计算方式为（已占用的带宽资源总量/带宽资源总量）×100%。一般来说，在 VNF-CC 和 VNF-FGE 中，要求尽可能提高平均资源利用率，降低平均链路利用率。这是因为，对资源来说，平均资源利用率越高，代表部署成功率越高，同时，平均链路利用率越低，代表 VNF 之间的平均传输距离越短。在实际部署中，优化指标通常取两者的加权和。

VNF-CC 和 VNF-FGE 是两个互相关联的阶段，在 VNF-CC 确定 VNFR 对应的 SFC 结构之后，VNF-FGE 将 SFC 部署到物理网络上。现有研究多面向 VNF-FGE 阶段，忽略 VNF-CC 阶段，假设 SFC 已知，利用各种优化算法得到映射方案。在通常情况下，VNFR 中 VNF 的顺序具有一定的弹性，在满足 VNFR 中依赖关系的前提下，不同的建链方式也会对 VNF-FGE 阶段的优化产生一定影响。目前已有部分学者针对 VNF-CC 和 VNF-FGE 两个阶段的联合优化问题进行研究，并且取得了一定成果。文献[20]利用启发式方法将 VNF 按照输出与输入数据率之比升序排列，首先选取输出/输入数据率较小的 VNF，以此来生成总数据率最小的 SFC，然后利用混合整数线性规划算法针对不同的优化目标进行映射。该方法的局限性在于，由于两个阶段独立解决，不能保证第一阶段产生的 SFC 能够用于第二阶段的映射。文献[21]采用顺序方式构建 SFC,与文献[20]类似,首先按照输出与输入数据率之比对 VNF 进行排序得到 SFC 序列,然后利用 K-最短路径算法确定 VNF 的部署位置。文献[22]先将 VNFR 建模为全连接图,利用启发式方法得到 VNF 之间的近似距离,然后通过计算最短路径得到 SFC 组合方式,最后采用贪心算法得到映射结果。

综上所述,现有研究多数采用分阶段的方式,将 VNF-CC 阶段的输出作为 VNF-FGE 阶段的输入,采用整数线性规划或启发式方法求解得到 VNF 和 VM 之间的映射关系。上述方法的局限性在于:①VNF-CC 和 VNF-FGE 两个阶段具有较强的关联性,采用两阶段求解的方式容易陷入局部最优;②仅考虑不包含分支的情况,无法处理 VNF 中包含多个数据流的情况。

针对上述问题,在此引入服务自动组合思想,提出一种 QoS 最优的服务功能链启发式算法,以最小化时延为优化目标,综合 VNF-CC 和 VNF-FGE 两个阶段,实现优化效果与计算效率的良好折中。令 $G=(N, E)$ 为物理网络,其中 N 为网络节点集合,E 为物理链路集合,得到满足条件的 SFC 集合之后,实施如下两个步骤:①得到 VNF 和网络节点之间的映射关系;②得到虚拟链路和网络实际链路之间的映射关系。在第一步,首先定义最大距离 P_{max},当前所在网络节点为 n_s,$\Theta(n_s)$ 代表距离 n_s 小于等于 P_{max} 的节点集合,待部署的 VNF 为 r,每一次计算时,在 $\Theta(n_s)$ 中取负载最小(least load, LL)的节点部署 r,重复该步骤直至所有的 VNF 部署完成。在第二步完成链路映射,假设相邻的两个 VNF 编号分别为 i 和 j,对应部署的节点编号为 n 和 m,预先计算节点 n 和 m 之间的 K-最短路径,然后选取当前剩余链路最多的路径进行部署。得到全部组合方式的节点和链路映射方案后,计算其对应的资源利用率和带宽利用率,根据公式得到评价指标,选取评价指标最优的组合方案作为最终方案。

完整步骤如算法 5.1 所示。

算法 5.1　最优组合方案生成算法

输入　VNFR r,网络 $G=(N, E)$

输出　VNFR 的最优组合方式,对应的节点和链路映射关系

1.　　　$V(R) \leftarrow$ VNFR R 的全部组合方式;

2.　　　$V'(R) \leftarrow$ 根据依赖关系过滤得到满足条件的组合方式;

3.　　**for** $V'(R)$ 中的每个元素 r

4.　　　　**for** $K=0, 1, \cdots, |F_r|,$ **do**

5.　　　　　　$\Theta(n_s) \leftarrow$ 距离 n_s 小于等于 P_{max} 的网络节点集合;

6.　　　　　　**if** $\Theta(n_s) = \varnothing$

7. 　　　　　　**break**;

8. 　　　　　**else**

9. 　　　　　　　选取负载最小的节点，部署编号为 K 的 VNF;

10. 　　**for** $L(R)$ 中的每个元素 l

11. 　　　　$n_s, n_e \leftarrow$ 获取 l 的两个端点;

12. 　　　　令 l 的带宽需求为 $b(l)$;

13. 　　　　$\Psi(n_s, n_e) \leftarrow n_s, n_e$ 之间的 K-最短路径集合;

14. 　　　　candidateSet $\leftarrow$ 初始化候选节点集合;

15. 　　　　**for** $\Psi(n_s, n_e)$ 中的每个元素 l'

16. 　　　　　　**if** $b(l') \geqslant b(l)$

17. 　　　　　　　将 l' 加入 candidateSet;

18. 　　**if** candidateSet 是空集

19. 　　　　链路部署失败;

20. 　　**else**

21. 　　　　**for** candidateSet 中的每个元素

22. 　　　　　选择剩余带宽最多的链路部署 l;

23. 　　　　　更新 $b(l')$;

24. 　　对于所有的方案，计算其最优指标，选取评价指标最优的组合方案作为最终方案;

25. 　　**return** {最优组合方案, 最优映射方案}

5.2　基于过程行为的推荐交互式组合技术

基于过程行为的推荐交互式组合[23]主要通过对服务过程的行为进行分析，将待建模服务过程的片段与服务过程数据库中的服务过程进行相似度计算，从而选取过程库中前 K 个相似度最高的独立路径作为候选路径，然后选取这些独立路径中当前建模节点的下一节点作为推荐节点，以此实现服务过程的推荐交互式组合。

5.2.1　基于过程行为的推荐交互式组合技术整体框架

基于过程行为的推荐交互式组合技术整体框架如图 5.5 所示，共分为三个模块：服务过程预处理、服务过程推荐和用户界面。

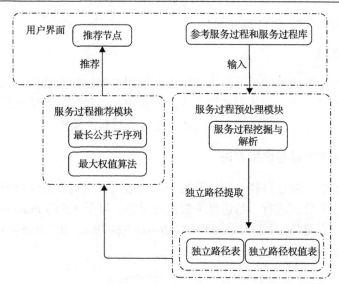

图 5.5　基于过程行为的推荐交互式组合技术整体框架图

1. 服务过程预处理模块

服务过程预处理模块的输入是一个服务过程库以及当前正在建模的"参考服务过程"，这些服务过程的存在方式是多样的，如 BPMN、Petri 网等，如 2.1 节所示。此模块的功能是对所有的输入服务过程进行挖掘与解析并提取独立路径[24]、计算独立路径权值，并将结果分别存储在独立路径表和独立路径权值表中。通过独立路径表和独立路径权值表，此模块能够直接提取出给定服务过程的独立路径及其对应的路径权值。

2. 服务过程推荐模块

整体的服务过程推荐是通过计算"参考服务过程"的独立路径和服务过程库中每个服务过程的独立路径间的相似度，再通过采用独立路径最大权值算法找到合适的 K 个候选节点集推荐给建模人员，最后由建模人员决定选取哪个推荐节点进行建模，从而构建出一个完整的服务过程。服务过程推荐的具体步骤如下。

(1) 通过独立路径提取算法，对服务过程库中的所有服务过程计算独立路径集 R 和权重系数集 M。

(2) 提取"参考服务过程" P 的独立路径，并获得每条独立路径的权值系数 N。

(3) 对 R 中所有的独立路径进行循环遍历，通过流程相似度匹配算法得到与 P 最相似的路径，选取权重最大的路径中给定节点的下一节点作为推荐节点。

(4) 循环结束，将服务过程的推荐节点依次排序，服务过程相似度最高的优先推荐，相似度相同则通过路径权值进行比较，权重较大者优先推荐，形成推荐节点集，并作为推荐结果提供给用户。

3. 用户界面

用户界面主要处理用户的输入和输出，为用户提供交互功能，包括"参考服务过程"的节点、边的创建和连接，当前所建服务过程的基本信息以及服务过程节点的推荐和选择，便于建模人员完成给定服务过程的建模。

5.2.2　推荐交互式过程建模方法

服务过程中的独立路径是指从开始节点到结束节点的多次执行中，每次执行至少有一个任务节点或有一条边是未被执行过的。以图 5.6 的 Process 1 为例，其包含的两条独立路径，分别为"Start→A→B→D→E→End"和"Start→A→C→D→E→End"，如图 5.7 所示。

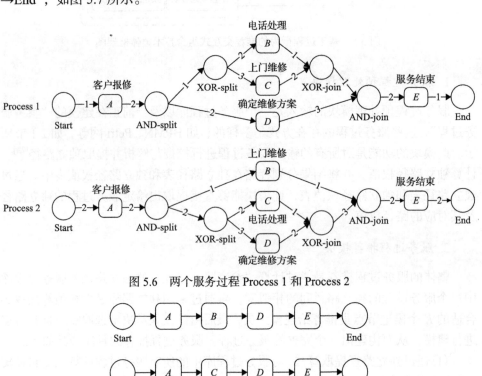

图 5.6　两个服务过程 Process 1 和 Process 2

图 5.7　图 5.6 中 Process 1 对应的两条独立路径

服务过程的一条独立路径对应它的一个执行路径，由此，一个服务过程的行为可以由其独立路径的集合来表示。所提方法引入了独立路径表及独立路径权值表，用于记录服务过程库中所有服务过程的独立路径及独立路径中每条边的权值，后续阶段会基于该表进行相似度计算。独立路径表及独立路径权值表的定义如下。

独立路径表是一个链表，其中链表的左侧列出了服务过程库中的所有服务过程 P_1，…，P_i，…，在链表的右侧中，每一行表示一条独立路径，独立路径由节点组成 $(n_1, …, n_i, …)$，独立路径的长度可能不同，如图 5.8 所示。需要注意的是，一个服务过程会包含多条独立路径。

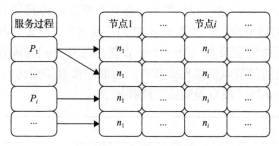

图 5.8 独立路径表图

独立路径权值表也是一个链表，其中链表的左侧列出了服务过程库中的所有服务过程 P_1，…，P_i，…，链表右侧中的每一行代表一条对应的独立路径，每一列表示独立路径中边 i 对应的权值 W_i，如图 5.9 所示。

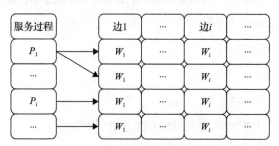

图 5.9 独立路径权值表图

基于独立路径表和独立路径权值表，实现所提方法的伪代码如算法 5.2 所示，输入是一个服务过程库，输出是服务过程库中所有服务过程的独立路径表。提取独立路径的算法主要通过对 TPST 进行广度有限搜索(breadth first search, BFS)处理，并对每个节点分析得到独立路径表。代码 3~18 行使用 BFS 提取 TPST 的各条独立路径，首先判断首层节点的类型，如果是任务节点，则将该节点直接放入相应的独立路径 $r[k]$ 中；若不是则标记 $T[m].type$，用 $T[m]$ 替换并放入 $r[k]$ 中。接着访问第二层，如果当前访问节点的父节点类型为 XOR，则将当前路径复制出一条新的路径 $r[k+1]=r[k]$，并用当前节点去替换其父节点，形成新的独立路径。因为 XOR 表示选择，有多个选择即表示有多条不同独立路径，所以要复制产生相应的多条独立路径集合。仅当当前访问节点的父节点类型为 XOR 且该节点为其父节点的最后一个子节点时,不需要复制新的独立路径,直接将该节点替换原 $r[k]$ 路径中的其父节点即可。

如果当前节点的父节点类型为 AND 或者 Loop,说明当前节点有且只有一条独立路径,有以下四种不同的情况来对当前节点进行操作:①若该节点为任务节点且为其父节点的第一个子节点,则将其替换 $r[k]$ 中的其父节点。②若该节点为任务节点但不为其父节点的第一个子节点,则直接将其插入 $r[k]$ 中当前父节点下其兄弟节点的后面。③若当前节点类型为非任务节点但为其父节点的第一个子节点,则利用 $T[m]$ 对该节点进行替换,将 $T[m]$ 替换 $r[k]$ 中的父节点。④若当前节点为非任务节点且不为其父节点的第一个子节点,则用 $T[m]$ 对该节点进行替换,将 $T[m]$ 插入 $r[k]$ 中当前父节点下其兄弟节点的后面。接着按照访问第 1 层的方式,依次访问第 $2,3,\cdots,n$ 层,最后得到独立路径表 R。

算法 5.2　独立路径提取

输入　服务过程库	

输出　独立路径表 R	

1.　　　**for** 服务过程库中的每一个服务过程 p

2.　　　　　$r \leftarrow$ 独立路径集合; $T \leftarrow$ 非任务节点集合; $t \leftarrow$ 将 p 转换成 TPST; $k \leftarrow 1$; $m \leftarrow 1$;

3.　　　　　**for** 对 t 进行广度优先搜索

4.　　　　　　　**if** P_i 所在层为第一层

5.　　　　　　　　　**if** P_i 是任务节点

6.　　　　　　　　　　　$r[k].\text{add}(P_i)$;

7.　　　　　　　　　**else**　$T[m] \leftarrow P_i$; 记录 $T[m].\text{type}$; $r[k] \leftarrow T[m]$; m++;

8.　　　　　　　**else if**　P_i 父节点类型为 XOR

9.　　　　　　　　　**if** P_i 是其父节点的最后一个子节点

10.　　　　　　　　　　**if** P_i 是任务节点

11.　　　　　　　　　　　　$r[k]$ 中 P_i 的父节点 $\leftarrow P_i$;

12.　　　　　　　　　　**else** $P_i \leftarrow T[m]$; $r[k]$ 中 P_i 的父节点 $\leftarrow T[m]$; m++;

13.　　　　　　　　　**else if** P_i 是任务节点

14.　　　　　　　　　　　$r[k+1] = r[k]$; $r[k+1]$ 中 P_i 的父节点 $\leftarrow P_i$; k++;

15.　　　　　　　　　**else** $r[k+1] = r[k]$; 当前节点 $\leftarrow T[m]$; $r[k+1] \leftarrow T[m]$; m++; k++;

16.　　　　　　　**else** P_i 父节点类型为 AND 或者 Loop

17.　　　　　　　　　**if** P_i 是其父节点的第一个子节点

18.	**if** P_i 是任务节点
19.	将 $r[k]$ 中 P_i 的父节点 $\leftarrow P_i$;
20.	**else** $P_i \leftarrow T[m]$; $r[k]$ 中 P_i 父节点 $\leftarrow T[m]$; m++;
21.	**else if** P_i 是任务节点
22.	将 P_i 插入 $r[k]$ 中其兄弟节点的后面;
23.	**else** $P_i \leftarrow T[m]$; $T[m]$ 插入 $r[k]$ 中其兄弟节点的后面; m++;
24.	**for** r 集合中每一条独立路径
25.	$R \leftarrow r[k]$;
26.	**return** R

以图 5.10 所示的 TPST 1 和 TPST 2 为例，可以得到 TPST 1 的独立路径为 $A{\to}B{\to}D{\to}E$ 和 $A{\to}C{\to}D{\to}E$，TPST 2 的独立路径为 $A{\to}B{\to}C{\to}E$ 和 $A{\to}B{\to}D{\to}E$。以 TPST 1 作为分析样例，首先进行 BFS，得到 A，放入 $r[1]$ 中，下一节点为 AND，标记为 $T[1]$ 并将其放入 $r[1]$ 中，第一层遍历得到 $A{\to}T[1]{\to}E$。接着访问第二层，发现 XOR 和 D，因为 XOR 和 D 的父节点为 AND，且 XOR 为第一个子节点，利用 $T[2]$ 替换 XOR 取代原路径中的 $T[1]$，形成 $A{\to}T[2]{\to}E$，接着将 D 插入得到 $A{\to}T[2]{\to}D{\to}E$。然后访问第三层，得到 B 和 C，因为 B 为 $T[2]$ 的第一个子节点，所以复制 $r[1]$，得到 $r[2]=r[1]=A{\to}T[2]{\to}D{\to}E$。最后用 B 替换 $T[2]$ 得到 $A{\to}B{\to}D{\to}E$。因为 C 也是任务节点且父节点为 XOR，所以将 C 直接替换 $r[1]$ 中的 $T[2]$ 得到 $A{\to}C{\to}D{\to}E$。

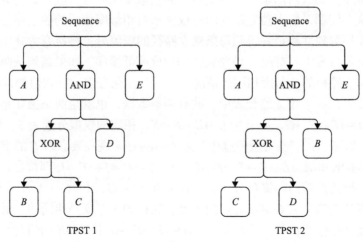

图 5.10　图 5.6 中两个服务过程对应的 TPST

为了给"参考服务过程"中的当前建模节点 C 推荐一系列节点，首先提取"参考服务过程"的 Y 条独立路径，随后对"参考服务过程"中包含 C 的每一条独立路径 $R_i(1 \leqslant i \leqslant Y)$ 都与独立路径表（大小为 $M \times N$ 中）的每一条独立路径 $R_j(1 \leqslant j \leqslant M)$ 进行相似度计算，从而在 $Y \times M$ 种可能情况中得到独立路径表中前 K 条相似度最高的独立路径，然后在这 K 条独立路径中取 C 节点的下一节点作为推荐节点。

独立路径间的相似度计算主要基于"参考服务过程"模型所得到的独立路径和独立路径表 R 中的各条独立路径进行，并根据所得到的相似度大小进行排序，取相似度最大的前 K 条独立路径作为命中数据。给定两条独立路径 R_1 和 R_2，它们的相似度计算通过式(5.4)来进行：

$$\text{Sim}(R_1, R_2) = \frac{\text{LCS}(R_1, R_2) \times 2}{|R_1| + |R_2|} \tag{5.4}$$

其中，$\text{Sim}(R_1, R_2)$ 表示 R_1 和 R_2 的相似度；$\text{LCS}(R_1, R_2)$ 表示 R_1 和 R_2 所拥有的最长公共子序列。给定两条独立路径，计算相似度步骤如下。

步骤 1　分别从独立路径的头部开始寻找，直至末尾，找出独立路径中的各自最长公共子序列[25]。如果有两个或两个以上的循环结构有公共节点，将这些循环用同一个无关节点代替，得到无循环图。

步骤 2　对步骤 1 中得到的最长公共子序列进行处理，根据式(5.4)得到每个独立路径的相似度 Sim，并对相似度进行降序排序，相似度结果较大者优先被选择。

在给"参考服务过程"推荐前 K 条独立路径时，需要对前 K 条路径按相似度高低进行排序，那么当两条推荐独立路径的相似度相同时，应该如何进行排序？为了解决这个问题，引入独立路径的边权值来对相似度相同的独立路径进行进一步排序。在提取独立路径并得到每条独立路径的权值后，将所有的独立路径权值放在独立路径权表中。对前 K 条路径按相似度高低排序，如果遇到某两条甚至多条推荐的独立路径的相似度相同的情况，根据独立路径表进行权值的计算。

如表 5.2 所示，独立路径表中一共有两条数据，也就是两条独立路径，分别为 $A \rightarrow B \rightarrow D \rightarrow E \rightarrow F \rightarrow G$、$A \rightarrow C \rightarrow D \rightarrow E \rightarrow F \rightarrow K$，相应的权值分别为 5、4、5、1、2 和 6、3、2、3、1。"参考服务过程"为 $D \rightarrow E \rightarrow F$，现在要获取 F 的下一推荐节点，独立路径表中 $A \rightarrow B \rightarrow D \rightarrow E \rightarrow F \rightarrow G$、$A \rightarrow C \rightarrow D \rightarrow E \rightarrow F \rightarrow K$ 都符合，首先根据相似度计算得到推荐路径集合为 $A \rightarrow B \rightarrow D \rightarrow E \rightarrow F \rightarrow G$、$A \rightarrow C \rightarrow D \rightarrow E \rightarrow F \rightarrow K$，进而得到推荐节点集合为 G 和 K。但两个推荐路径的相似度是相同的，所以需要去计算两条独立路径的权值，得到 $A \rightarrow B \rightarrow D \rightarrow E \rightarrow F \rightarrow G$ 中 $D \rightarrow E \rightarrow F$ 权值为 5+1=6，$A \rightarrow C \rightarrow D \rightarrow E \rightarrow F \rightarrow K$ 中 $D \rightarrow E \rightarrow F$ 权值为 2+3=5，所以得到参考建模模型为 $D \rightarrow E \rightarrow F$ 的下一最佳节点为 G，K 排在 G 之后作为第二推荐节点。

表 5.2　推荐算法结果表

服务过程库独立路径表	建模服务过程独立路径	最长公共子序列	权值
$A{\to}B{\to}D{\to}E{\to}F{\to}G$	$D{\to}E{\to}F$	$D{\to}E{\to}F$	6
$A{\to}C{\to}D{\to}E{\to}F{\to}K$	$D{\to}E{\to}F$	$D{\to}E{\to}F$	5

参 考 文 献

[1] Chen F Z, Li M Q, Wu H. GACRM: A dynamic multi-attribute decision making approach to large-scale web service composition[J]. Applied Soft Computing, 2017, 61: 947-958.

[2] Liu Z Z, Chu D H, Jia Z P, et al. Two-stage approach for reliable dynamic web service composition[J]. Knowledge-Based Systems, 2016, 97: 123-143.

[3] 黄琳. 基于 QoS 度量的 Web 服务选择与推荐方法研究[D]. 北京: 北京邮电大学, 2018.

[4] Haytamy S, Omara F. A deep learning based framework for optimizing cloud consumer QoS-based service composition[J]. Computing, 2020, 102(5): 1117-1137.

[5] da Silva A S, Ma H, Mei Y, et al. A survey of evolutionary computation for web service composition: A technical perspective[J]. IEEE Transactions on Emerging Topics in Computational Intelligence, 2020, 4(4): 538-554.

[6] 鲁城华, 寇纪淞. 基于多目标多属性决策的大规模 Web 服务组合 QoS 优化[J]. 管理学报, 2018, 15(4): 586-597.

[7] Zeng L Z, Benatallah B, Ngu A H H, et al. QoS-aware middleware for web services composition[J]. IEEE Transactions on Software Engineering, 2004, 30(5): 311-327.

[8] Wang P, Chao K M, Lo C C. On optimal decision for QoS-aware composite service selection[J]. Expert Systems with Applications, 2010, 37(1): 440-449.

[9] Huo Y, Zhang J. A nonlinear service composition method based on the skyline operator[J]. Journal of Systems Engineering and Electronics, 2020, 31(4): 743-750.

[10] Jaeger M C, Mühl G, Golze S. QoS-aware composition of web services: An evaluation of selection algorithms[C]. Proceedings of on the Move to Meaningful Internet Systems, Agia Napa, 2005: 646-661.

[11] Li J, Zhu M, Yu M, et al. Service composition based on pre-joined service network in graph database[J]. International Journal of Web and Grid Services, 2020, 16(4): 422-440.

[12] Li J, Yan Y H, Lemire D. Full solution indexing for top-K web service composition[J]. IEEE Transactions on Services Computing, 2016, 11(3): 521-533.

[13] Şora I, Todinca D. Dealing with fuzzy QoS properties in service composition[C]. Proceedings of IEEE Jubilee International Symposium on Applied Computational Intelligence and Informatics, Timisoara, 2015: 197-202.

[14] Barkat A, Kazar O, Seddiki I. Framework for web service composition based on QoS in the

multi cloud environment[J]. International Journal of Information Technology, 2021, 13(2): 459-467.

[15] Wang X Z, Xu X F, Sheng Q Z, et al. Novel artificial bee colony algorithms for QoS-aware service selection[J]. IEEE Transactions on Services Computing, 2018, 12(2): 247-261.

[16] Kashyap N, Kumari A C, Chhikara R. Service composition in IoT using genetic algorithm and particle swarm optimization[J]. Open Computer Science, 2020, 10(1): 56-64.

[17] Chatras B, Ozog F F. Network functions virtualization: The portability challenge[J]. IEEE Network, 2016, 30(4): 4-8.

[18] Ghaznavi M, Shahriar N, Kamali S, et al. Distributed service function chaining[J]. IEEE Journal on Selected Areas in Communications, 2017, 35(11): 2479-2489.

[19] Mijumbi R, Serrat J, Gorricho J L, et al. Network function virtualization: State-of-the-art and research challenges[J]. IEEE Communications Surveys & Tutorials, 2015, 18(1): 236-262.

[20] Mehraghdam S, Keller M, Karl H. Specifying and placing chains of virtual network functions[C]. IEEE 3rd International Conference on Cloud Networking, Luxembourg, 2014: 7-13.

[21] Li J L, Shi W S, Ye Q, et al. Online joint VNF chain composition and embedding for 5G networks[C]. Proceedings of IEEE Global Communications Conference, Abu Dhabi, 2018: 1-6.

[22] Wang Z N, Zhang J, Huang T, et al. Service function chain composition, placement, and assignment in data centers[J]. IEEE Transactions on Network and Service Management, 2019, 16(4): 1638-1650.

[23] 归思超, 王佳星, 洪峰, 等. 基于行为的自动化流程建模推荐方法[J]. 计算机集成制造系统, 2020, 26(6): 1500-1509.

[24] Cao B, Hong F, Wang J X, et al. Workflow difference detection based on basis paths[J]. Engineering Applications of Artificial Intelligence, 2019, 81: 420-427.

[25] Paterson M, Dančík V. Longest common subsequences[C]. Proceedings of International Symposium on Mathematical Foundations of Computer Science, Kosice, 1994: 127-142.

第6章 复杂服务的智能化任务分配技术

过程使能一个重要的目的是优化服务管理效率，提高服务质量。为此，在完成服务过程挖掘与建模之后，需要对服务过程中重要的服务节点进行智能化任务分配。为了完成智能化任务分配，需要针对服务过程中涉及的服务需求量、服务水平以及最优任务分配来设计合理的处理方法。本章将依次介绍复杂任务分配的概念、服务需求量预测技术、服务水平预测技术，以及多约束条件下的任务最优分配技术。同时，以电信呼叫中心客户排班场景为例，介绍智能化任务分配在该场景中的实际应用情况。

6.1 复杂服务任务分配概述

现实生活中，许多生产性质或服务性质的企业需要在一段较长的时间内即时处理大量服务需求，并且为了保证客户满意度，还要保证服务水平达到一定标准。为此，这些企业需要合理分配服务人员，为不同时段安排合适的服务人员以保证服务质量，同时尽可能避免人员浪费。但是随着服务人员不断增加，安排周期不断加长，人工分配任务的方式会出现效率过低、分配质量太差等问题。因此，为了提高分配效率，有必要设计一种复杂服务任务的智能分配方法，根据不同时间段的服务需求量来为服务人员合理分配服务任务，从而促进服务管理智能化。本章将对复杂服务任务分配流程中的各个环节进行描述，同时会在最后通过实例进行系统展示。

复杂服务任务分配包含了服务需求量预测[1]、服务水平预测[2]和多约束条件下的任务最优分配[3]三个环节，如图 6.1 所示。首先，在服务需求量预测环节中，需要对未来一段时间的服务需求量进行细粒度预测，其间可能由于时间跨度较长，遇到节假日与非节假日交替出现的情况，这时需要进行特殊的不平衡处理使预测模型达到较高的准确率。然后，在任务最优分配环节，根据预测的服务需求量，求解满足各种分配约束的最优分配方案。接着，在服务水平预测环节，根据预测的长时间段、细粒度服务需求量结果，对安排不同人数的服务人员所出现的服务水平情况进行计算，验证服务水平是否满足要求。如果不满足，则重新调整分配方案并计算服务水平，直到最终分配方案的服务水平达到要求。

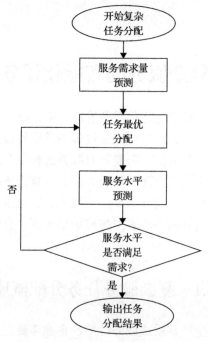

图 6.1　复杂服务任务分配流程图

6.2　服务需求量预测技术

服务需求量是制订服务计划的一个重要参考因素，如地铁客流量[4]、电子书阅读需求量[5]等。基于服务需求量的历史数据预测未来一段时间的服务需求量，可以帮助决策者衡量服务压力，安排合适的服务人员，在保证服务质量的同时避免人员浪费。例如，在呼叫中心场景中，决策者需要预测未来一段时间的来电量，从而安排合适的座席。

6.2.1　相关概念介绍

1. 问题定义

给定历史的服务需求量数据 $X=\{x_1, x_2, \cdots, x_t\}$，其中 x_t 表示在时刻 t 时的真实服务需求量，服务需求量预测问题是指预测未来一定时间内的服务需求量。根据预测时间段内的时刻数量，可分为单步预测和多步预测。单步预测是指预测接下来一个时刻的服务需求量，而多步预测是指预测未来 $H(H \geqslant 2)$ 个时刻的服务需求量。单步服务需求量预测和多步服务需求量预测问题可以被形式化表示如下：

$$\{x_{t+1}\} = F\left(x_1, x_2, \cdots, x_t\right) + \epsilon \tag{6.1}$$

$$\{x_{t+1}, x_{t+2}, \cdots, x_{t+H}\} = F(x_1, x_2, \cdots, x_t) + \epsilon \tag{6.2}$$

其中，$x_{t+1}, x_{t+2}, \cdots, x_{t+H}$ 代表预测的服务需求量；H 代表预测长度；F 代表预测模型；ϵ 代表预测误差。

可以发现，单步预测是多步预测的一个简化问题，即预测长度 $H=1$。在实际场景中，多步预测问题更加具有实用性，所以本章接下来将着重介绍多步服务需求量预测问题的相关知识，这些知识同样适用于单步预测问题。基于式 (6.1) 和式 (6.2)，服务需求量预测的目标就是找到一个最优的映射函数，能够最小化预测误差 ϵ，从而实现准确的预测效果。

2. 预测策略

多步预测共有三种预测策略，分别是迭代预测、多模型预测以及多输入多输出预测。下面将详细介绍三种预测策略的主要思想和优缺点。

第一种预测策略是迭代预测。类似于单步预测的方式，迭代预测主要训练一个"多对一"的预测模型，即输入数据包含多个历史时刻的值，而模型输出只预测一个时刻的值：

$$\hat{y}_{t+1} = F(x_{t-l+1}, \cdots, x_{t-1}, x_t) \tag{6.3}$$

在进行多步预测时，模型先基于前 l 个时刻的值预测未来第一个时刻的值 $\hat{y}_{t+1}$，然后把 $\hat{y}_{t+1}$ 作为输入，替换最早时刻的输入，预测未来第二个时刻的值 $\hat{y}_{t+2}$。以此类推，直到预测到未来第 H 个时刻的值 $\hat{y}_{t+H}$。完整的预测过程如下：

$$
\begin{aligned}
\hat{y}_{t+1} &= F(x_{t-l+1}, \cdots, x_{t-1}, x_t) \\
\hat{y}_{t+2} &= F(x_{t-l+2}, \cdots, x_t, \hat{y}_{t+1}) \\
&\vdots \\
\hat{y}_{t+H} &= F(x_{t+H-l+1}, \cdots, \hat{y}_{t+H-2}, \hat{y}_{t+H-1})
\end{aligned}
\tag{6.4}
$$

迭代预测的思路非常简单，但是可能会产生累积误差，当 $\hat{y}_{t+1}$ 预测不准确时，后续预测结果的误差可能会不断增大。

第二种预测策略是多模型预测。多模型预测方式是训练 H 个"多对一"的模型，记为 $F_1, F_2, \cdots, F_H$，每个模型对应一个预测时刻，预测过程如下：

$$
\begin{aligned}
\hat{y}_{t+1} &= F_1(x_{t-l+1}, \cdots, x_{t-1}, x_t) \\
\hat{y}_{t+2} &= F_2(x_{t-l+1}, \cdots, x_{t-1}, x_t) \\
&\vdots \\
\hat{y}_{t+H} &= F_H(x_{t-l+1}, \cdots, x_{t-1}, x_t)
\end{aligned}
\tag{6.5}
$$

这种策略中每个模型都是独立训练的，可以有效避免累积误差的产生。但是，这样的预测策略无法保证最终的预测结果之间的联系，并且训练 H 个模型的代价非常高。

第三种预测策略是多输入多输出预测。顾名思义，模型的输入和输出都包含多个时刻的值。给定前 l 个时刻的值，直接预测接下来 H 个时刻的值：

$$\hat{y}_{t+1}, \cdots, \hat{y}_{t+H} = F\left(x_{t-l+1}, \cdots, x_{t-1}, x_t\right) \tag{6.6}$$

与前两种预测策略相比，多输入多输出预测策略在预测时能够直接利用输入进行多步预测，不会造成累积误差；而且只需要训练一个模型，在训练成本上比多模型的预测方式更低。

3. 服务需求量数据的不平衡性

某些特殊时间段具有特定属性，导致服务需求量在特殊时间段的分布情况与普通时间段不同。例如，图 6.2 展示了杭州某呼叫中心 2019 年整年的来电量数据，时间粒度为天。从图中可以看到，方框标注位置的时间对应的来电量明显下降，达到一个较低的水平。而这些低来电量情况出现的时间分别是我国的春节、清明节、劳动节、端午节、中秋节和国庆节。这说明该呼叫中心的来电量在法定节假日期间会明显低于非法定节假日。原因可能是在节假日期间，用户由于休息而没有产生业务上的问题，所以没有打电话咨询从而来电量降低。

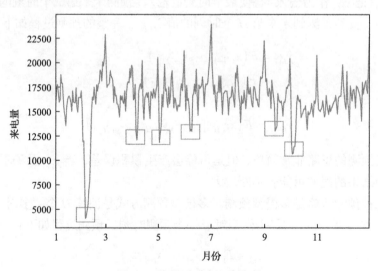

图 6.2　杭州呼叫中心来电量

图 6.3 展示了该呼叫中心在节假日和非假日的主要工作时间段来电量情况。从图中可以看到，相较于非节假日，呼叫中心在节假日的 24 小时来电量都有所减

少。图 6.4 展示了该呼叫中心在节假日和非节假日的来电量分布情况。从图中可以看到，节假日的来电量分布明显比非节假日的来电量分布更加偏左，说明在节假日期间，呼叫中心的来电量更有可能处于较低水平。

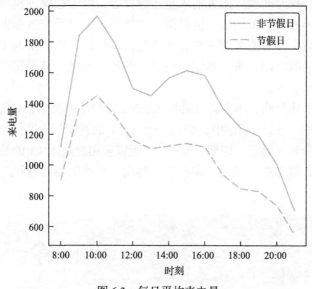

图 6.3　每日平均来电量

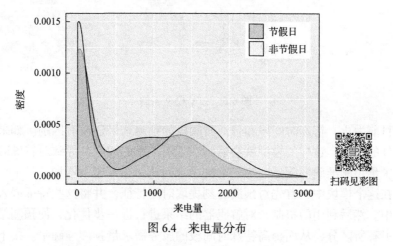

扫码见彩图

图 6.4　来电量分布

6.2.2　基于自注意力机制的分时预测模型

本节将详细介绍基于自注意力机制的分时预测模型(self-attention based time varying prediction model, STV)，包括该模型的整体框架，以及各个重要的模块，如编码-解码器、多头注意力机制和分时优化模块。

为了提高服务需求量预测的准确性，既需要捕捉时序数据在不同类型时间段之间的公共特征，如一天内的服务需求量变化趋势，又要区分时序数据在不同类型时间段的区别。如果直接利用全量历史数据进行无差别预测，则会因为数据不平衡问题导致模型在特殊时间段的预测准确率下降。但是如果只利用特殊时间段数据训练一个特殊时间段的服务需求量预测模型，则无法保证模型能够充分学习到公共特征。因此，本节给出一种思路：在模型中不对历史数据进行区分，首先利用全量历史数据学习服务需求量数据中的公共特征，然后根据预测日期是特殊时间段还是普通时间段，来对预测结果进行调整，使最终结果符合不同类型时间段的服务需求量分布。

为了实现上述思路，本节设计如图 6.5 所示的 STV 模型。首先将前 l 个时刻的服务需求量输入 STV 模型中，经过一个 1×1 的卷积层[6]进行上采样。因为时序数据可以被分解成趋势、周期、噪声[7]，所以采用通过 1×1 的卷积核进行上采样来建模这种分解思路。经过上采样后，利用一个编码器对卷积后的结果进行进一步特征提取。

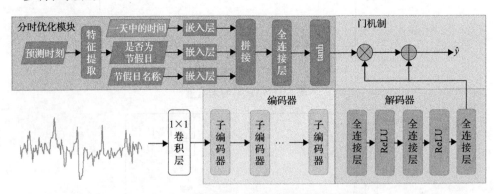

图 6.5　STV 模型架构

到目前为止，特殊时间段和普通时间段的预测结果还没有区别。如果不进行任何额外的操作，这样的模型就会遇到数据不平衡的问题，导致对特殊时间段的服务需求量预测准确率降低。为了解决这个问题，在模型中增加了一个分时优化模块。在这个模块中，首先对预测时刻提取时间特征，并将这些特征嵌入一个低维向量中。然后利用门机制，对解码器的结果进行进一步优化，使预测结果在时间维度上有所区分，从而提高特殊时间段的服务需求量预测准确率。接下来，将详细介绍模型中每个模块的具体细节。

1. 编码器与解码器

编码器的主要作用是对输入的时间序列提取高阶、深层次的特征。编码器由多个子编码器组成，其中子编码器的结构如图 6.6 所示。子编码器主要包含两层，第一层是一个多头自注意力机制层，第二层是一个简单的全连接前馈层。另外，在每一层模型都使用了残差连接[8]和层归一化[9]。因为输入的时间序列本身是前后相关的，而同一批次的不同输入序列之间是无关的，所以采用的是层归一化而不是批次归一化[10]。假设子编码器的输入是 $z \in \mathbf{R}^{l \times d_e}$，则子编码器的运算过程如下：

$$z^{(1)} = \mathrm{LayerNorm}(z + \text{Multi-head Self-Attn}(z))$$
$$z^{(\mathrm{out})} = \mathrm{LayerNorm}(z^{(1)} + \text{FeedForward}(z^{(1)})) \tag{6.7}$$

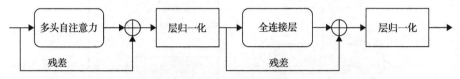

图 6.6　子编码器结构

解码器由三层全连接层组成，除了最后一层外，每一层全连接后都经过 ReLU 激活函数[11]激活。最终，解码器会输出一个 H 维的向量 $d \in \mathbf{R}^H$。向量 d 可以被认为是模型的初步预测结果。这个结果只基于输入的历史序列预测得到，更偏向于普通时间段的数据分布情况。之后，模型再利用分时优化模块来对向量 d 进行优化。

记编码器的输出为 $c \in \mathbf{R}^{l d_e}$，则解码器的运算过程如下：

$$z^{(1)} = \mathrm{ReLU}\left(W_1^{\mathrm{T}} c + b_1\right)$$
$$z^{(2)} = \mathrm{ReLU}\left(W_2^{\mathrm{T}} z^{(1)} + b_2\right) \tag{6.8}$$
$$d = W_3^{\mathrm{T}} z^{(2)} + b_3$$

其中，权重矩阵 $W_1 \in \mathbf{R}^{(l \times d_e) \times (2l \times d_e)}$、$W_2 \in \mathbf{R}^{(2l \times d_e) \times (l \times d_e)}$、$W_3 \in \mathbf{R}^{(l \times d_e) \times H}$；偏置向量 $b_1 \in \mathbf{R}^{2 l d_e}$、$b_2 \in \mathbf{R}^{l d_e}$、$b_3 \in \mathbf{R}^H$ 都是全连接层的学习参数。

2. 多头自注意力

为了建模时序数据之间的相关性，STV 模型在编码器中采用了多头自注意力结构。多头自注意力分为两部分，分别是多头注意力和自注意力。相较于单头注意力的结构，多头注意力的结构能够让模型在不同的子空间中学习到更多有用的信息。同时，自注意力机制能够很好地学习到时序数据中的内在联系。

1）多头注意力

图 6.7(a) 展示了多头注意力的结构。结构中总共有 n 个自注意力模块。首先，输入矩阵 Q、K、V 分别经过 n 个线性层将每一个时间步的向量映射成 $n \times d_q$、$n \times d_k$、

$n×d_v$ 的向量，然后，被分成 n 份分别传入 n 个自注意力模块中计算结果，其中 d_q、d_k、d_v 分别代表一个自注意力模块中的向量维度。所有自注意力模块的输出再拼接在一起经过线性层输出最终编码结果。

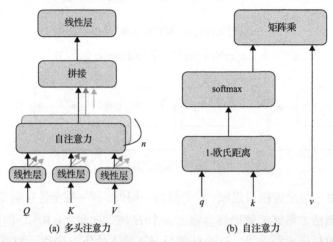

(a) 多头注意力　　　　　　　　　　(b) 自注意力

图 6.7　注意力结构

在多头注意力计算过程中，Q、K、V 实际上是子编码器输入的多份拷贝。具体来讲，首先，第一个子编码器的 Q、K、V 是 1×1 卷积模块的输出，之后子编码器的 Q、K、V 都是上一个子编码器的输出。所以，自注意力模块实际上计算的是时间序列本身每个时间步之间的注意力。这也是称为自注意力的原因。其次，在每一个独立的自注意力模块中，它们的输入在每个时间步的维度都是 1，即 $d_q=d_k=d_v=1$。这样处理是为了将原始的时间序列分解成类似于趋势、周期以及噪声等多个序列，自注意力的每个头都代表一个分解空间。多头注意力机制的运算过程可以归结成

$$\text{MultiHead}(Q,K,V) = \text{Concat}\left(\text{head}_1,\cdots,\text{head}_n\right)W^L$$
$$\text{s.t. head}_i = \text{Attention}\left(QW_i^Q, KW_i^K, VW_i^V\right) \tag{6.9}$$

其中，$W_i^Q \in \mathbf{R}^{d_e×l}$、$W_i^K \in \mathbf{R}^{d_e×l}$、$W_i^V \in \mathbf{R}^{d_e×l}$ 是针对每个独立自注意力模块的前三个线性层的参数矩阵；$W^L \in \mathbf{R}^{n×d_e}$ 是最后线性层的参数矩阵。

2) 自注意力

图 6.7(b) 展示了模型自注意力模块的结构。众所周知，时序数据大多具有周期性规律。例如，来电量在每天中午达到高峰，在午后下降并在下午 5 点左右达到一个次高峰。为了捕捉时序数据的这种周期性，本节提出一种新的注意力机制，称为逆距离注意力。因为之前提到 $d_q=d_k=d_v=1$，序列的每个时间步的向量表示维度都是 1，所以先用欧氏距离来衡量序列每个时间步相互之间的差异，然后

用"1-欧氏距离"来表示两个时间步之间的相似性。接着为了确保所有注意力的权重之和为 1,再用 softmax 函数来获得最终的注意力权重。从语义上理解,注意力的权重值代表了历史数据每个时刻的值对目标时刻的值的重要性。自注意力的计算公式可以归纳如下:

$$e_{ij} = 1 - \left| q_i - k_j \right|$$

$$a_{ij} = \frac{\exp\left(e_{ij}\right)}{\sum_{k=1}^{l} \exp\left(e_{ik}\right)} \tag{6.10}$$

其中,a_{ij} 表示时刻 j 对时刻 i 的自注意力权重;l 是时间序列的长度。在得到自注意力权重后,最后的输出结果 $\mathrm{MultiHead}(Q, K, V) = (o_1, o_2, \cdots, o_l)$ 通过式 (6.11) 计算:

$$o_i = \sum_{k=1}^{m} a_{ik} \times v_k, \quad i = 1, 2, \cdots, l \tag{6.11}$$

3. 分时优化模块

在服务需求量数据中,普通时间段的数据占了大部分,如果仅使用历史数据作为模型的输入,解码器的预测结果将会偏向于普通时间段服务需求量的分布。为了克服这个问题,设计了一个分时优化模块来优化解码器的输出结果。分时优化模块的输入包括预测时刻,输出则是一个缩放因子 $s \in [-1,1]$。这个缩放因子用来调整解码器的输出结果。如果在时刻 t 输出 $s = -0.2$,意味着最终预测结果应该为解码器预测结果的 1/5。通过这种缩放策略,可以针对预测序列的每个时间步进行单独调整,使最终的预测结果更加符合对应时间的服务需求量分布。

分时优化模块结构如图 6.5 的上半部分所示。首先,基于预测的时间属性提取三种类型的时间特征,分别是日内时间(timeofday)、是否为节假日(isholiday),以及节假日名称(holidayname)。因为使用的数据集在节假日和非节假日上表现出明显的差异,所以提取了以上三种特征。针对其他数据集,如果特殊时间段和普通时间段的划分标准改变,则可以设计其他类似的时间特征。提取以上三种特征后,再分别对这三种特征进行嵌入,将它们映射成一个低维向量并拼接成向量 e。它们嵌入的维度 d_{emb} 通过式 (6.12) 计算:

$$d_{\mathrm{emb}} = \left\lfloor \frac{N_{\mathrm{cat}} + 1}{2} \right\rfloor \tag{6.12}$$

其中,N_{cat} 代表特征可能取值的数量;$\lfloor\ \rfloor$ 表示向下取整。例如,一天有 24h,将

N_{cat}=24 代入式(6.12)计算可得 $d_{emb} = \left\lfloor \dfrac{24+1}{2} \right\rfloor = 12$，所以日内时间嵌入维度是 12。

当获得时间特征嵌入向量 e 后，将其输入全连接层和 tanh 激活函数得到最终的缩放因子 s。因此，通过门机制，时刻 t 的预测结果 $\hat{y}_t$ 计算方式如下：

$$\hat{y}_t = (1 + s_t) \times d_t \tag{6.13}$$

4. 模型训练和预测

模型的损失函数为服务需求量的预测值与真实值之间的均方误差，但是不同于传统端到端的模型训练方式，本节提出一种二阶段模型训练方式。二阶段模型训练的主要思想为：在第一阶段，让模型学习在历史时刻中的服务需求量共同模式；在第二阶段，让模型学习不同时期的服务需求量特征。这种训练方式能够让 STV 模型专注于不同阶段的服务需求量模式，从而提高模型的预测准确率。

图 6.8 展示了二阶段模型训练的主要思想。首先，基于训练数据训练子模型——编码器-解码器(包括 1×1 卷积)的参数。接着，把编码器-解码器的参数复制给 STV 模型的编码器-解码器，并固定它们的参数。然后，基于训练数据重新训练完整的 STV 模型，因为编码器-解码器的参数已经固定，所以只更新分时优化模块的参数即可。这种训练方式能够让编码器-解码器模块专注于学习服务时序数据中的公共模式。最后，训练分时优化模型使它能够专注于优化特殊时间段的服务需求量预测结果。

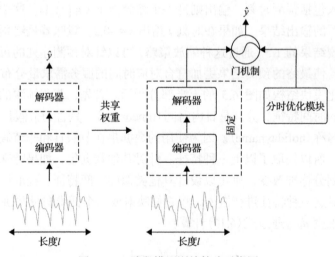

图 6.8　二阶段模型训练策略示意图

STV 模型训练和预测过程的伪代码如算法 6.1 所示。首先，基于历史数据构造训练集、验证集和测试集(第 1~5 行)。接着，预训练 STV 模型的子模型(编码器-解码器)(第 6~13 行)。在训练过程中,采取早停策略来防止模型过拟合(第 10~12 行)。一旦子模型训练完成,就把其参数传给 STV 的编码器-解码器模块,并固定参数(14 行)。然后,按照相同的训练策略训练完整的 STV 模型(第 15~21 行)。由于 STV 模型的编码器-解码器模块参数被固定,实际上在第二阶段只是训练 STV 模型的分时优化模块。最后,当 STV 模型训练完成后,输入最近 l 时刻的历史数据,并预测未来 H 时刻的值(第 22 行)。

算法 6.1 STV 模型训练和预测

输入 历史时序数据 $X=\{x_1,\cdots,x_T\}$,预测长度 H,滞后参数 l

输出 未来 H 时刻的预测值

---

1. 初始化: $D_{total} \leftarrow \varnothing$;

2. **for** $[l,T\!-\!H]$ 中的每个时刻 t **do**

3. 把训练样本 $(x_{t-l+1},\cdots,x_t; x_{t+1},\cdots,x_{t+H})$ 添加到 D_{total} 中;

4. **end for**

5. 把 D_{total} 拆分成训练集 D_{train}、验证集 D_{valid} 和测试集 D_{test};

6. 将 STV 模型的编码器-解码器模块复制成一个独立的子模型 SubModel;

7. **for** i in range(1000) **do**

8. 利用训练集 D_{train} 更新模型 SubModel;

9. 利用验证集 D_{valid} 计算 SubModel 对于验证集的误差 $loss_{valid}$;

10. **if** $loss_{valid}$ 连续 50 次迭代没有降低 **then**

11. 根据早停机制停止训练过程;

12. **end if**

13. **end for**

14. 将 SubModel 的参数复制到 STV 模型的编码器-解码器模块,并固定;

15. **for** i in range(1000) **do**

16. 利用训练集 D_{train} 更新 STV 模型;

17. 利用验证集 D_{valid} 计算 STV 模型对于验证集的误差 $loss_{valid}$;

18. **if** $loss_{valid}$ 连续 50 次迭代没有降低 **then**

19. 根据早停机制停止训练过程;

20.　　　　**end if**

21.　　**end for**

22.　预测未来 H 时刻的值 $\hat{y} \leftarrow \text{STV}(x_{T-l+1},\cdots,x_T)$;

23.　输出 $\hat{y}$

6.2.3　实验评估

1. 实验设置

本节给出基于自注意力机制的分时预测模型的实验评估结果。本次实验采用了两套真实服务数据集,分别是来电量数据集和电力消耗数据集。其中,来电量数据来自某通信运营商,包含杭州、台州和丽水三个城市的呼叫中心服务数据。这些数据集包含 2017 年 1 月 1 日至 2019 年 5 月 15 日的每小时通话量记录。因为深夜和凌晨的来电量很低,对实际业务并不重要,所以选择每天 8:00 到 21:00 的来电量进行实验。电力消耗数据来自英联邦爱迪生(ComEd)公司。这个数据集记录了该公司管辖范围内 2014 年 1 月 1 日到 2017 年 12 月 31 日每小时的电力消耗情况[①]。因为这个数据集来自美国,所以在实验中根据美国的节假日来划分特殊时间段和普通时间段。

两类数据集的详细信息可参考表 6.1。在本次实验中,首先使用来电量数据集进行实验,分析模型的整体性能以及各个模块的作用。然后比较不同方法在电力消耗数据集上的预测准确率来验证模型在不同服务领域的可扩展性。

表 6.1　数据集详细信息

数据集	城市	时间跨度	取值范围
来电量	杭州	2017-01-01 8:00:00 ～2019-05-15 21:00:00	[156, 2620]
	台州		[260, 2564]
	丽水		[184, 2104]
电力消耗	—	2014-01-01 00:00:00 ～2017-12-31 23:00:00	[7237, 21175]

本次实验使用两个评价指标来衡量模型的预测性能,分别是平均绝对误差(mean absolute error, MAE)和平均绝对百分比误差(mean absolute percentage error, MAPE),定义如下:

① 数据来源:www.kaggle.com/robikscube/hourly-energy- consumption。

$$MAE = \frac{1}{n}\sum_{i=1}^{n}|y_i - \hat{y}_i|$$

$$\text{(6.14)}$$

$$MAPE = \frac{1}{n}\sum_{i=1}^{n}\frac{|y_i - \hat{y}_i|}{y_i}$$

其中，y_i 和 $\hat{y}_i$ 分别对应服务需求量的真实值和预测值；n 代表样本数量。

平均绝对误差更容易受较大值的影响，而平均绝对百分比误差更容易受较小值的误差影响。通过综合考虑这两个指标，能够更加全面地比较模型性能。另外，由于以上两个数据集都在节假日和非节假日上表现出明显的差异，为了测试模型对不同时间类型的预测性能，进行了三个不同维度的比较，分别是整体的准确率(MAE, MAPE)、非节假日的准确率(MAE_N, MAPE_N)和节假日的准确率(MAE_H, MAPE_H)。

本次实验总共对比了五种模型，分别是 ARIMA[12]、LSTM[13]、Seq2Seq[14]、LSTNet[15]和 N-Beats[16]。

实验对来电量数据和电力消耗数据都进行 min-max 归一化，使它们从原来的尺度缩放到[0,1]。在评估时，再将预测结果重新调整到原本的尺度来计算评价指标。利用随机梯度下降算法(Adam 算法[17])来更新模型参数。模型的学习率是 0.001，训练的批次大小(batch size)是 1024。模型训练采用了早停策略：当模型的验证集误差连续 50 次都没有降低时，就停止更新模型参数，防止模型过拟合。另外，还对 STV 模型的一些可调超参数进行了网格搜索来确定最好的设置。具体的参数及搜索范围如表 6.2 所示。

表 6.2　参数及搜索范围

参数	搜索范围
自编码器数量	{1,2,3}
多头注意力的数量 h	{2,4,6,8}
上采样因子 d_e	{2,3,$\cdots$,8}
自注意力隐藏层神经元数量 d_h	{$2^5,2^6,\cdots,2^{10}$}

2. 模型准确率比较

下面主要比较 STV 模型与其他对比模型在来电量数据集上的预测准确率差异。为了使比较实验更加全面，选择三个不同的预测长度，即 H_1=14，H_2=42，H_3=98，分别对应预测未来 1 天、3 天及 7 天的应用场景。

表 6.3 展示了不同模型对三个城市的来电量预测的整体准确率结果。可以发现：①当预测长度是 14 或 42 时，STV 模型在三个城市的表现上胜过其他所有算

法。在三个城市的平均绝对误差上，与次优模型比较，当预测长度是 14 时，STV 模型平均降低了 5.02%；当预测长度是 42 时，STV 模型平均降低了 7.21%。这说明 STV 模型能够很好地处理中短期预测长度下的数据不平衡问题。②当预测长度是 98 时，LSTNet 模型在杭州和台州两个城市的数据集上表现最好，而 STV 在丽水的数据集上表现最好；相对地，在杭州和台州数据集上，STV 实现了第二好的效果，而 LSTNet 模型在丽水数据集上实现了第二好的效果。在三个城市中，最优模型相较于次优模型 MAE 指标的提升分别是 0.09%、3.55% 和 2.94%。这说明 STV 模型和 LSTNet 模型在长期预测的场景中性能差别不大，具有竞争性。③LSTM 模型在所有情况下的表现都非常差，这是由于 LSTM 模型的训练过程因早停策略很快就停止了，导致 LSTM 模型没有达到收敛效果，这说明 LSTM 模型不适合解决多步时序预测的问题。

表 6.3　三个城市来电量预测的整体准确率

城市	模型	H=14		H=42		H=98	
		MAE	MAPE	MAE	MAPE	MAE	MAPE
杭州	ARIMA	125.21	0.11	145.60	0.13	193.45	0.19
	LSTM	309.47	0.35	322.59	0.36	346.80	0.39
	Seq2Seq	110.69	0.10	153.42	0.14	206.46	0.19
	LSTNet	121.13	0.10	148.69	0.13	**166.48**	**0.15**
	N-Beats	118.65	0.10	150.22	0.14	179.22	0.16
	STV	**104.81**	**0.09**	**131.53**	**0.12**	166.63	**0.15**
台州	ARIMA	121.66	0.11	145.99	0.13	187.55	0.18
	LSTM	284.06	0.30	292.83	0.31	321.43	0.34
	Seq2Seq	105.89	0.09	132.02	0.11	148.46	0.13
	LSTNet	104.64	0.09	126.50	0.11	**131.48**	**0.11**
	N-Beats	102.88	**0.08**	122.70	0.10	161.55	0.14
	STV	**99.47**	**0.08**	**111.50**	**0.09**	136.32	**0.11**
丽水	ARIMA	100.90	0.11	122.27	0.14	158.94	0.19
	LSTM	229.29	0.31	242.09	0.33	261.26	0.36
	Seq2Seq	90.18	0.09	119.80	0.13	205.06	0.23
	LSTNet	93.99	0.10	93.98	0.10	116.69	0.14
	N-Beats	83.35	0.09	98.39	0.11	123.09	0.14
	STV	**77.98**	**0.08**	**91.32**	**0.09**	**113.26**	0.12

接下来，详细比较不同算法在非节假日和节假日时期的预测准确率，实验结果如表 6.4～表 6.6 所示。

表 6.4 *H*=14 时模型在节假日和非节假日的预测准确率

城市	模型	MAE_N	MAPE_N	MAE_H	MAPE_H
杭州	ARIMA	116.29	0.10	243.74	0.26
	LSTM	297.25	0.33	471.99	0.59
	Seq2Seq	103.62	0.09	204.65	0.21
	LSTNet	111.99	0.09	242.74	0.25
	N-Beats	111.20	0.09	217.75	0.23
	STV	**98.73**	**0.08**	**185.76**	**0.19**
台州	ARIMA	115.24	0.10	207.05	0.19
	LSTM	275.62	0.29	396.20	0.44
	Seq2Seq	101.19	**0.08**	168.38	0.15
	LSTNet	100.73	**0.08**	156.59	0.14
	N-Beats	98.63	**0.08**	159.40	0.14
	STV	**95.72**	**0.08**	**149.29**	**0.13**
丽水	ARIMA	97.96	0.11	139.87	0.17
	LSTM	224.61	0.30	291.57	0.42
	Seq2Seq	87.26	0.09	128.94	0.15
	LSTNet	89.66	0.09	151.60	0.17
	N-Beats	80.15	**0.08**	125.90	0.15
	STV	**76.57**	**0.08**	**96.75**	**0.11**

表 6.5 *H*=42 时模型在节假日和非节假日的预测准确率

城市	模型	MAE_N	MAPE_N	MAE_H	MAPE_H
杭州	ARIMA	139.24	0.12	270.90	0.29
	LSTM	307.60	0.34	521.27	0.65
	Seq2Seq	138.13	0.12	356.15	0.38
	LSTNet	135.14	0.12	328.35	0.35
	N-Beats	136.80	0.12	328.20	0.36
	STV	**122.41**	**0.11**	**252.49**	**0.27**
台州	ARIMA	142.63	0.13	190.56	0.19
	LSTM	282.74	0.30	426.68	0.48
	Seq2Seq	126.10	0.10	210.63	0.19
	LSTNet	117.73	0.10	242.76	0.23
	N-Beats	115.43	0.10	219.16	0.21
	STV	**107.37**	**0.09**	**166.30**	**0.15**

续表

城市	模型	MAE_N	MAPE_N	MAE_H	MAPE_H
丽水	ARIMA	120.65	0.13	143.70	0.19
	LSTM	235.78	0.32	325.88	0.46
	Seq2Seq	112.36	0.12	218.41	0.26
	LSTNet	89.43	0.10	154.33	0.18
	N-Beats	93.55	0.10	162.55	0.20
	STV	**89.35**	**0.09**	**117.40**	**0.14**

表 6.6　　H=98 时模型在节假日和非节假日的预测准确率

城市	模型	MAE_N	MAPE_N	MAE_H	MAPE_H
杭州	ARIMA	175.30	0.17	432.92	0.51
	LSTM	329.97	0.37	568.85	0.71
	Seq2Seq	186.98	0.17	463.31	0.50
	LSTNet	**152.81**	**0.13**	346.82	0.37
	N-Beats	164.52	0.15	373.17	0.41
	STV	160.98	0.14	**241.05**	**0.25**
台州	ARIMA	176.59	0.16	332.09	0.35
	LSTM	310.11	0.33	470.81	0.53
	Seq2Seq	138.56	0.12	279.04	0.27
	LSTNet	**124.06**	**0.10**	229.41	0.21
	N-Beats	152.60	0.13	279.58	0.27
	STV	136.24	0.11	**137.33**	**0.12**
丽水	ARIMA	151.71	0.18	254.33	0.34
	LSTM	254.05	0.35	356.33	0.50
	Seq2Seq	195.79	0.21	327.27	0.40
	LSTNet	**109.42**	**0.12**	212.61	0.26
	N-Beats	118.99	0.13	177.16	0.21
	STV	111.41	**0.12**	**137.67**	**0.17**

首先，可以看到，在三个城市的数据集上，无论预测长度是多少，STV 模型都在节假日上实现了最高的预测准确率。详细来说，在三个城市的平均绝对误差上，STV 模型比次优模型平均好了 15.51%、19.18%和 21.25%。

其次，发现在非节假日的来电量预测方面，STV 模型并不是在所有情况下都能达到最好的效果，只有当预测长度 H=14 或 H=42 时，STV 模型才能实现最高的预测准确率。并且，相较于次优模型，三个城市的 MAE 平均提升分别只有 7.07%、4.97%和 2.28%，远远不如节假日的提升效果。这说明传统方法在非节假日的预测准确率比较高。但是由于数据不平衡的问题，传统方法在节假日的预测准确率偏低。

当预测长度 H=98 时，在三个城市的数据集上，LSTNet 模型的非节假日平均绝对误差比 STV 模型相对降低了 5.08%、8.94%、1.79%，说明 LSTNet 模型在长期非节假日预测方面的效果优于 STV 模型。可能的原因是在 LSTNet 模型中包含 Skip-RNN 结构和自回归结构，能够更好地捕捉时序数据之间的长期依赖关系。

最后，发现每个模型的节假日和非节假日的预测准确率之间存在很大的差距，即节假日的预测准确率明显低于非节假日的预测准确率。这主要是因为在历史数据中特殊时间段和普通时间段的数据分布不同，而特殊时间段占比比较少，导致模型预测结果偏向于普通时间段的数据分布。但是 STV 模型在节假日的预测准确率下降程度明显低于其他模型，侧面说明了 STV 模型在预测特殊时间段服务需求量方面的优越性。

3. 训练策略的效果分析

为了验证在 6.2.2 节提出的二阶段训练策略的有效性，本节将比较 STV 和 STV-E2E 两种模型变体的预测效果。其中，STV 表示基于二阶段训练策略训练的 STV 模型，而 STV-E2E 表示基于端到端训练的 STV 模型。

图 6.9 展示了当预测长度为 42 时两种模型变体在不同城市的预测误差结果。

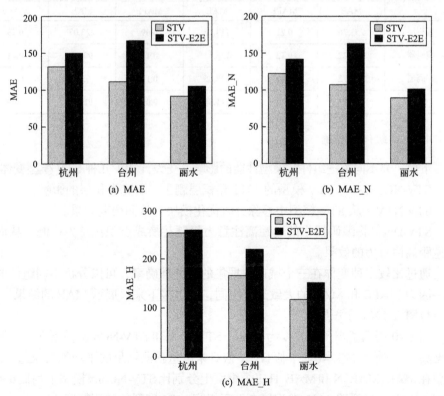

图 6.9　当预测长度为 42 时不同训练机制的性能比较图

可以发现，STV 模型的 MAE 在所有情况下都比 STV-E2E 模型低，这说明二阶段训练策略能够有效提高模型的预测性能。另外，STV 模型相较于 STV-E2E 模型，在整体、非节假日、节假日的提升效果分别为 19.5%、19.8%、16.5%。可见 STV 模型在节假日的提升效果不如另外两种情况。这说明端到端的训练策略也能够在一定程度上提高节假日的预测准确率，但是会牺牲非节假日的预测准确率。而二阶段训练策略先让模型充分学习公共特征，再充分学习不同时间段的区别，避免了两个任务的相互影响，使得模型在提高节假日预测准确率的同时，防止非节假日的预测准确率受到影响。

接下来深入分析二阶段训练过程中，固定不同模块参数对预测准确率的影响。采取模块消融的思路，在权重共享阶段移除不同的模块来研究模型性能的变化。表 6.7 展示了当预测长度为 42 时，不同模块被移除后的模型性能变化结果。无论移除哪个模块，都会导致 STV 模型的预测准确率降低。这说明通过第一阶段训练的三个模块都非常重要，不应该在第二阶段重新更新参数。

表 6.7　固定不同模块参数对预测准确率的影响

删除模块	杭州		台州		丽水	
	MAE	MAPE	MAE	MAPE	MAE	MAPE
卷积层	253.76	0.21	113.15	**0.09**	223.07	0.23
编码器	139.22	0.13	128.41	0.11	99.49	0.11
解码器	133.72	**0.12**	138.05	0.12	105.22	0.11
无	**131.53**	**0.12**	**111.50**	**0.09**	**91.32**	**0.09**

4. 关键组件的影响

下面研究不同关键组件对模型性能的影响，先设计如下几种 STV 模型变体。

STV-NConv：将 STV 模型的 1×1 卷积层删去，研究卷积层的影响。

STV-NTV：从 STV 模型中移除分时优化模块，从而研究效果。

STV-Dot：将编码器中的逆距离注意力机制替换成点积注意力机制，从而研究逆距离注意力的效果。

通过比较三种变体在三个城市数据集的预测准确率，可以分析不同组件的效果。因为 MAPE 和 MAE 的大致趋势相同，所以接下来只展示 MAE 的结果。

1）删去 1×1 卷积层

图 6.10 展示了当预测长度为 98 时，STV 模型和 STV-NConv 模型在三个城市数据集上分别针对整体、非节假日、节假日来电量预测结果的平均绝对误差。STV 模型在 MAE、MAE_N 和 MAE_H 三个维度上分别比 STV-NConv 模型平均低 6.9%、7.0%、7.5%，这说明 1×1 卷积层有助于提高 STV 模型的预测精度。

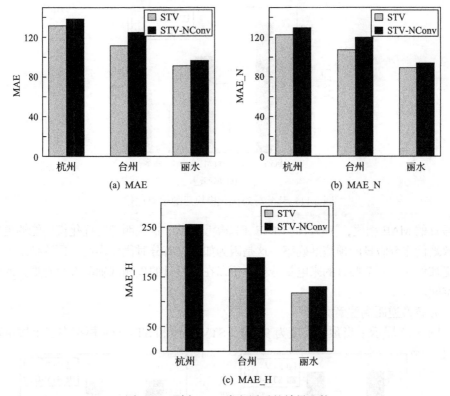

图 6.10　删去 1×1 卷积层后的效果比较

2) 移除分时优化模块

图 6.11 展示了当预测长度为 98 时，STV 模型和 STV-NTV 模型在三个城市数据集上分别针对整体、非节假日、节假日来电量预测结果的平均绝对误差。首先，可以发现当模型使用分时优化模块后，平均绝对误差都有所下降。具体来说，STV 模型比 STV-NTV 模型在 MAE、MAE_N 和 MAE_H 三个维度上平均降低了 4.0%、1.2%、21.9%，这说明分时优化模块有助于提高 STV 模型的预测精度。其次，与非

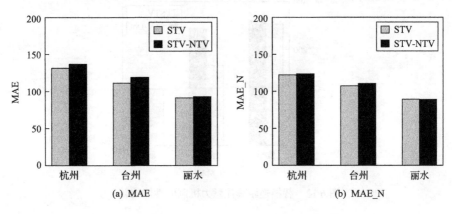

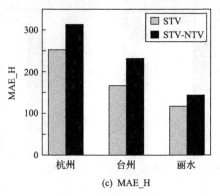

(c) MAE_H

图 6.11　移除分时优化模块后的效果比较

节假日的 MAE 相比,节假日的 MAE 下降幅度更大,这说明分时优化模块能够更加有效地优化节假日的预测准确率。这是因为如果没有分时优化模块,预测结果本来就更加偏向于非节假日的来电量分布,所以在节假日的预测准确率方面有更大的优化空间。

3)替换逆距离注意力

图 6.12 展示了当预测长度为 98 时,STV 模型和 STV-Dot 模型在三个城市数

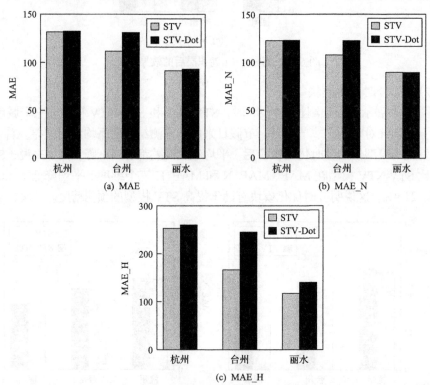

(a) MAE

(b) MAE_N

(c) MAE_H

图 6.12　替换逆距离注意力机制的性能比较

据集上分别针对整体、非节假日、节假日来电量预测结果的平均绝对误差。可以发现模型使用逆距离注意力后，平均绝对误差都有所下降；STV 模型在 MAE、MAE_N 和 MAE_H 三个维度上分别比 STV-Dot 模型平均降低了 5.6%、4.0%和 17.1%。这说明逆距离注意力比传统的点积注意力更加适合用于服务时序预测问题。

5. 训练数据规模的影响

下面将从原始训练集中按照不同的比例选择最近的训练数据，来比较不同规模的训练数据对模型性能的影响，从而研究模型对训练数据规模的依赖性。图 6.13 显示了预测长度 H=42 时的模型平均绝对误差的结果。

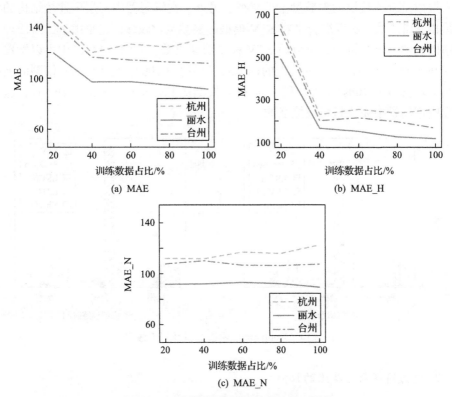

图 6.13　不同训练数据规模下的模型性能

可以看到，随着训练数据占比的增加，STV 模型的预测准确率会先提高，然后在训练数据占比大于 40%后波动。该结果表明，适当增加时间序列数据可以提高预测准确率，但是增加过多的历史数据可能会降低模型性能，这是因为过多的历史数据可能会影响模型学习最近的数据分布。有趣的是，当训练数据占比从 20%增加到 40%时，非节假日的预测准确率几乎没有影响，但是节假日的预测准确率有明显的提升。这是因为节假日数据仅占整个历史数据的一小部分。在训练数据比较少时包含的节假日数据过少,导致模型无法充分学习到节假日的来电量规律。而增加训练数据量可以提供更多的节假日数据以供模型学习。但是,即使仅使用20%的历史数据,基于非节假日的数据也足以进行模型训练。

6. 模型训练效率

图 6.14 展示不同模型在三个城市的数据集上达到最好预测准确率的模型参数量以及训练耗时情况。由图 6.14(a) 可以发现,除了在台州数据集上 Seq2Seq 模型由于隐藏层单元数量过多导致参数量明显高于其他模型,STV 模型的参数量明显高于其他模型。因为 STV 模型中包含一个额外的分时优化模块,其中时间特征的嵌入层以及全连接层的参数量不可忽视。另外,在解码器中三层全连接结构的参数量也非常庞大,所以综合来看 STV 模型的参数量比较多。但是由于二阶段训练策略以及"早停"机制,可以使 STV 模型快速收敛。从图 6.14(b) 中可以发现,STV 模型在三个城市的数据集上的训练时间平均为 200s,比 LSTNet 模型的训练时间平均仅多了 100s(在参数量方面 STV 模型比 LSTNet 模型高了 20 倍),这在实际应用场景中完全是可以接受的。

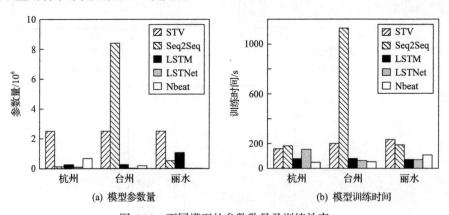

(a) 模型参数量 (b) 模型训练时间

图 6.14　不同模型的参数数量及训练效率

7. 电力消耗数据集上的性能

表 6.8 展示了各种模型在电力消耗数据集上的比较结果。在这次实验中,预测长度设置为 24h。电力消耗数据集的一个重要特点是节假日清晨的用电量与正常日的用电量相似,这使得电力消耗在节假日和非节假日之间的差异小于来电量预测任务中的差异。尽管如此,STV 模型仍然实现了最好的效果。STV 模型在MAE、MAE_N 和 MAE_H 方面分别比次优模型低 7.00%、6.92% 和 5.74%。这证明了 STV 模型不仅适用于节假日与非节假日差异大的场景,而且对节假日与非节假日差异较小的情况同样具有很强的适应性。但是,由于美国假期只占一年中很

小的一部分，节假日预测准确率的改善对整体的预测准确率影响很小。

表 6.8　各模型在电力消耗数据集上的比较结果

模型	MAE	MAPE	MAE_N	MAPE_N	MAE_H	MAPE_H
ARIMA	570.29	0.05	564.95	0.05	675.91	0.07
LSTM	1281.17	0.12	1273.13	0.12	1614.56	0.13
Seq2Seq	527.10	0.05	522.29	0.05	726.28	0.06
LSTNet	499.01	0.05	496.03	0.05	622.51	0.05
N-Beats	515.10	0.05	513.14	0.05	596.65	0.05
STV	**464.09**	**0.04**	**461.72**	**0.04**	**562.40**	**0.04**

6.3　服务水平预测技术

6.3.1　呼叫中心服务过程建模

现实中许多呼叫中心的服务场景都可以建模成图 6.15 所示的形式。当服务需求到来时，首先由一个自助服务系统负责处理。自助服务系统主要提供一些常见的业务帮助，如银行中的存取款服务、呼叫中心的话费查询服务等。通过自助服务系统，大概 80%的服务需求都可以被解决。而剩余无法通过自助服务系统解决的服务需求，将进一步转入人工服务，由服务人员提供帮助。转入人工服务的服务需求量是本问题关注的重点。在没有特殊说明的情况下，后文提到的服务需求都是指转入人工服务的服务需求。在服务需求转入人工服务过程中，会出现以下三种情况。

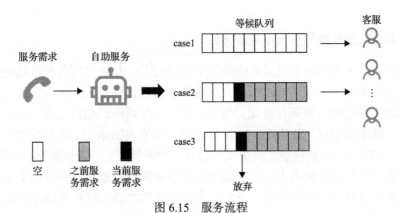

图 6.15　服务流程

　　情况 1　立即服务 (immediate service, IS)：如果当前有服务人员处于空闲状态，且当前没有其他服务需求在等待人工服务，那么该需求将立即被服务人员处理。

　　情况 2　等待服务 (holding service, HS)：如果当前在等待队列中存在其他服务需求，那么新到来的服务需求只有排队等待直到之前的服务需求全部被处理后才能接受人工服务。

情况 3　放弃服务(failure service, FS)：在排队等待的过程中，该服务需求由于各种原因放弃排队而没有接受服务。

基于上述三种情况，业界制定了多种衡量呼叫中心服务质量的指标[18]，包括：

(1)等待概率(probability of wait, ProbWait)：经过排队的服务需求数量占总需求量的比例。

(2)平均响应时间(average speed to answer, ASA)：被成功服务的服务需求的平均等待时长。

(3)服务水平(service level)：等待时长小于一定阈值(如 1min)且被成功服务的服务需求数量占总需求量的比例。

(4)放弃率(abandonment tate, AbanRate)：放弃的服务需求数量占总需求量的比例。

假设一段时间内的服务需求总量为 N，其中立即服务的需求量为 N_I，等待服务的需求量为 N_H，放弃服务的需求量为 N_F，则它们之间存在如下关系：

$$N = N_I + N_H + N_F \tag{6.15}$$

被服务需求的等待时间分别为 $w_i(w_i \geqslant 0, \ i=1,2,\cdots,N)$，且 $w_i \leqslant \sigma$ 的来电量为 N_V，则服务水平的计算公式如下：

$$服务水平 = \frac{N_V}{N} \tag{6.16}$$

6.3.2　基于队列论的服务水平预测方法

处理服务需求的过程通常被建模成生灭过程[19]，从而使用各种队列论的方法来评估服务质量，以便确定适当的人员排班，来实现预期的服务指标，如服务水平、平均应答速度、放弃百分比。生灭过程是一类特殊的随机过程，在生物学、物理学、运筹学中有广泛应用。在排队论中，如果 $N(t)$ 表示 t 时刻系统中的服务需求数，$\{N(t)|t \geqslant 0\}$ 则构成了一个随机过程。如果用"生"表示服务需求的到达，"灭"表示服务需求的离去，许多服务需求的排队处理过程都可以归纳成这一类特殊的随机过程——生灭过程。下面结合排队论的术语给出生灭过程的定义。

假设 $\{N(t)|t \geqslant 0\}$ 为一个随机过程，若 $N(t)$ 的概率分布具有如下性质：

(1)假设 $N(t) = n$，则从 t 时刻起到下一个服务需求到达的时间间隔服从参数为 λ_n 的负指数分布。

(2)假设 $N(t) = n$，则从 t 时刻起到下一个服务需求离去的时间间隔服从参数

为 μ_n 的负指数分布。

(3)同一时刻只有一个服务需求到达或离去。

那么，称 $\{N(t)|t \geq 0\}$ 为一个生灭过程。图 6.16 展示了生灭过程的示意图。每个圆圈中的数字代表系统中的服务需求数量，箭头对应的数字代表转移概率。可以看到，转移概率只与当前状态有关，而与系统之前的状态无关，所以生灭过程是马尔可夫过程的一个特例。

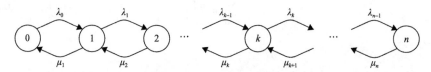

图 6.16　生灭过程示意图

一般来说，得到 $N(t)$ 的分布 $p_n(t) = P\{N(t) = n\}$ $(n = 0,1,2,\cdots)$ 是比较困难的，因此通常求系统到达平衡后的状态分布，记为 p_n $(n = 0,1,2,\cdots)$。

当系统运行相当长一段时间而到达平衡状态后，对任一状态 n 来说，单位时间内进入该状态的平均次数和单位时间内离开该状态的平均次数应该相等，即系统在统计平衡下的"流入=流出"原理。根据这一原理，可以构造如下等式：

$$n = 0: \quad \mu_1 p_1 = \lambda_0 p_0$$
$$n = 1: \quad \lambda_0 p_0 + \mu_2 p_2 = (\lambda_1 + \mu_1) p_1$$
$$n = 2: \quad \lambda_1 p_1 + \mu_3 p_3 = (\lambda_2 + \mu_2) p_2$$
$$\vdots \qquad\qquad \vdots$$
$$n = n: \quad \lambda_{n-1} p_{n-1} + \mu_{n+1} p_{n+1} = (\lambda_n + \mu_n) p_n$$

可以解得

$$p_1 = \frac{\lambda_0}{\mu_1} p_0 \tag{6.17}$$

$$p_2 = \frac{\lambda_1}{\mu_2} p_1 + \frac{1}{\mu_2}(\mu_1 p_1 - \lambda_0 p_0) = \frac{\lambda_1}{\mu_2} p_1 = \frac{\lambda_1 \lambda_0}{\mu_2 \mu_1} p_0 \tag{6.18}$$

$$p_3 = \frac{\lambda_2}{\mu_3} p_2 + \frac{1}{\mu_3}(\mu_2 p_2 - \lambda_1 p_1) = \frac{\lambda_2}{\mu_3} p_2 = \frac{\lambda_2 \lambda_1 \lambda_0}{\mu_3 \mu_2 \mu_1} p_0 \tag{6.19}$$

$$\vdots$$

$$p_{n+1} = \frac{\lambda_n}{\mu_{n+1}} p_n + \frac{1}{\mu_{n+1}}(\mu_n p_n - \lambda_{n-1} p_{n-1}) = \frac{\lambda_n}{\mu_{n+1}} p_n = \frac{\lambda_n \lambda_{n-1} \cdots \lambda_0}{\mu_{n+1} \mu_n \cdots \mu_1} p_0 \tag{6.20}$$

令 $C_n = \dfrac{\lambda_{n-1}\lambda_{n-2}\cdots\lambda_0}{\mu_n\mu_{n-1}\cdots\mu_1}$，$n=1,2,\cdots$，可以求得

$$p_n = C_n p_0, \quad n=1,2,\cdots \tag{6.21}$$

又因为概率和必须等于 1：

$$\sum_{n=0}^{\infty} p_n = 1 \tag{6.22}$$

所以有

$$\left(1+\sum_{n=1}^{\infty}C_n\right)p_0 = 1 \Rightarrow p_0 = \frac{1}{1+\displaystyle\sum_{n=1}^{\infty}C_n} \tag{6.23}$$

式 (6.23) 中没有服务需求的概率，其他情况的概率可以基于式 (6.23) 计算得到。利用上述公式可以衍生出各种排队模型，用于不同的服务过程。

目前广泛使用的排队模型分别是 Erlang-B 模型[20]、Erlang-C 模型[21]和 Erlang-A 模型[22]。Erlang-B 模型假定服务到达率服从泊松分布，服务人员的服务时间服从指数分布。但是，Erlang-B 模型中没有设置等待队列，即 Erlang-B 模型假设任何阻塞的服务需求不会等待，都会立即取消，这种假设不符合实际服务场景，因此 Erlang-B 模型未能引起广泛关注[23]。与 Erlang-B 模型不同，Erlang-C 模型假设所有等待的服务需求会被添加到一个公共的等待队列中，并一直留在那里等待直到它们被服务。通过这种假设，Erlang-C 模型比 Erlang-B 模型更符合实际场景。

在 Erlang-C 模型中，假设服务需求到达率服从泊松分布（Poisson distribution），相继到达时间间隔服从参数为 λ 的负指数分布。系统中共有 s 名服务人员，每名服务人员的服务时间相互独立，且服从参数为 μ 的负指数分布。当服务需求到达时，若有空闲的服务人员则马上接受服务，否则便排成一个队列等待，且服务需求会无限制地等待下去直到它们接受服务。

记 $p_n = P\{N=n\}$（$n=0,1,2,\cdots$）为系统到达平衡状态后队列长度 N 的概率分布，因为有 s 名服务人员，所以有

$$\lambda_n = \lambda, \quad n=0,1,2,\cdots \tag{6.24}$$

和

$$\mu_n = \begin{cases} n\mu, & n=1,2,\cdots,s \\ s\mu, & n>s \end{cases} \tag{6.25}$$

且满足 $\dfrac{\lambda}{s\mu}<1$ 。

首先，可以计算 C_n :

$$C_n = \frac{\lambda_{n-1}\lambda_{n-2}\cdots\lambda_0}{\mu_n\mu_{n-1}\cdots\mu_1} = \begin{cases} \dfrac{(\lambda/\mu)^n}{n!}, & n=1,2,\cdots,s \\[3mm] \dfrac{(\lambda/\mu)^n}{s!s^{n-s}}, & n>s \end{cases} \tag{6.26}$$

然后，计算 p_0 。因为

$$1+\sum_{n=1}^{\infty}C_n = \frac{(\lambda/\mu)^0}{0!}+\sum_{n=1}^{s}\frac{(\lambda/\mu)^n}{n!}+\sum_{n=s+1}^{\infty}\frac{(\lambda/\mu)^n}{s!s^{n-s}} = \sum_{n=0}^{s-1}\frac{(\lambda/\mu)^n}{n!}+\sum_{n=s}^{\infty}\frac{(\lambda/\mu)^n}{s!s^{n-s}} \tag{6.27}$$

所以有

$$p_0 = \left[\sum_{n=0}^{s-1}\frac{(\lambda/\mu)^n}{n!}+\sum_{n=s}^{\infty}\frac{(\lambda/\mu)^n}{s!s^{n-s}}\right]^{-1} \tag{6.28}$$

令 $\rho = \dfrac{\lambda}{\mu}$ ，因为

$$\sum_{n=s}^{\infty}\frac{(\lambda/\mu)^n}{s!s^{n-s}} = \frac{1}{s!}\sum_{n=s}^{\infty}\frac{\rho^n}{s^{n-s}} = \lim_{n\to\infty}\frac{\rho^s\times\left[1-\left(\dfrac{\rho}{s}\right)^{n-s}\right]}{1-\dfrac{\rho}{s}} \tag{6.29}$$

$$\frac{\rho}{s}<1 \tag{6.30}$$

所以有

$$\lim_{n\to\infty}\left[1-\left(\frac{\rho}{s}\right)^{n-s}\right] = 1 \tag{6.31}$$

$$\sum_{n=s}^{\infty}\frac{(\lambda/\mu)^n}{s!s^{n-s}} = \lim_{n\to\infty}\frac{\rho^s\times\left[1-\left(\dfrac{\rho}{s}\right)^{n-s}\right]}{1-\dfrac{\rho}{s}} = \frac{\rho^s}{1-\dfrac{\rho}{s}} \tag{6.32}$$

令 $\rho_s = \dfrac{\rho}{s} = \dfrac{\lambda}{s\mu}$ ，最终可得

$$p_0 = \left[\sum_{n=0}^{s-1} \frac{\rho^n}{n!} + \frac{\rho^s}{s!(1-\rho_s)} \right]^{-1} \tag{6.33}$$

接着，计算 p_n ：

$$p_n = C_n p_0 = \begin{cases} \dfrac{\rho^n}{n!} p_0, & n=1,2,\cdots,s \\ \dfrac{\rho^n}{s!s^{n-s}} p_0, & n>s \end{cases} \tag{6.34}$$

1. 等待概率

式(6.35)给出了在平衡条件下系统中服务需求数量为 n 的概率，当 $n \geqslant s$ 时，即系统中服务需求数量大于或等于服务人数，这之后到来的服务需求都必须等待，因此可以计算服务需求等待的概率 ProbWait：

$$\text{ProbWait} = c(s,\rho) = \sum_{n=s}^{\infty} p_n = \frac{\rho^s}{s!(1-\rho_s)} p_0 \tag{6.35}$$

用式(6.33)替换 p_0 ，可得

$$\begin{aligned} c(s,\rho) &= \frac{\dfrac{\rho^s}{s!(1-\rho_s)}}{\displaystyle\sum_{n=0}^{s-1} \frac{\rho^n}{n!} + \frac{\rho^s}{s!(1-\rho_s)}} \\ &= \frac{\dfrac{\rho^s}{s!}}{(1-\rho_s)\displaystyle\sum_{n=0}^{s-1} \frac{\rho^n}{n!} + \frac{\rho^s}{s!}} \\ &= \frac{\dfrac{\rho^s}{s!}\mathrm{e}^{-\rho}}{(1-\rho_s)\displaystyle\sum_{n=0}^{s-1} \frac{\rho^n}{n!}\mathrm{e}^{-\rho} + \frac{\rho^s}{s!}\mathrm{e}^{-\rho}} \end{aligned} \tag{6.36}$$

又因为泊松分布的概率密度函数为

$$\text{Poisson}(\rho, s) = \frac{\rho^s}{s!} e^{-\rho} \tag{6.37}$$

所以式 (6.36) 可以变成

$$c(s, \rho) = \frac{\text{Poisson}(\rho, s)}{\text{Poisson}(\rho, s) + (1 - \rho_s) \sum_{n=0}^{s-1} \text{Poisson}(\rho, n)} \tag{6.38}$$

其中, $\sum_{n=0}^{s-1} \text{Poisson}(\rho, n)$ 是 $\text{Poisson}(\rho, s-1)$ 的累积概率密度, 记为 $\text{Cul\_Poisson}(\rho, s-1)$。

最终等待概率的计算公式如下:

$$\text{ProbWait} = c(s, \rho) = \frac{\text{Poisson}(\rho, s)}{\text{Poisson}(\rho, s) + (1 - \rho_s) \text{Cul\_Poisson}(\rho, s-1)} \tag{6.39}$$

式 (6.39) 就是 Erlang-C 公式, 它给出了服务需求到达系统时需要等待的概率。

2. 平均响应时间

在 Erlang-C 模型系统中, 只有当所有服务人员都处于繁忙状态, 之后到达的服务需求才会开始排队, 所以可以得到平均排队长度 L_q:

$$
\begin{aligned}
L_q &= \sum_{n=s+1}^{\infty} (n-s) p_n \\
&= \sum_{n=s+1}^{\infty} (n-s) \frac{\rho^n}{s! s^{n-s}} p_0 \\
&= \sum_{n=s+1}^{\infty} (n-s) \frac{\rho^{n-s} \times \rho^s}{s! s^{n-s}} p_0 \\
&= \frac{\rho^s p_0}{s!} \sum_{n=s+1}^{\infty} (n-s) \rho_s^{n-s} \\
&= \frac{p_0 \rho^s \rho_s}{s!} \frac{\mathrm{d}}{\mathrm{d}\rho_s} \left(\sum_{n=1}^{\infty} \rho_s^n \right) \\
&= \frac{p_0 \rho^s \rho_s}{s! (1 - \rho_s)^2}
\end{aligned}
\tag{6.40}
$$

通过比较 L_q 与 $c(s, \rho)$, 可以得到如下关系:

$$L_q = c(s,\rho) \times \frac{\rho_s}{1-\rho_s} \tag{6.41}$$

根据 Little 公式[24]：在一个稳定的系统中，长时间观察到的平均服务需求数量 L=长时间观察到的服务需求到达速率 λ×平均每个服务需求在系统中花费的时间 W，即 $L=\lambda W$，可以计算平均响应时间 ASA：

$$\text{ASA} = \frac{L_q}{\lambda} = c(s,\rho) \times \frac{1}{\mu s(1-\rho_s)} \tag{6.42}$$

3. 服务水平

基于上述平均响应时间的计算公式，易得到服务水平的计算公式如下：

$$\begin{aligned}
\text{Service Level}(t) &= \text{Prob}(\text{等待时长} \leqslant t) \\
&= 1 - \text{Prob}(\text{等待时长} > t) = 1 - c(s,\rho)e^{-(s\mu-\lambda)t}
\end{aligned} \tag{6.43}$$

4. 案例分析

假设半个小时内的服务需求量为 360 个，平均处理每个服务需求需要 4min，安排的服务人员有 54 人，服务水平的目标应答时间是 20s，则 $\lambda = \dfrac{360}{30 \times 60} = 0.2$个/s，$\mu = \dfrac{1}{4 \times 60} = \dfrac{1}{240}$个/s，$s = 54$，$\rho = \dfrac{\lambda}{\mu} = 48$，$\rho_s = \dfrac{\rho}{s} = \dfrac{48}{54} = \dfrac{8}{9}$。

等待概率：

$$\text{ProbWait} = c(s,\rho) = \frac{\text{Poisson}(48,54)}{\text{Poisson}(48,54) + \dfrac{1}{9} \times \text{Cul\_Poisson}(48,53)} = 30.13\%$$

平均等待时长：

$$\text{ASA} = c(s,\rho) \times \frac{1}{\mu s(1-\rho_s)} = 30.13\% \times \frac{1}{\dfrac{1}{240} \times 54 \times \dfrac{1}{9}} = 12.05\text{s}$$

服务水平：

$$1 - c(s,\rho)e^{-(s\mu-\lambda)t} = 1 - 30.13\% \times e^{-\left(54 \times \frac{1}{240} - 0.2\right) \times 20} = 81.73\%$$

5. 其他队列论模型

但是，Erlang-C 模型忽略了等待的服务需求在获得服务之前放弃排队的可能性，即 Erlang-C 模型假设所有服务需求会一直等待直到接受服务，这个假设同样在实际场景中不能满足。针对这一问题，后来学者提出了 Erlang-A 模型，它是 Erlang-C 模型的一个扩展，假设每个服务需求的等待耐心服从参数为 θ^{-1} 的指数分布，如果等待时间超过服务需求的耐心，该需求将放弃排队并离开[25]。Gurvich 等[26]通过考虑差异化服务，扩展了 Erlang-A 模型。

根据 Kendall 的符号定义[27]，还有一些更复杂的排队系统，如 M/G/1[28]、G/M/1[29]、G/G/1[30]等。例如，M/G/1 模型[28]假设服务到达满足马尔可夫过程，服务时间具有一般分布，且只有一个服务人员。G/M/1 模型[29]假设服务需求到达时间具有一般(任意)分布，每个服务人员的服务时间具有指数分布。然而，这些系统都要求对服务需求到达率或服务时间提出严格的假设，并不适合复杂的实际场景。

6.3.3 基于数据驱动的服务水平预测方法

针对现有排队论方法对服务过程假设过于严格，从而无法在复杂的现实场景中获得良好性能的问题，本章提出利用数据驱动的方法来解决服务水平预测问题。为此，需要解决两个主要挑战。

(1)复杂的影响因素对比输入信息不足：服务水平受到许多因素的影响，既包括显式因素，又包括难以定量评估的隐式因素。图 6.17 展示了影响服务水平的主要因素，其中，显式因素包括服务的时间段、服务需求量、服务人员数量以及服务人员业务能力；隐式因素包括难以在预测阶段确定的因素，如服务人员工作状态、服务到达率、服务时间，以及额外的服务需求。然而，在实际场景中，没有足够和准确的数据来精确地建模所有因素。在实际场景中，只有四种数据可以被用来作为服务水平预测的输入，包括预测时间段、安排的服务人员数量、人员的能力值和预测的需求量。基于这些输入，要获得准确的服务到达率几乎是不可能的。同样，员工的工作状态也无法提前得知。

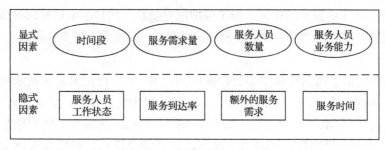

图 6.17 服务水平的影响因素

(2)正相关性约束对比历史数据唯一性：在实际场景中，决策者为某个特定的时间段安排服务人员数量时，会不断地调整座席人数直到预测的服务水平满足要求。这样做的原因是服务水平与服务人员数量是呈正相关的，即在其他条件不变的情况下，安排更多的服务人员会使最终的服务水平变高或不变。所以，预测模型应该也具备这种正相关性约束，即在其他条件不变的情况下，模型预测的服务水平应该随着服务人员数量的增加而增加或保持不变（即服务水平不应该降低），这在实际场景中非常重要。座席数量增加导致服务水平下降的情况是完全不可以接受的。在模型中如果仅仅基于历史服务水平数据训练，则无法完全学习到这个正相关性约束。历史服务数据存在一个特殊的性质，即唯一性，指每个历史时间段的服务处理记录有且仅有一条。这导致模型只能够学习在特定时间，特定的服务人员和服务量情况下产生的服务水平。不同时刻之间的记录没有可比性，因为难以保证其他条件都不变。所以模型无法从历史数据中学习到单独改变服务人员数量对服务水平的影响，从而无法学习到正相关性约束。

下面首先对服务历史数据进行实证分析和特征处理，提取有效的特征用于模型预测，然后提出一种动态的数据增广方法来解决服务历史数据无法包含正相关性约束的缺陷，并保证了增广数据的多样性，最后提出基于孪生网络的预测模型，对增广数据和真实历史数据进行共同学习，使模型既能满足正相关性约束，又能实现较高的预测准确率。

1. 特征工程

为了确定服务水平的影响因素，本节利用一个真实服务水平数据集进行实证分析。首先介绍用于实证分析的数据集情况，然后介绍实证分析的结果。

本次实证分析使用的数据集来自某通信运营商的真实业务数据，时间跨度为2019-05-01～2019-12-31。该数据集由实时处理系统自动整理获得，记录了详细的来电呼叫过程，包括呼入时间戳、转入人工服务时间戳、服务时间戳、结束时间戳以及是否被成功服务的标记。为了保护用户隐私，用户的电话号码被脱敏。由于业务需要，重点关注呼叫中心最繁忙的时间段，即每天上午9点到晚上10点之间的服务记录。

表6.9展示了两条呼叫中心处理来电的记录。第一行记录表示该来电被成功服务，服务时长为245s。第二条记录的服务时间为空，表明该来电没有被服务。基于上述原始数据，以电信员工排班最小单元15min为粒度，将原始数据的每一天划分成多个时间段，并对每个时间段计算聚合信息，包括总来电量、总服务量、有效服务量（等待20s内被服务的来电数量）、未服务量以及服务水平。

表 6.9　来电记录示例

电话号码	呼入时间戳	转入人工服务时间戳	服务时间戳	结束时间戳	是否被服务
133XXXXXXXX	2019-05-01 12:10:16	2019-05-01 12:12:11	2019-05-01 12:13:09	2019-05-01 12:17:14	1
189XXXXXXXX	2019-05-04 14:10:38	2019-05-04 14:11:53	—	2019-05-04 14:13:00	0

表 6.10 展示了 2019-05-01 的聚合结果。从表 6.10 的例子中，可以得出以下两个结论。

(1)并非所有的来电都能够成功得到服务。有些顾客会在等待过程中失去耐心而挂断电话。因此，在现实场景中，Erlang-C 模型假设服务需求会一直等待直到得到服务是不合理的。

(2)即使对于被服务的来电，有些来电的等待时间也会超出规定的目标阈值。本章的研究目标是预测服务水平，因此应该更多地关注有效的服务数量，而不是服务总数。

表 6.10　2019-05-01 聚合结果示例

时间	来电量	总服务量	有效服务量	未服务量	服务水平/%
9:00:00～9:15:00	591	560	524	31	88.66
9:15:00～9:30:00	562	539	498	23	88.61
…	…	…	…	…	…
20:45:00～21:00:00	178	172	157	6	88.20

接下来，将根据上述真实数据实证分析服务水平的影响因素。首先研究来电量和服务人数与服务水平之间的关系。为此，对来电量、服务人数以及服务水平两两之间的散点图进行可视化，如图 6.18 所示。根据图 6.18(a)，发现服务人数和来电量大致呈正相关的关系(皮尔逊相关系数=0.68)。这意味着来电量越多，安排的服务人数越多。但是，仍然存在一些例外情况：来电量很多但安排的服务人数很少或者来电量比较低但是安排的服务人数偏多。这样的现象可能主要由来电量预测不准确造成的。

观察图 6.18(b)和(c)可以发现，低服务水平的情况大多发生在服务人数比较少或者来电量比较低的时候。对于前者，当服务人数比较少时，没有额外的座席能够处理突然短时间内的多通来电，会导致服务水平变低。而后者的原因更加复杂，因为由图 6.18(a)已知服务人数与来电量大致呈正相关，所以在来电量较少时，服务人数也较少，本质上还是源于安排的服务人数少而导致服务水平较低。

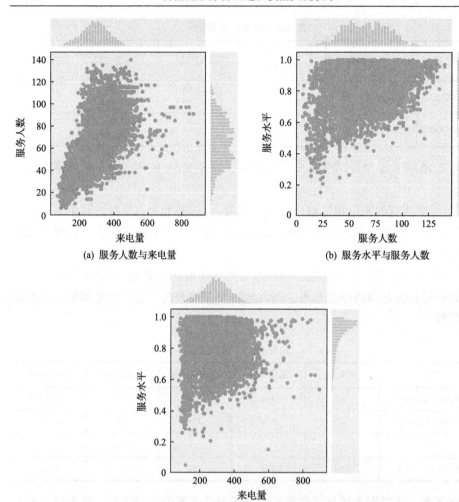

(a) 服务人数与来电量　　　　　　　　　(b) 服务水平与服务人数

(c) 服务水平与来电量

图 6.18　服务水平、来电量与服务人数两两之间的关系

综上所述，服务人数与来电量呈现正相关的关系。另外，服务人数越多，服务水平低的情况越不容易出现，而来电量与服务水平的关系可以转换成服务人数与服务水平的关系。

下面分析服务水平随时间变化的规律。日期分为四种类型：工作日、周末、节假日和加班时间。其中，节假日和加班的优先级比工作日和周末高。换言之，如果某一天既是工作日/周末，又是节假日/加班时间，则会将其视为节假日/加班时间。图 6.19 展示了四种类型日期下的服务水平分布情况，从图中可以发现不同日期下的服务水平分布有所区别，例如，只有在工作日及周末才会出现服务水平低于 0.4 的情况。所以为了使服务水平的预测结果更准确，应该考虑日期类型特征，从而使模型学习到周末和工作日低服务水平的情况。

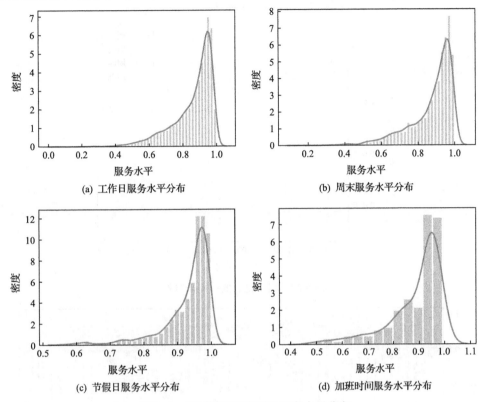

(a) 工作日服务水平分布　　　　　　　　　(b) 周末服务水平分布

(c) 节假日服务水平分布　　　　　　　　　(d) 加班时间服务水平分布

图 6.19　不同类型日期下的服务水平分布

　　服务水平的另一个影响因素是日内时间。Weinberg 等[31]发现来电量在一周内的不同天会呈现相似的日内变化趋势。图 6.20 展示了归一化后的一周来电量情况，横坐标表示一天内的不同时刻，纵坐标代表该时刻来电量相较于一天来电总量的占比。从图中可以发现，一周内每天的来电量大致呈现相似的趋势，基本在 10:00 和 16:00 左右达到日内高峰。根据这个规律，可以得知呼叫中心在一天中的繁忙时段，从而帮助决策者安排更多的座席来避免高峰时段来电阻塞的情况发生。图 6.21 展示了一天不同时刻的服务水平箱线图，可以发现服务水平在不同时间段的分布情况不一样。例如，21:00 之后的服务水平明显比白天降低很多。因此，日内时间也是一个非常重要的指标，能够一定程度上反映来电量和服务水平的趋势，有助于提高服务水平预测的准确率。

　　基于以上的实证分析结果，总共提取了三种类型的特征，分别是基础特征、强度特征和日期特征。

　　(1)基础特征：主要指用于计算服务水平的基本业务信息，包括服务需求量(如来电量)、服务人数以及安排的服务人员的能力值。服务人员的能力值反映了他的工作能力。通常，一个座席的能力值越高，其处理问题的效率越高。

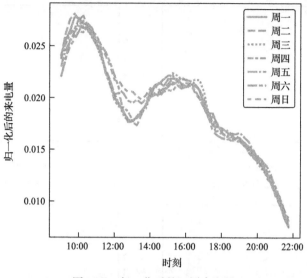

图 6.20　归一化后的一周来电量

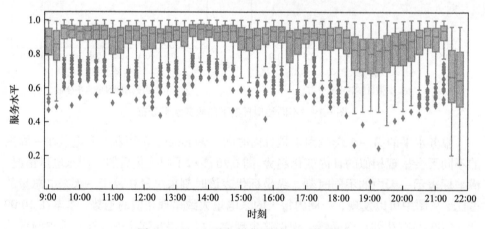

图 6.21　一天不同时刻的服务水平箱线图

(2)强度特征:从历史服务记录中已经发现服务人数与来电量大致呈正相关关系。这是因为决策者会事先为预测来电量高的时间段安排更多的座席。从另外一个角度看,决策者通过增加服务人数使每个服务人员的工作强度都保持在一定的范围,防止出现服务人员工作强度过高或者过低的情况。所以设计了一个强度特征来衡量服务人员的平均工作强度,用式(6.44)计算:

$$服务强度 = \frac{服务需求量}{服务人数} \tag{6.44}$$

图 6.22(a)展示了强度特征的分布情况,从图中可以发现强度特征的取值大致

分布为 0~15，这也验证了决策者会事先衡量服务人员工作负载的假设。另外，图 6.22(b) 展示了服务水平与服务强度之间的关系，服务水平与服务强度之间呈负相关关系，强度越高，服务水平越有可能变低。

(3) 日期特征：之前已经验证了在不同类型的日期下，或者在一天的不同时间段，服务水平的分布都不同。所以基于历史数据中的时间属性，提取了日内和日间两组日期特征作为模型输入的一部分。

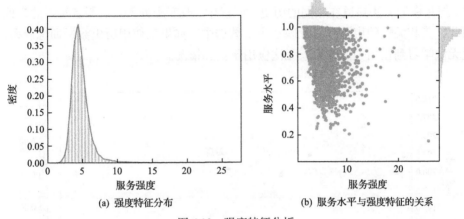

(a) 强度特征分布　　　　　　　　　　(b) 服务水平与强度特征的关系

图 6.22　强度特征分析

日间特征：一个日间特征是日期类型(day type)，总共划分为四种日期类型，分别是工作日、周末、节假日和加班时间。另外一个日间特征是星期几特征(day of week)。

日内特征：日内特征指的是日内时间。因为时间粒度是 15min，所以包含小时、分钟两个维度。为了让模型更加方便地判断时间上的先后关系，构造了时间索引(time index)特征，将小时与分钟两个维度合并考虑，计算公式如下：

$$\text{time index} = \text{hour} + \frac{\text{minute}}{60} \tag{6.45}$$

2. 数据增广方法

在介绍具体的数据增广方法之前，首先分析模型无法通过原始数据学习到正相关性约束的原因。正相关性约束是指在保持其他因素不变的情况下，服务水平与服务人数之间呈正相关关系，即增加服务人数会使服务水平增加或不变。然而，这种正相关性无法在原始数据中体现。

例如，图 6.23 显示了历史数据中来电量为 200 时所有记录的服务水平情况，其中横坐标代表服务人数，散点的灰度代表服务水平值。从图中可以看出，当服务人数为 58 时服务水平最高。当服务人数为 49 时服务水平最低，并且服务水平并不严格随着服务人数的增加而增加；相反，服务人数的增加反而可能导致服务水平下降。这种异常现象主要是由历史数据的唯一性造成的。图 6.23 展示的数据是删除了时间属性后的结果，而实际上历史数据中的每条记录都发生在特定的时间。由于服务时间段不同，每条记录之间没有可比性，可能出现图 6.23 的情况。另外，对于每个特定的时间段，历史数据中只有一条有效记录。根据这条记录，模型只能学习到在当前的来电量情况下，安排特定的服务人数得到的服务水平结果。但是模型无法知道在相同的历史时间段中，改变服务人数后服务水平的高低。因此，正相关性约束并没有反映在历史数据中。如果只使用历史数据训练模型，就无法学习到正相关性约束，无法应用于实际情况。

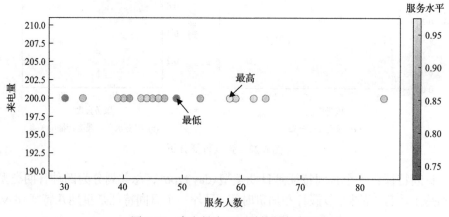

图 6.23　来电量为 200 时的服务水平

　　在理解了原始历史数据的局限性后，接下来提出一种数据增广的方法，来获得一个隐含正相关性约束的增广数据集，从而使基于该增广数据集训练的模型能够满足正相关性约束。

　　服务水平历史数据集具有唯一性特点，导致无法为每个历史时刻获取足够的训练数据。但是，根据正相关性可以推断，如果在其他条件不变的情况下增加服务人数，新的服务水平应该不会低于原来的服务水平。基于这个推断，可以通过改变历史记录中的服务人数，并以服务水平变化关系作为标签，为历史上的每一条服务记录构造许多"虚拟"记录。在这些记录中，不关心服务水平的具体值，而是关注"虚拟"服务水平与原来真实记录的服务水平之间的大小差异。这些记录并不是真实存在的，称为"虚拟"记录。

　　数据增广方法的主要思想是，虽然不知道改变服务人数后具体的服务水平会变成多少，但是可以确定改变服务人数前后服务水平的大小关系。例如，假设在历史数据中存在一条记录：$\langle t_1, c_1, a_1, s_1, y_1 \rangle$，表示在时间段 t_1，服务需求量为 c_1，

服务人数为 a_1，服务人员的平均能力值为 s_1 时，最终的服务水平为 y_1。在其他条件不变的前提下，只增加服务人数之后，新的服务水平 y_2 应满足以下关系：$y_2 \geqslant y_1$；相反，如果减少服务人数，那么新的服务水平 y_3 应该满足以下关系：$y_3 \leqslant y_1$。这里可能会出现改变前后服务水平不变的情况，即说明改变的服务人数比较少，不影响整体的服务水平情况。基于上述思想，可以通过改变服务人数，并构造一个二元标签 d（0 或 1）来扩充训练数据集。标签 $d = 0$ 代表改变服务人数后的服务水平应该小于或等于改变前的服务水平，标签 $d = 1$ 代表改变服务人数后的服务水平应该大于或等于改变前的服务水平。

　　接下来，一个关键的问题是如何改变服务人数来获得增广数据。一种简单的方法是根据固定的步长改变原始记录中的服务人数。但是这样的方法存在一个问题，即每条记录的改变人数都是固定值，增广数据缺少多样性。而在实际排班场景中，决策者会尝试多种方案，每次改变的服务人数并不固定。因此，为了让模型学习改变不同数量的服务人员产生的影响，本节提出一种动态改变服务人数的策略来获得增广数据，大致思路如下：根据记录中的原始服务人数与全部记录的服务人数的最大值和最小值之间的差距，划分固定数量的区间，这些区间的值就作为改变后的服务人数。基于这种策略，改变的服务人数会根据原始服务人数的高低，动态地确定改变步长，从而获得全面的增广数据。具体做法如下：首先，从原始数据集中获得服务人数的全局最大值和最小值，作为服务人数改变的范围，表示为 v_{max} 和 v_{min}。然后，对于一条特定的记录，它的服务人数记作 v_{cur}，将区间 $[v_{min}, v_{max}]$ 分割成 bins 个区间，每个区间的间隔（步长）是 $\left\lfloor \dfrac{v_{cur} - v_{min}}{\text{bins}} \right\rfloor$。最后，根据步长的大小逐步减少座席的数量，得到至多 b 个负样本。在这些负样本中，新的服务水平不会高于原始服务水平。同样，以 $\left\lfloor \dfrac{v_{max} - v_{cur}}{\text{bins}} \right\rfloor$ 的步长逐步增加服务人数，可以获得至多 bins 个正样本。

　　图 6.24 展示了数据增广示意图。其中，图 6.24(a) 和 (b) 分别代表历史数据中两条记录的增广过程。在图 6.24(a) 中，根据记录中的原始服务人数 v_{cur} 到边界的距离分别向左/向右划分 bins 个区间，将每个区间的值 v_{aug} 与原始服务人数 v_{cur} 合并构造正负样本。这里，f 代表记录中不变的因素。图 6.24(b) 展示另外一条原始记录构造增广数据的过程，并用撇号与图 6.24(a) 进行区分。通过比较两条记录的增广过程可以发现：①对于每一条记录，因为 v_{cur} 到边界的距离不同，所以服务人数增加和减少的步长一般是不同的；②不同记录之间的服务人数改变值也是不同的。所以，通过这种动态改变服务人数的策略，能够让增广数据涵盖尽可能多的服务人数改变情况，从而增加了增广数据的多样性，使增广数据更加符合实际

应用场景。

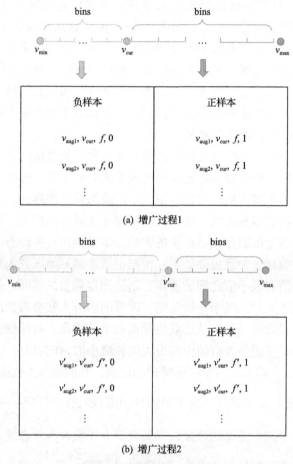

(a) 增广过程1

(b) 增广过程2

图 6.24　数据增广示意图

　　算法 6.2 展示了数据增广方法伪代码。算法的输入包括原始数据集 D 和划分区间数量 bins。算法的输出是增广数据集，记为 D_{aug}。首先，算法获得历史记录中服务人数的最大值和最小值，分别记为 $v_{\max}$ 和 $v_{\min}$（第 1～2 行）。然后，对于历史数据中的每一条记录，算法为它构造负样本（第 6～22 行）和正样本（第 23～39 行）。出于简化的目的，这里只介绍负样本的构造过程，正样本的构造过程类似，所以不再详细介绍。在构造负样本时，先计算负样本中服务人数减少的步长（第 7 行）。如果步长为 0，则说明范围[$v_{\min}, v_{\text{cur}}$]没有足够的空间划分 bins 个区间，所以需要减少区间数量直到步长不为 0（第 9～12 行）。计算得到不为 0 的衰减步长后，通过逐步减少服务人数来获得负样本（第 13～21 行），其间如果服务人数达到最小值 $v_{\min}$，则说明构造结束,终止负样本构造过程（第 15～17 行）。

算法 6.2 数据增广方法

输入 原始数据集 D，划分区间数量 bins

输出 增广数据集 D_{aug}

---

1.   从原始数据集中找到服务人数的最大值，记作 v_{max}；

2.   从原始数据集中找到服务人数的最小值，记作 v_{min}；

3.   初始化 D_{aug} 为空；

4.   **for** 原始数据中的每一条记录 R **do**

5. $v_{cur} \leftarrow R$ 的服务人数；

6.   **if** $v_{cur} > v_{min}$ **then**

7.   计算服务人数减少的步长：$\text{red} = \left\lfloor \dfrac{v_{cur} - v_{min}}{\text{bins}} \right\rfloor$；

8.   初始化计数变量 count=1；

9.   **while** red $==$ 0 **do**

10.   调整步长：$\text{red} = \left\lfloor \dfrac{v_{cur} - v_{min}}{\text{bins} - \text{count}} \right\rfloor$；

11.   count++；

12.   **end while**

13.   **for** i in range $(0, \text{bins})$ **do**

14.   计算增广记录的服务人数：$v_{aug} = v_{cur} - i \times \text{red}$；

15.   **if** $v_{aug} < v_{min}$ **then**

16.   **break**；

17.   **end if**

18.   增广记录 R_{aug} 初始化为 R；

19.   修改 R_{aug} 中的服务人数为 v_{aug}；

20.   把 $[R, R_{aug}, 0]$ 添加到 D_{aug} 中；

21.   **end for**

22.   **end if**

23.   **if** $v_{cur} < v_{min}$ **then**

24.   计算服务人数增加的步长：$\mathrm{inc}=\left\lfloor\dfrac{v_{\max}-v_{\mathrm{cur}}}{\mathrm{bins}}\right\rfloor$;

25.   初始化计数变量 count=1;

26.   **while** inc == 0 **do**

27.   调整步长：$\mathrm{inc}=\left\lfloor\dfrac{v_{\max}-v_{\mathrm{cur}}}{\mathrm{bins}-\mathrm{count}}\right\rfloor$;

28.   count++;

29.   **end while**

30.   **for** i in range$(0, \mathrm{bins})$ **do**

31.   计算增广记录的服务人数：$v_{\mathrm{aug}}=v_{\mathrm{cur}}+i\times\mathrm{inc}$;

32.   **if** $v_{\mathrm{aug}}>v_{\max}$ **then**

33.   **break**;

34.   **end if**

35.   增广记录 R_{aug} 初始化为 R;

36.   修改 R_{aug} 中的服务人数为 v_{aug};

37.   把$[R,R_{\mathrm{aug}},1]$添加到 D_{aug} 中;

38.   **end for**

39.   **end if**

40. **end for**

41. **return** D_{aug}

  假设历史数据中服务人数的最小值和最大值分别是 10 和 70，某条记录的服务人数为 25。利用算法 6.2 为该记录构造增广数据，划分区间数量 bins=10。为了构造负样本，计算得到服务人数衰减的步长为 1（因为$\left\lfloor\dfrac{25-10}{10}\right\rfloor=1$），所以基于该记录构造的 10 条负样本的服务人数为{24, 23, ···, 15}。类似地，可以计算得到服务人数增长的步长为 4（因为$\left\lfloor\dfrac{70-25}{10}\right\rfloor=4$），所以基于该记录构造的 10 条正样本的服务人数为{29, 33, 37, ···, 65}。如果存在另一条记录的服务人数为 15，则基于该记录只能构造 5 条负样本，这是因为只有当划分区间数量缩小到 5 时，服务人数衰减的步长才能大于 0（$\left\lfloor\dfrac{15-10}{5}\right\rfloor=1$）。但是仍然可以基于该记录构造 10 条正样本，且 10 条正样本的服务人数为 $\{20, 25, 30, \cdots, 65\}$。

3. 基于孪生网络的服务水平预测模型

孪生网络(siamese network)是指由两个结构相同且共享权值的神经网络组成的一个网络结构，就像两个"连体的神经网络"一样。简单的孪生网络结构如图 6.25 所示。孪生网络的主要作用是衡量两个输入的相似程度。图中，孪生网络会有两个输入(输入 1 和输入 2)，将它们分别输入到两个结构相同的子网络中。这两个神经网络会将输入映射到新的空间，并基于新空间的映射向量计算两个输入之间的相似度。Bromley 等[32]把孪生网络用于美国支票上的签名验证，即验证支票上的签名与银行预留签名是否一致。近年来，运用孪生网络解决目标跟踪问题引起了广泛关注[33-35]。

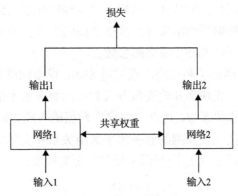

图 6.25　孪生网络结构

孪生网络采用的损失函数是对比损失[36](contrastive loss)，这种损失函数可以有效处理输入对之间的关系。对比损失的计算公式如下：

$$L = \frac{1}{2N}\sum_{\pi=1}^{N} yd^2 + (1-y)\max(\text{margin} - d, 0)^2 \tag{6.46}$$

其中，$d = \|a_n - b_n\|^2$，代表两个输入特征的欧氏距离；y 为两个样本是否匹配的真实标签，$y=1$ 代表两个样本相似或者匹配，$y=0$ 则代表不匹配；margin 是人为设定的距离阈值。

观察式(6.46)可以发现，对比损失能够让模型提取输入对之间的主要特征，同时能够很好地表示输入对之间的匹配程度。当输入对相似时，$y=1$，则该对输入的损失为 d^2，即原本相似的样本，如果在特征空间的欧氏距离较大，则模型损失越大，说明当前的模型效果不好；相反，当输入对之间不相似时，$y=0$，模型的损失变为 $\max(\text{margin}-d, 0)^2$。这意味着当两个输入之间不相似时，其特征空间的欧氏距离越小，模型的损失越大。如果特征空间的欧氏距离较大，模型损失反而较小。通过对比误差，本来相似的输入经过孪生网络特征提取后仍然相似，而原本不相似的输入在特征空间中仍然保持较大的距离。

基于数据驱动的服务水平预测模型包含两个学习任务：一是基于原始数据学习服务水平与各种输入特征之间的关系，二是基于扩充数据学习服务水平与服务人数之间的正相关性。为了达到训练目的，本节提出一种基于孪生网络的服务水平预测模型（siamese network based service level prediction model, SiaSL 模型），并展示如何使用两个数据集来训练 SiaSL 模型，从而使模型既学习到正相关性约束又具有良好的预测效果。

图 6.26 展示了 SiaSL 模型框架图，其中包含三个关键部分，分别是输入特征、SiaSL 模型结构和模型损失。首先，在图 6.26 上半部分，从原始数据集 D 中提取了日期特征和服务过程相关的特征。然后，将这些特征输入到 SiaSL 模型中，预测对应的服务水平。根据预测结果和真实值之间的误差，可以计算预测误差 L_p，并利用梯度下降算法更新 SiaSL 模型的参数。

图 6.26 下半部分展示了利用增广数据对 SiaSL 模型训练的过程。如之前提到的，在增广数据集中，无法得知改变服务人数后的服务水平值，但是可以知道改变前后服务水平的大小关系 d。因此，将增广数据输入到 SiaSL 模型的另一部分并预测服务水平，通过比较预测的服务水平大小关系和实际大小关系，可以获得一个对比误差 L_c，然后根据 L_c 进行误差反传并更新模型。

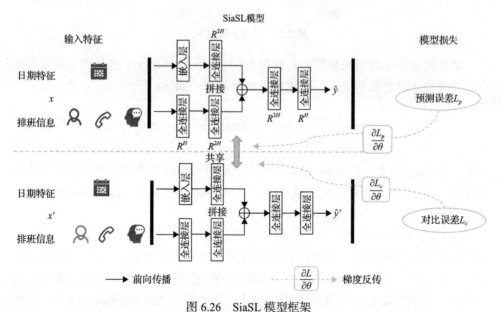

图 6.26 SiaSL 模型框架

通过两个误差的梯度更新，可以让模型实现两个功能：①误差 L_p 的反传更新能够提高 SiaSL 模型的预测准确率；②误差 L_c 的反传更新使 SiaSL 模型预测的服务水平能够与增广数据集中的服务水平大小关系保持一致，从侧面说明学习到了正相关性约束。本节后续部分将详细介绍预测方法的四个主要部分：输入特征、SiaSL 模型结构、训练误差、外加模型的训练策略。

1) 输入特征

模型的输入包含两组特征，记为 x 和 x'。其中，x 代表来自真实数据集的输入特征，而 x' 代表来自增广数据中的输入特征。它们都包含两种类型的特征，分别是日期特征和排班信息特征。日期特征由三个特征组成，分别是日内时间、星期几以及是否为节假日。排班信息特征包括服务需求量、服务人数以及服务人员的平均能力值。另外，还构造了一个强度特征来衡量服务人员的工作负载。

特征 x 与 x' 唯一的区别在于服务人数不同，从而导致强度特征不同。这样根据正相关性约束，只要比较两个特征之间的服务人数大小关系，就可以轻松获得它们预测的服务水平之间的预期大小关系。当然，本章方法也可以非常方便地扩展到其他特征上，如服务需求量、平均能力值。

2) SiaSL 模型结构

SiaSL 模型结构如图 6.26 的中间部分所示，主要包含三个部分，分别是时间嵌入模块、特征提取模块以及输出模块。

时间嵌入模块包含一个嵌入层，然后紧接一个全连接层。嵌入层分别将三个日期特征映射成低维向量。嵌入的结果被输入到全连接层中进一步映射。使用嵌入层而不是 One-hot 编码的原因是，嵌入后的向量更加能够体现日期特性的内在联系。此外，嵌入向量的维数小于 One-hot 编码，可以加快计算速度。

特征提取模块包含两个全连接层，分别有 H 和 $2H$ 个神经元，并且每个全连接层后面都有一个 ReLU[11]激活函数。该模块的主要功能是将排班信息特征投影到高维向量中，提取排班信息特征的深层特征。

输出模块还包含两个全连接层，它们的神经元个数为 $2H$ 和 H，第一个全连接层后还有 ReLU 激活函数。输出模块的输入由时间嵌入模块和特征提取模块的输出组成。输出模块的输出表示服务水平的预测结果。

3) 训练误差

在训练阶段，总共有两个任务需要 SiaSL 模型学习，分别是服务水平预测以及学习正相关性约束。为了学习这两个任务，需要设置不同的目标函数来优化模型参数。把 SiaSL 模型的所有参数记为 θ，首先通过最小化服务水平预测的目标函数来优化 θ：

$$\underset{\theta}{\operatorname{argmin}} L_p = \frac{1}{|D|} \sum_{x \in D} (y_x - \hat{y}_x)^2 \tag{6.47}$$

其中，$\hat{y}_x$ 和 y_x 分别代表服务水平的预测值和真实值；$|D|$ 表示原始历史数据中的记录数量。因为只有原始历史数据中的记录才包含真实的服务水平结果，所以在这个任务中只利用原始数据集 D 中的数据训练模型。

接下来，为了让 SiaSL 模型能够学习到正相关性约束，设计一个对比误差 L_c。给定输入 x 和 x'，如果 x' 中的服务人数大于 x 中的服务人数，则服务水平大小关系标签 $d=1$。这时如果预测结果 $\hat{y}' < \hat{y}$，则对比误差 $L_c = (\hat{y}' - \hat{y})^2$，否则 $L_c=0$。相反，如果 x' 中的服务人数小于 x 中的座席数量，则服务水平大小关系标签 $d=0$。这时如果预测结果 $\hat{y}' > \hat{y}$，则对比误差 $L_c = (\hat{y}' - \hat{y})^2$，否则 $L_c=0$。所以，对比误差定义如下：

$$\underset{\theta}{\operatorname{argmin}} L_c = \frac{1}{|D_{\text{aug}}|} \sum_{(x,x',d) \in D_{\text{aug}}} \left[(1-d) \max\left(0, \hat{y}'_{x'} - \hat{y}_x\right)^2 + d \cdot \min\left(0, \hat{y}'_{x'} - \hat{y}_x\right)^2 \right] \tag{6.48}$$

最终通过联立两个任务的误差，SiaSL 模型的参数更新目标如下：

$$\underset{\theta}{\arg\min} L_p + \lambda L_c \tag{6.49}$$

其中，λ 是一个超参数。

4) 外加模型的训练策略

考虑到式 (6.49) 中的误差，模型可以直接使用多任务学习策略来更新参数。但是多任务学习[37,38]通过增加辅助任务来提高模型在主任务上的性能。一个关键的假设是辅助任务有助于主任务。然而，在服务水平预测问题中，学习正相关性约束会在一定程度上降低模型的预测精度。因此，不宜采用多任务训练策略来更新模型。本节提出一种迭代训练策略：根据两个任务的损失来迭代更新模型。模型的最终目标是能够在保证满足正相关性约束的前提下，实现较高的准确率。所以，首先根据预测误差 L_p 更新模型。经过一次反传更新后，再计算对比误差 L_c。为了确保模型能够完全满足正相关性约束，模型会一直重复计算对比误差 L_c 并反传更新参数直到 L_c 降为 0。这样记为一次完整的训练。

算法 6.3 展示了详细的训练过程。首先，从原始数据集 D 中提取真实记录来预测预测损失 L_p，并反向传播预测损失 L_p 来更新模型参数 θ（第 3~8 行）。然后，SiaSL 模型分别预测真实记录和"虚拟"记录的服务水平（第 11~16 行）。根据它们的成对关系，计算对比损失 L_c 并更新模型（第 17、18 行）。在实际应用中，违反正相关性约束的情况是不被允许的，为了确保模型充分学习到正相关性约束，在训练过程中会一直更新 SiaSL 模型，直到对比损失 L_c 变为 0（第 10 行）。

算法 6.3　迭代训练策略

输入　原始数据集 D, 增广数据集 D_{aug}
　　　　SiaSL 模型参数 θ, 最大迭代次数 maxEpoch

输出　更新后的模型参数 θ

1.　　初始化 epoch 为 0;

2.　　**while** epoch$<$maxEpoch **do**

3.　　　　**for** i in range $(|D|)$ **do**

4.　　　　　　从原始数据集中获取样本 (x_i, y_i);

5.　　　　　　利用 SiaSL 模型预测 $\hat{y}_i \leftarrow \text{SiaSL}(x_i)$;

6.　　　　**end for**

7.　　　　计算预测误差：$L_p = \dfrac{1}{|D|}\sum\limits_{i=1}^{|D|}(y_i - \hat{y}_i)^2$;

8.　　　　通过最小化误差 L_p 来更新参数 θ;

9.　　　　初始化对比误差 L_c 为正无穷;

10.　　　 **while** $L_c>0$ **do**

11.　　　　　**for** i in range $(|D_{\text{aug}}|)$ **do**

12.　　　　　　　从增广数据集中获取样本 (x_i, x_i', d_i);

13.　　　　　　　利用 SiaSL 模型预测 $\hat{y}_i \leftarrow \text{SiaSL}(x_i)$;

14.　　　　　　　利用 SiaSL 模型预测 $\hat{y}_i' \leftarrow \text{SiaSL}(x_i')$;

15.　　　　　　　计算预测结果的大小关系：$\hat{d}_i = \hat{y}_i' - \hat{y}_i$;

16.　　　　　**end for**

17.　　　　　计算对比误差：$L_c = \dfrac{1}{|D_{\text{aug}}|}\sum\limits_{i=1}^{|D_{\text{aug}}|}(1-d_i)\max(0,\hat{d}_i)^2 + d_i\min(0,\hat{d}_i)^2$;

18.　　　　　通过最小化误差 L_c 来更新参数 θ;

19.　　　 **end while**

20.　　　 epoch++;

21.　　**end while**

22.　　**return** θ

6.3.4　实验评估

因为目前没有相应工作针对服务水平预测问题提出有效的数据驱动方法，所以本次实验首先需要验证提取特征的有效性。为此，利用基于决策树的机器学习模型研究不同特征的重要性，以及进行特征消融实验验证不同特征对模型准确性的影响。在此基础上，对不同预测方法进行比较，分析 SiaSL 模型的预测性能。

1. 实验设置

1）数据集

本次实验使用了两个数据集，分别是真实呼叫中心的历史处理记录以及一个合成数据集。其中真实数据集是 6.3.3 节描述的数据，详细信息如表 6.11 所示。该真实数据集主要用于研究特征重要性以及验证模型的预测准确率。

表 6.11　真实数据集属性

属性	取值范围
时间跨度	[2019-05-01, 2019-12-31]
来电量	[1, 894]
座席数量	[3, 140]
座席平均能力值	[1.94, 4.85]
服务水平	[5.12%, 100%]

仅根据真实数据集无法验证模型是否满足正相关性约束，所以本次实验基于真实数据集，利用提出的数据增广方法构造了一份合成数据。设定区间数量 bins=10，对真实数据集中的每一条记录进行数据增广，改变服务人数，以改变后的服务水平大小关系作为标签构造了这个合成数据集。该合成数据集主要用来验证模型是否违背了正相关性约束。

2）对比方法

本次实验采用九种方法进行对比，分别如下。

历史平均（historical average, HA）法：根据历史最近 7 天相同时间段服务水平的平均值作为预测结果。

K 近邻（K-nearest neighbor, KNN）法：给定服务需求量、服务人数以及人员的平均能力值，寻找历史上最相似的 5 条记录的服务水平的平均值作为预测结果。

Erlang-C 模型[21]：一种经典的排队论模型，该模型假设服务需求到达率满足泊松分布，服务时间满足指数分布，且所有需求足够耐心，会一直等到它们接受服务。

Erlang-A 模型[22]：是 Erlang-C 模型的扩展，假设服务需求有一定概率放弃等待，且等待时间服从指数分布。

随机森林[39,40]（random forest, RF）：是一种基于决策树的 bagging 集成方法。

梯度提升决策树[41]（gradient boosting decision tree, GBDT）：是一种基于决策树的 boosting 集成方法，按照顺序迭代生成新的决策树，每次迭代都让决策树拟合上次迭代的负梯度。

XGBoost[42]：是一种高效的分布式决策树集成方法。

线性回归（linear regression, LR）：构造输入与服务水平之间的线性关系。

多层感知机（multilayer perceptron, MLP）：是一个三层的全连接层。

3）模型细节

SiaSL 模型利用 Adam 算法作为梯度下降算法来更新模型参数，模型的学习率是 0.001，训练批次大小为 5120。第一个全连接层的神经元个数为 256，即 H=256。日期特征星期几被嵌入成二维向量，日内时间特征被嵌入成三维向量，日期类型特征被嵌入成一维向量。实验也对其他方法进行了网格搜索来确定最好的参数，如表 6.12 所示。实验使用 min-max 归一化方法把连续型特征归一化到区间[0,1]。本次实验的实验平台搭载英特尔酷睿 i9-9940X CPU，128GB 内存，英伟达 RTX 2080Ti GPU，所有神经网络的方法都是基于 PyTorch[43]实现的。

表 6.12　参数选择

模型	参数	可选值	最佳参数值
多层感知机	隐藏层神经元数量	$\{2^6, 2^7, \cdots, 2^{10}\}$	2^8
随机森林	最大深度	$\{2, 4, \cdots, 12\}$	8
	最小叶子	$\{2, 3, \cdots, 20\}$	6
GBDT	基学习器数量	$\{10, 20, \cdots, 160\}$	80
	最大深度	$\{2, 4, \cdots, 12\}$	4
	最小叶子	$\{2, 3, \cdots, 20\}$	13
XGBoost	基学习器数量	$\{10, 20, \cdots, 160\}$	80
	最大深度	$\{2, 4, \cdots, 12\}$	4
	提升器 booster	{gbtree,gblinear,dart}	gbtree

4）评价指标

本次实验总共采用三个评价指标，分别是平均绝对误差、平均绝对百分比误差和正确率（ratio）。平均绝对误差和平均绝对百分比误差用来衡量模型的预测准确率，而正确率用来衡量模型是否违背正相关性约束以及违背的程度，分别定义如下：

$$\text{MAE} = \frac{1}{n} \sum_{i=1}^{n} |y_i - \hat{y}_i| \tag{6.50}$$

$$\text{MAPE} = \frac{1}{n} \sum_{i=1}^{n} \frac{|y_i - \hat{y}_i|}{y_i} \tag{6.51}$$

$$\text{ratio} = \frac{\sum_{i=1}^{m} \left[1 - \psi\left(d_i, \hat{d}_i\right) \right]}{m} \times 100\% \tag{6.52}$$

其中，y_i 和 $\hat{y}_i$ 分别对应真实的服务水平值和预测的服务水平值；n 为历史数据中的样本量；d_i 和 $\hat{d}_i$ 分别对应真实的服务水平大小关系和预测的服务水平大小关系；m 是合成数据集中的样本量；ψ 是一个异或操作。本次实验把全部数据集划分成五份，以其中一份作为测试集，其他四份作为训练集进行了五折交叉实验，取五次实验结果的平均值和标准差作为模型的最终性能。

2. 特征重要性

下面利用基于决策树的模型(GBDT、随机森林和 XGBoost)来定量研究每个特征的重要性。因为实验使用 One-hot 编码将离散的日期特征转换成多维向量，所以日期特征的重要性是通过计算该特征向量的平均重要性得到的。此外，实验进行了五折交叉验证，在五次实验中每个特征的重要性结果是不同的，因此每个特征的最终重要性是五次实验结果的平均值。

图 6.27 展示了不同模型给出的特征重要性结果。为了便于观察，根据特征的重要性对特征按照降序进行排序。此外，每个特征都用固定的灰度表示。从图中可以看出，最重要的特征是强度，其次是时刻。这意味着强度和时刻有助于提高预测的准确率，而另外两个日期特征(日期类型和星期几)是最不重要的。在所有的基础特征中，服务需求量(来电量)和服务人员的能力值重要性不相上下，而服务人数是不重要的。这表明影响呼叫中心处理效率的关键因素是座席能力值而不是服务人数。

3. 日期特征的影响

下面研究每一种日期特征对模型性能的影响。为此，实验固定了增广数据的区间划分数 bins=10。本次实验设计了五种 SiaSL 模型的变体，并比较它们的性能：变体 1(V_1)考虑了所有的日期特征，变体 2(V_2)不考虑日期特征日内时间，变体 3(V_3)不考虑日期类型特征，变体 4(V_4)不考虑星期几特征，变体 5(V_5)只考虑日内时间。

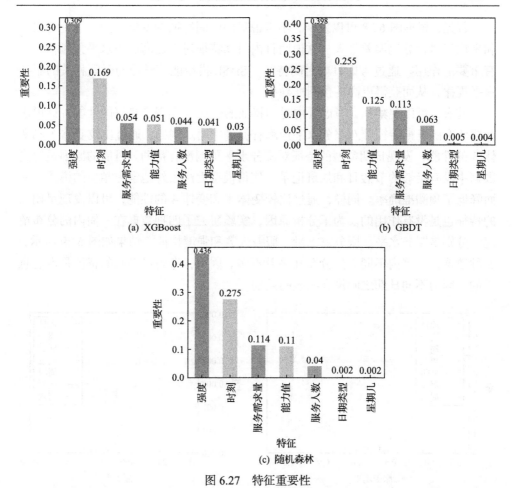

图 6.27　特征重要性

　　五种变体的平均绝对误差和平均绝对百分比误差的结果如图 6.28 所示，图中每个点代表平均值，垂线代表每个变体的误差范围(均值±标准差)。

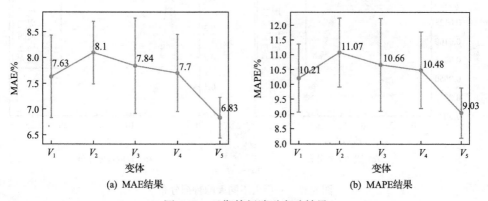

图 6.28　日期特征消融实验结果

首先，根据图 6.28 可以发现，不考虑日内时间特征的变体 2 的平均绝对误差和平均绝对百分比误差最大。这说明日内时间特征对于提高服务水平预测精度具有重要的作用。通过考虑日内时间特征，SiaSL 模型能够学习与时间相关的服务水平规律，从而获得更高的预测准确率。

其次，可以观察到只考虑日内时间特征的变体 5 实现了最好的性能，这说明并非所有的日期特征都对服务水平预测有促进作用。例如，通过比较变体 1 和变体 3 的性能，发现日期类型的特征对服务水平预测没有帮助。可能的原因是历史数据中没有足够的节假日和加班记录，使得模型无法很好地学习相应的模式，从而降低了预测准确率。同样，通过比较变体 1 和变体 4 的性能，可以发现星期几的特征也是没有作用的。为了分析原因，实验研究了四种数据在一周内的分布情况，分别是服务水平、服务需求量、服务人数和强度特征，结果如图 6.29 所示，四种数据在一周内不同天的分布几乎差不多。因此，考虑星期几的特征是没有意义的，因为不同日期之间没有明显的差别。

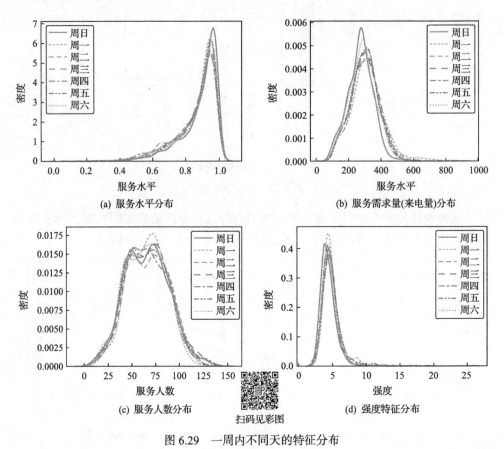

图 6.29　一周内不同天的特征分布

4. 增广数据效果分析

为了确定增广数据最优的划分区间数量 bins，本次实验尝试了 bins 的不同取值，分别是 10、20、30、40、50。通过比较模型在 MAE、MAPE、正确率及训练时间上的差异，来选择最合适的 bins 值。详细的性能结果如图 6.30 所示。

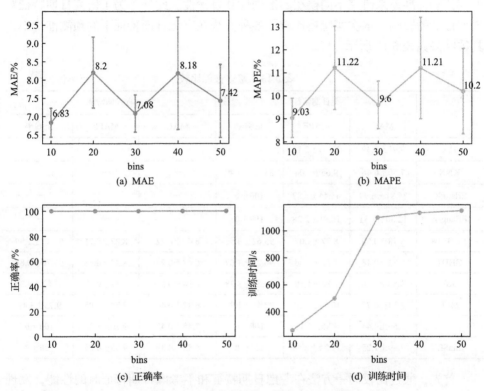

图 6.30　不同数量增广区间的结果比较

根据图 6.30(c) 可以发现，无论区间数量 bins 如何变化，SiaSL 模型总是可以保持 100% 的正确率。这证明通过提出的数据扩充方法和训练策略，该模型能够完全学习到正相关性约束。然而根据图 6.30(d) 可以发现，随着区间数量 bins 的增加，模型需要更多的训练时间，而预测准确率却没有提高(图 6.30(a) 和 (b))。可能的原因是随着区间数量 bins 的增加，历史数据中每条记录都会产生更多的增广记录用于模型学习正相关性约束。但是历史数据的服务水平变化并不严格满足正相关性约束，所以模型通过更多的增广数据学习正相关性约束时，反而会影响服务水平预测任务的学习。在本实验中，增广数据的增广数量 bins 最佳设置应为 10 个。

5. 模型性能比较

通过前两节的实验已经确定 SiaSL 模型在只考虑日内时间特征，以及使用区间数量 bins=10 的增广数据下可以实现最好的性能，下面根据 MAE、MAPE 和正确率三个指标比较 SiaSL 模型与其他方法的总体性能。实验计算了 MAE 和 MAPE 的均值和标准差来研究不同模型的准确性和鲁棒性。此外，为了研究日期特征对模型性能的影响，本次实验还比较了各种方法在有无日期特征下的预测准确率，具体结果如表 6.13 所示。

表 6.13　整体性能比较　　　　　　（单位：%）

方法	无日期特征			有日期特征		
	MAE	MAPE	正确率	MAE	MAPE	正确率
HA	9.95±1.39	13.03±2.15	—	—	—	—
KNN	7.50±0.46	9.66±1.04	83.09±5.49	—	—	—
Erlang-C	36.81±6.99	45.44±6.87	100±0	—	—	—
Erlang-A	12.30±1.31	16.81±2.28	100±0	—	—	—
XGBoost	6.78±0.50	8.77±1.07	95.62±3.56	6.48±0.22	8.27±0.71	94.46±1.99
GBDT	6.83±0.48	8.80±1.06	96.23±1.67	6.48±0.23	8.29±0.73	93.76±0.88
RF	6.82±0.54	8.82±1.10	94.23±3.28	6.54±0.23	8.39±0.77	91.87±4.38
MLP	8.14±0.77	10.74±1.56	97.45±1.99	6.82±0.44	8.78±1.05	9.73±1.19
LR	7.56±0.44	9.86±1.11	100±0	7.45±0.42	9.70±1.02	100±0
SiaSL	7.99±1.25	11.24±2.44	100±0	6.83±0.39	9.03±0.85	100±0

首先，通过比较同一方法在考虑日期特征和不考虑日期特征时的性能，发现考虑日期特征可以明显提高预测准确率，并且预测误差的标准差也减小了。这意味着日期特征对服务水平预测具有非常显著的作用。考虑日期特征不仅提高了模型的预测精度，而且增强了模型的鲁棒性。其次，发现并非所有方法都能达到 100% 的正确率，这说明现有的非线性方法确实存在无法学习到正相关性约束的问题。例如，尽管 XGBoost 模型、GBDT 模型和 RF 模型在 MAE 和 MAPE 方面取得了前三名的准确率，但它们不能达到 100% 的正确率，即它们没有学习到正相关性约束。因此，这些方法不能应用于实际场景。此外，虽然 Erlang-A 模型和 Erlang-C 模型达到了 100% 的正确率，但它们的预测准确率最差，这说明基于数学建模的方法无法适用于复杂的现实场景中。与其他达到 100% 正确率的方法相比，SiaSL 模型能够达到最高的准确率，SiaSL 模型在 MAE 和 MAPE 方面比第二名的 LR 模型分别相对降低了 8.3 个百分点和 6.9 个百分点。

6. 迭代训练的效果

为了研究迭代训练的效果，本节将比较基于迭代训练策略和多任务训练策略训练的 SiaSL 模型的性能。除了实验设置中提到的三个指标外，本次实验还比较了它们的训练时间花费，来研究它们的效率。为了综合比较多任务学习策略和迭代学习策略的差异，本次实验尝试了不同的 λ 值：λ∈{1, 2, 3, 4, 5, 10}。比较结果如图 6.31 所示，其中 MT-1、MT-2、MT-3、MT-4、MT-5、MT-10 分别表示不同 λ 值下的多任务训练策略，Iter 表示迭代训练策略，图中显示了平均绝对误差、平均绝对百分比误差、正确率和训练时间的比较结果。条形图中每个条形的高度代表平均值，而垂直线代表误差范围(平均值±标准差)。

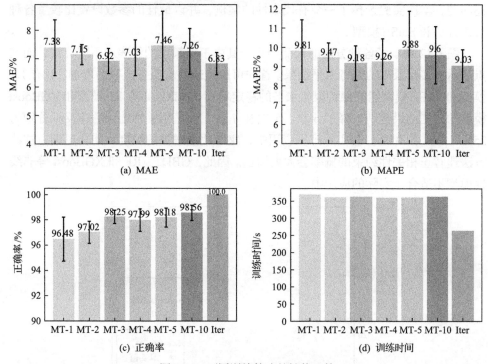

图 6.31　不同训练策略的性能比较

通过图 6.31(a)和图 6.31(b)可以观察到无论 λ 如何变化，基于多任务训练的 SiaSL 模型在准确率方面都不如基于迭代训练的 SiaSL 模型。这说明多任务训练策略并不适用于 SiaSL 模型更新，因为两个任务之间相互影响，降低了模型在服务水平预测任务上的效果。

通过图 6.31(c)可以发现，增加 λ 值虽然可以提高模型的正确率，但多任务策略仍然不能使模型达到 100%的正确率；相反，迭代训练策略可以使模型更好地学习正相关性约束。这意味着多任务策略不适合这个问题。此外，根据图 6.31(d) 可以发现改变 λ 值对多任务策略的训练效率没有明显的影响。与多任务策略相比，迭代训练策略节省了约 100s 的训练时间。这证明了迭代策略比多任务策略更有效。综上所述，所提出的迭代策略可以使模型获得更高的预测准确率，同时能够保证 100% 的正确率，并且训练时间更短。因此，迭代策略更适合于模型训练。

7. 案例研究

下面通过具体实例说明各种方法预测结果的差异。本次实验将研究：①对于不同的方法，改变服务人数对预测结果有什么影响？②SiaSL 模型和 LR 模型作为两种能够保证正确率为 100% 的方法，它们的预测结果有什么不同？为了回答上述问题，本次实验选择了一个有代表性的案例，并以最佳的参数设置比较了各种对比方法和 SiaSL 模型。

图 6.32 展示了各种方法的预测结果，其中不同颜色的线表示不同算法，而红点表示真实记录中的服务水平结果。首先可以发现随着服务人数的增加，只有 LR 模型和 SiaSL 模型能够保持服务水平的稳定增长，GBDT 模型、RF 模型和 XGBoost 模型的预测结果分别下降了 5 次、5 次和 7 次，即正相关性约束的违反率分别为 25%、25% 和 35%。在实际排班应用中，座席数量增长的粒度可能会更细，这些方法违背正相关性约束的概率会大大增加。因此，GBDT、RF 和 XGBoost 等非线性模型不适合于实际的应用中。

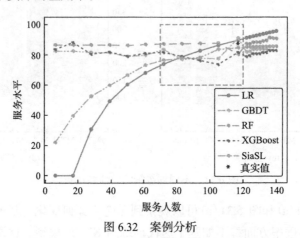

图 6.32　案例分析

其次，与 LR 模型相比，SiaSL 模型的预测结果更为合理。例如，当服务人数为 6 或 17 时，LR 预测的服务水平为 0，即没有任何服务需求被处理。这在实际场景中几乎是不可能出现的，除非所有服务人员都玩忽职守。事实上，在实验里，对模型预测结果进行了进一步处理——把服务水平的预测结果修剪到[0, 1]。例如，若某个预测结果＞1，则强制改为 1；若预测结果＜0，则强制改为 0。所以如果不将预测结果修剪到[0, 1]，LR 模型在服务人数为 6 或 17 时的预测结果是负的。相比之下，随着服务人数的增加，SiaSL 模型的预测结果较低值开始稳步提升，更符合预期。通过这个案例研究，可以直观地感受到 SiaSL 模型相对于其他模型在预测结果上更加合理。

6.4　多约束条件下的高效任务最优分配技术

本节首先对多约束条件下的任务分配问题进行概述，然后对应用于多约束条件下任务分配问题的一般方法进行简单介绍，最后通过一个电信呼叫中心排班问题的具体案例，来探讨多约束条件下的高效任务最优分配技术。

6.4.1　多约束条件下的任务分配问题

多约束条件下的任务分配问题即在一系列的前提(约束)条件下来达到某一任务目标的问题，一个多约束条件下的任务分配问题可以由任务分配目标、任务分配约束和决策变量边界三部分来表示，其形式化表示如下：

$$\text{Object } F(x) = \left[F_1(x), F_2(x), \cdots, F_k(x) \right]^{\text{T}} \tag{6.53}$$

$$\text{Constraint } C(x) = \left[C_1(x), C_2(x), \cdots, C_m(x) \right]^{\text{T}} \tag{6.54}$$

$$\text{Bounds } B(x) = \left[B_1(x_1), B_2(x_2), \cdots, B_n(x_n) \right]^{\text{T}} \tag{6.55}$$

式(6.53)表示任务分配的目标 $F(x)$ 由 k 个子目标组成。x 是该任务分配问题的决策变量，共有 n 个维度。式(6.54)表示任务分配的约束条件 $C(x)$ 共由 m 个子约束组成。式(6.55)表示决策变量的边界 $B(x)$ 由各个决策变量的边界组成。根据具体的任务分配问题，需要使决策变量 x 在满足约束条件 $C(x)$ 和边界条件 $B(x)$ 下，最大化或最小化各子目标，以使总目标 $F(x)$ 达到最优。

多约束条件下的任务分配问题广泛存在于日常生产生活中。例如，在流水车间的任务调度中，每个任务需要先后通过使用多个不同设备才能完成，如何利用有限的设备在有限的时间内完成尽可能多的任务是一个多约束条件下的任务分配问题；在企业呼叫中心的人员排班中，要求每月每个人需要安排特定数量的休假、多种班次之间的轮换需要满足特定规则等，如何在满足所有排班规则下安排每日的人员班表使得每日各时段的服务水平达到一定阈值也是一个多约束条件下的任务分配问题。

6.4.2　多约束条件下的任务分配问题的一般解决方法

解决多约束条件下的任务分配问题的传统方法主要有启发式算法(heuristic algorithm)和元启发式算法(metaheuristic algorithm)。

启发式算法基于直观或经验提出针对特定问题的启发式策略,构造启发函数,利用启发函数,大幅缩减求解空间,在可接受的花费(计算时间和空间)下给出多约束条件下的待解决任务分配问题的一个较优解。在具体任务分配问题的应用上,可以先对任务分配问题设计出一般的穷竭搜索算法。对于很多任务分配问题,穷竭搜索算法并不能在可接受的计算时间及空间上得到最优解,但可以在穷竭搜索算法的基础上,根据相关任务分配问题的分析、相关的经验,提出相应的启发式策略,利用启发式策略对一般的穷竭搜索算法进行优化,以便在可接受的计算时间及空间上得到对应任务分配问题的较优解。

元启发式算法通常为仿自然体算法,这些方法由自然界中的生物行为启发进而发展起来,如遗传算法(genetic algorithm)、粒子群优化(particle swarm optimization)算法等。这类方法在初始时生成一系列任务分配问题的解作为初始种群,生成的每一组解作为种群中的一个个体,通过优化种群进而优化对应任务分配问题的解。例如,遗传算法模拟了生物的进化过程。首先生成任务分配问题的一系列解,每一个任务分配问题的解作为一个个体,由这些个体组成初始种群。通过不断利用适应度函数,也就是任务分配问题中的任务分配目标,计算种群中各个个体的适应度,按个体适应度对种群中的个体进行选择、交叉、变异操作以使种群进化,产生下一代种群,最终得到一个优秀的种群。种群中的每一个个体就是对应任务分配问题的一个较优解。由于任务分配目标的筛选,与任务分配目标更相符的个体得以保留,并产生下一代,所以整个种群得以向着最优化任务分配目标的方向进行进化。

启发式算法是问题相关的(problem dependent),需要针对具体任务分配问题具体设计启发式策略,而元启发式算法是问题无关的(problem independent),对于不同的问题都可以通过优化初始种群的方法来优化任务分配问题的解,因此相同的方法可以应用到不同的问题上。但是元启发式算法在种群的优化上具有随机性,在效果表现上也并不稳定,而启发式算法针对性更强,可以稳定缩减求解空间以获得较优解。接下来,采用启发式算法来探讨电信呼叫中心排班这个现实中的多约束条件下的任务分配问题。

6.4.3　多约束条件下的任务分配问题:以电信呼叫中心排班为例

呼叫中心是电信企业的一个重要组成部分,是电信企业直接服务用户的部门,同时也是电信企业中最繁忙的部门。呼叫中心服务人员的服务质量直接决定了用户对电信企业的评价，而呼叫中心的服务人员轮班表对于呼叫中心的服务质量有着重要影响。在电信企业呼叫中心，工作时间为 7:30～22:30，共计 15h，这 15h 工作时间按 15min 为粒度，将一天中的工作时间划分为 60 个时间段，划分后的时段是电信呼叫中心排班的最小时间单位。呼叫中心的排班通常以一个月为周期，班次设置如表 6.14 所示，班次分为早班、中班、小晚、晚班、培班以及休息共六种班次，每个班组每天对应一个班次。班组的用餐时间如表 6.15 所示，用餐时间为 45～90min。另外每个服务班组需要在 8:00～8:30、8:30～9:00、9:30～10:00、14:00～14:30、14:30～15:00 的时间段中选择一个时间段来安排半小时的组内小会。

表 6.14　班次起止时间表

班次	上班时间	下班时间
早班	7:30	15:30～16:30
中班	8:00～9:30	15:30～18:00
小晚	11:00～13:00	20:30～22:00
晚班	13:30～15:30	22:30
培班	9:30	21:30～22:00
休息	—	—

表 6.15　电信呼叫中心用餐时间表

用餐类型	对应班次	起止时间
午餐	早班、中班	11:00～13:00
晚餐	小晚、晚班	16:30～18:30

　　电信呼叫中心的排班目标为确保各个时间段都尽可能达到用户满意的服务水平，确保每个来电用户都能在合理的等待时间内得到服务。电信呼叫中心的排班约束分为两部分，包括呼叫中心运营情况的基本约束和人员舒适度约束条件。其中，基本约束包括以下三类。

　　(1)班次起止时间约束。如表 6.14 所示，电信呼叫中心的班次设定为 6 个，每个人员每天安排一个班次，且每个班次必须在上下班的时间段内安排上下班。例如，在早班中的下班时间必须安排在 15:30～16:30 的区间内，即使在 16:30～17:30 时间段的服务水平不够，也不能延长早班的下班时间至 17:30。

　　(2)用餐约束。如表 6.15 所示，对于每日上班的班组，在相应的用餐时间段内必须安排至少 45min 的用餐时间。用餐的起止时间都必须在用餐时间的区间内。

例如，在午餐时间内安排用餐时间为 12:30～13:15 是违反约束的。

(3)组内小会约束。每个服务班组必须在 8:00～8:30、8:30～9:00、9:30～10:00、14:00～14:30、14:30～15:00 时间段中选择一个时间段来安排 30min 的组内小会。

人员舒适度约束包括以下三类。

(1)班次轮换约束。如表 6.16 所示，班组的班次轮换顺序必须遵循表中的班次轮换顺序。另外，每个班组在一个月中的培班次数不超过 5 次。例如，不在表中的班次轮换顺序，在晚班的后一天班次轮换中安排早班是违反约束规则的，这将严重影响服务人员第二天的服务水平。

(2)轮休约束。每个班组每个月需要安排 8 次休息，同时两次休息安排间隔不大于 4 天且不小于 2 天。

(3)工作时长约束。在每个班次中，根据午饭或晚饭时间将班次划分为两个时间段，每段时长必须为 1～5h，且每日工作时长为 6～9h。同时，员工每月的工作时长不得超过 175h。

表 6.16　电信呼叫中心班次轮换顺序表

班次	可接班次
休息	早班、中班、晚班
早班	休息、早班、小晚
小晚	小晚、晚班、休息
晚班	小晚、休息、晚班
培班	休息、小晚、晚班

6.4.4　任务最优分配模型

在电信呼叫中心排班这个多约束条件下的高效任务分配问题中，可以对问题进行分解，将整个大问题分解为两个小问题：①多约束条件下的每日班组班次确定问题，即在整个月中确定每日的班组班次。②日内班组作息时间的确定问题，即在每日班组班次确定后，对班组日内的具体作息时间进行确定。对于多约束条件下的高效班组班次的确定问题，可以采用启发式搜索方式在确保满足所有排班约束条件的前提下来确定每日的班组班次；对于日内的班组作息时间的确定问题，可以通过预安排确认的方式对日内班组的具体作息时间进行确定。

1. 电信呼叫中心排班的一般搜索算法

下面给出一般搜索算法框架，并提出启发式策略进行高效剪枝。算法流程如图 6.33 所示，共分为两个阶段：第一阶段是每日班组班次确定，对一个月中每个班组的班次进行确定；第二阶段是日内班次安排确定，对每个班组的每日具体作息时间进行确定。

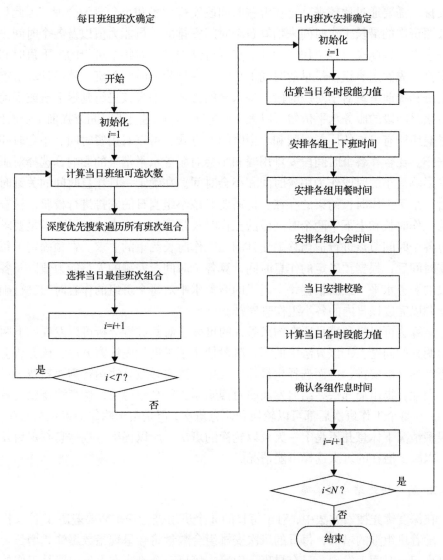

图 6.33　电信呼叫中心排班算法流程图

在第一阶段中，由于班次轮换约束的存在，对于任何一个班组，第 i 天的可选安排受到第 i-1 天安排的约束影响。因此，需要根据班组 g_i 前一天的班次安排，确定班组 g_j 在第 i 天的可选安排 s_{ij}。在得到第 i 天的所有小组可选班次后，使用深度优先搜索方法对每一组每一天可能的组合进行遍历，根据不同班次的时段覆盖范围，计算每个时段的服务水平，选择一天中平均服务水平最高、标准差最小

的班次组合作为第 i 天各班组的工作安排。

在第二阶段中，将在基本约束和工作时长约束下确定每个班组在每日中的作息安排。需要通过比较来确定在哪些时间段安排用餐和小会更为合理，因此只能先按照班次的最长工作时间来估算各个时间安排的人员能力值以及各个时间段的服务水平，以此来对各个作息时间节点进行预安排。对每个班组的上下班时间进行安排，先假定班组在最早的时间上班以及在最晚的时间下班，然后计算班组延迟上班和提前下班对于对应时段服务水平的影响，如果该班组延迟上班或提前下班后该时间段的服务水平依然可以大于阈值 ϕ，则推迟上班时间或提前下班时间。通过遍历所有可能的用餐时间和小会时间的方式，可以对用餐时间、小会时间进行安排。比较在各个时间段安排用餐和小会对服务水平带来的影响，选择对服务水平影响最小的时段作为用餐时间和小会时间。在确定一日作息时间的关键时间点后，由于工作时长约束的存在，仍需要对该小组当日的安排进行校验，检查整日的工作时长和上下午两个时间段的工作时长是否满足要求，如果不满足要求，则对各个时间节点进行适当移动使其满足工作时长约束的要求。在预确定了每组工作时间后，根据预确定的作息时间计算各个时间段安排的人员能力值以及各个时段的服务水平。最后根据每个时段的服务水平对每个班组的作息时间进行确认及微调以完成该日内的各个小组作息安排。

该算法可以得到满足所有约束条件的班表，对其进行分析可以发现如下两个较为明显的问题：①该算法中的第一阶段使用了深度优先搜索方法，该方法会遍历所有的可能安排，进而选择出最佳的安排，这将导致算法运行需要耗费大量时间。因此，提出局部快终结启发策略对搜索树进行高效剪枝，使算法得以高效运行。②在每个工作班次后都可以轮换到休息班次，但是由于轮休约束规则的存在，在很多情况下休息并不是下一天可以轮换的班次，所以提出合规休息判定启发策略，以减少潜在的班次选择可能情况。

2. 局部快终结启发策略

在深度优先搜索方法中，对于每日的 n 个班组进行安排需要遍历 3^n 种安排可能，随着班组数的增加，每日的班次安排组合数量将会呈现指数爆炸式增长。观察班次起止时间表发现：只有早班、中班、培班三个班次在上午时段是工作的，只有小晚、晚班、培班三个班次在晚上时间段是工作的。对于一个合理的班表，每个时段的人员安排都应当满足一定的服务水平，因此如果在上午、下午、晚上任何一个时间段的服务水平过低，最终的排班结果必然是不好的。从这个思路出发，可以提出每日班组安排的高效剪枝策略：将各班组的班次安排顺序进行重排序，从可选班次覆盖上午时间段的班次开始安排，当某一组合方案在上午班次编排完成后无法满足上午时段的服务水平时，可以判断该排班方案必定不是一个好的排班方案，以对后续该方案下的其他小组的安排进行剪枝。

假定某日有 6 个班组需要进行安排，根据班次轮换表得到的该日各班组的可选安排某日班组备选班次表，如表 6.17 所示。

表 6.17　班组备选班次表

安排顺序	班组编号	可接班次
1	1	早班、中班、晚班
2	2	休息、早班、小晚
3	3	小晚、晚班、休息
4	4	小晚、休息、晚班
5	5	休息、小晚、晚班
6	6	早班、中班、晚班

假定在该日的上午阶段，安排 2 个班组进行工作恰好可以达到合适的服务水平阈值 ϕ。按上文中的一般搜索方式，总共需要遍历 3^6=729 种可能方案。按照局部快终结启发策略对各个班组安排进行重排序，将可选班次覆盖上午时段的班次优先安排。表 6.18 为重排序后的班组备选班次表。

表 6.18　重排序后的班组备选班次表

安排顺序	班组编号	可接班次
1	1	早班、中班、晚班
2	2	休息、早班、小晚
3	6	早班、中班、晚班
4	3	小晚、晚班、休息
5	4	小晚、休息、晚班
6	5	休息、小晚、晚班

将 6 号班组的安排顺序进行前移，可选班次涵盖上午时间段的只有 3 组，因此这三组班次选择后即可确定上午的安排是否合理，对于上午安排不合理的班次组合，可以进行剪枝，无须再考虑该安排情况下其他班组的班次情况。最佳班次组合搜索树如图 6.34 所示，虚线框中表示的是不合理的班次组合情况，对于这些情况可以进行剪枝，在该例子中通过启发式策略成功剪枝的班次安排方案数为 $5\times4^3+7\times3^3$=509，相比原来的方法，局部快终结启发策略避免了对所有方案中

69.8%的不合理方案进行检查。

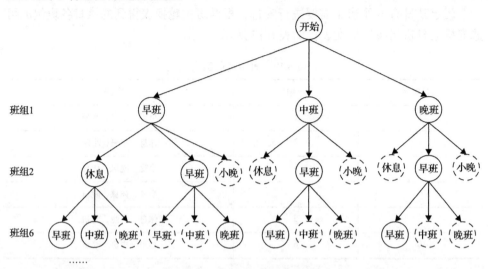

图 6.34　最佳班次组合搜索树

3. 合规休息判定启发策略

对于轮休约束进行分析可以发现每个班组的休息情况只能是工作 2 天休息 1 天、工作 3 天休息 1 天以及工作 4 天休息 1 天这三种情况,且一个月必须休息 8 天。在一个月的排班中,每个班组的工作及休息的安排组合情况有 2^T 种,其中 T 是这个月的天数。从轮休约束中的分析可以知道,上班和休息之间的安排并不能随意组合,因此可根据约束条件计算出每个班组可能的上班、休息安排组合,进行高效剪枝。假设一个班组在本月开始前已经连续工作了 s 天,本月总共有 T 天,工作 2 天休息 1 天的情况安排 x_1 次、工作 3 天休息 1 天的情况安排 x_2 次、工作 4 天休息 1 天的情况安排 x_3 次。可以由式(6.56)计算出该班组所有可能的工作、休息组合:

$$\begin{cases} x_1 + x_2 + x_3 = 8 \\ 3x_1 + 4x_2 + 5x_3 \leqslant s + T \\ 3x_1 + 4x_2 + 5x_3 \geqslant s + T - 4 \end{cases} \tag{6.56}$$

例如,一个班组在 10 月进行排班,10 月总共有 31 天,该班组在这个月开始时已经连续工作 3 天,则由式(6.56)可以计算出该班组本月可能的工作休息安排方案组合,如表 6.19 所示。在这个例子中,通过剪枝策略将该班组的可能安排搜索空间由 2^{31} 种方案减少到了 4707 种可选方案。另外,若在此基础上进一步考虑当前班组已经连续工作 3 天,则可以排除只包含工作 2 天休息 1 天的方案(本例中不存在这种情况)。

表 6.19　班组可选工作休息安排表

方案	工作 2 天休息 1 天	工作 3 天休息 1 天	工作 4 天休息 1 天	组合数
1	0	6	2	28
2	0	7	1	8
3	0	8	0	1
4	1	4	3	280
5	1	5	2	168
6	1	6	1	56
7	1	7	0	8
8	2	2	4	420
9	2	3	3	560
10	2	4	2	420
11	2	5	1	168
12	2	6	0	28
13	3	0	5	56
14	3	1	4	280
15	3	2	3	560
16	3	3	2	560
17	3	4	1	280
18	4	0	4	70
19	4	1	3	280
20	4	2	2	420
21	5	0	3	56
合计				4707

6.5　电信呼叫中心排班系统

6.5.1　系统需求分析

呼叫中心是一个结合了现代计算机与通信技术，通过电话通信提供交互式服务的场所。随着现代社会的发展，呼叫中心所需要处理的业务量有了显著提升，为了保证一定的服务水平，呼叫中心需要安排更多的座席数，这极大地增加了人力成本。提高座席利用率可以减少运营过程中产生的人力成本，而这一利用率的提高可以通过合理的排班，即根据不同时间段需要处理的服务量，给员工分配特定的工作任务来实现。因此，呼叫中心的排班问题越来越被重视。

排班技术主要基于已预测的呼入量、座席信息与排班规则,生成符合要求的班表。对于一天的不同时间段,呼叫中心所需要处理的呼入量是不同的,为了在保持一定服务水平的同时避免人力浪费,呼叫中心可以通过排班技术来合理安排不同时间段的座席数量,以达到提高座席利用率、减少人力成本的目的。

呼入量预测技术是排班系统中不可缺少的一部分。通过对于未来时间段呼入量的精准预测,可以有效辅助排班技术更加合理地进行座席配置,从而生成满足需求的班表。

6.5.2　系统架构

如图 6.35 所示,电信呼叫中心管理系统可以分为数据存储层、数据预处理层、算法层和应用层四个部分。数据存储层提供数据存储服务,存储业务过程中产生的数据,方便后续使用。数据预处理层负责对原始数据进行加工和预处理,以支持算法层调用。算法层集成了本章提出的服务需求量预测算法和服务水平预测算法,另外还包括排班算法。应用层基于算法层集成的算法,实现了不同的应用功能。具体每个部分的详细介绍如下。

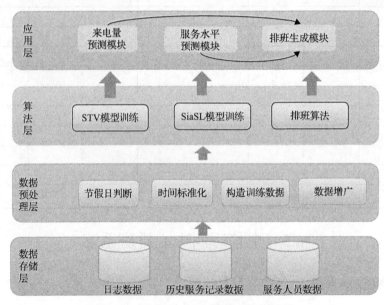

图 6.35　电信呼叫中心管理系统架构图

1. 数据存储层

电信呼叫中心业务量庞大,每天需要处理大量的来电,并且该业务已经持续运营了多年,所以有必要将相关数据保存在数据库中。系统中的许多接口需要调用不同类型的数据,这些数据都保存在数据库中方便调用。从数据源上来说,该系统包含三种数据：日志数据、历史服务记录数据以及服务人员数据。其中，日志数据指的是每通来电被服务的详细过程，包含来电不同状态的变化和具体时刻，这些数据通过自动工具自动写入数据库中。历史服务记录数据记录了每个服务时间段的服务情况，包括该时间段内的总来电量、服务人数、服务水平等。服务人员数据是指每个服务人员的基本信息，包括性别、年龄、能力值等，这些数据由系统管理员手动维护。

2. 数据预处理层

在数据库中存储的部分数据无法直接应用于后续的模型训练，所以需要在数据预处理层中对原始数据进行适当的预处理，使得数据能够更好地适应后续模块。数据预处理的操作主要包括节假日判断、时间标准化、构造训练数据以及数据增广。其中，节假日判断模块主要用于判断来电量历史数据中的每个时刻是否处于节假日时期，如果是节假日则返回具体的节假日名称。时间标准化模块是将每个时刻标准化成时间索引，从而能够快速判断时间大小。构造训练数据模块是根据具体任务构造合适的训练数据，训练数据包括输入特征和输出标签。数据增广模块主要用于对历史服务记录数据进行扩充，用于训练服务水平预测模型。

3. 算法层

算法层主要提供了三种算法支持，分别是基于自注意力机制的分时预测模型 STV，基于孪生网络的服务水平预测模型 SiaSL 以及排班算法。其中，STV 模型和 SiaSL 模型的具体细节可参考 6.2.2 节和 6.3.3 节，而排班算法的主要功能是根据给定的服务人员列表和一些手动配置的规则制定未来一段时间内合适的排班方案。排班算法需要 STV 模型和 SiaSL 模型的协同帮助，是系统的核心模块。

4. 应用层

基于集成的三种算法，开发了三个功能模块，分别是来电量预测模块、服务水平预测模块以及排班生成模块。图 6.36 展示了三个模块之间的逻辑关系，其中来电量预测是一个单独的模块，它支持随时查看历史数据并预测未来的来电量。服务水平预测模块则集成在排班生成模块中，因为服务水平预测的主要功能就是评估排班方案是否合理。排班生成模块的主要功能是提供可视化的操作界面帮助管理人员制订合适的排班方案，其中涉及的话务预测与方案评估方法需要来电量预测模块和服务水平预测模块协同完成。三个模块的相关细节简要介绍如下。

(1)来电量预测模块：主要包含数据预处理、模型训练和模型预测三个接口。

在数据预处理接口中，主要包含节假日判断、时间标准化和构造训练数据三个接口。数据预处理接口以日志数据作为输入，最后输出包含特征和标签的训练样本供模型训练接口使用。模型训练完成后，可以通过模型预测接口实现来电量预测功能。

(2)服务水平预测模块：基于历史服务记录数据进行特征工程和数据增广，然后基于增广后的数据训练 SiaSL 模型。模型训练完成后，可以根据输入的预测来电量、服务人数等信息预测对应的服务水平，从而帮助评估排班方案是否合理。

(3)排班生成模块：主要包括话务预测、人员维护、规则配置、方案制定和方案评估五个阶段。话务预测阶段利用来电量预测模块进行预测，得到排班时间段的来电量；人员维护阶段从服务人员数据库中查询可用的服务人员信息，用于后续排班；规则配置阶段主要是由管理者手动配置一些规则，例如，服务人员不能连续工作超过 N 天等，这些规则限制了排班方案的搜索空间；基于前三个阶段的结果，该模块调用排班算法得到每个时间段的排班方案，再利用服务水平预测模块对方案进行评估，直到每个时间段的排班方案都能够满足服务水平要求，否则需要重新调整方案。

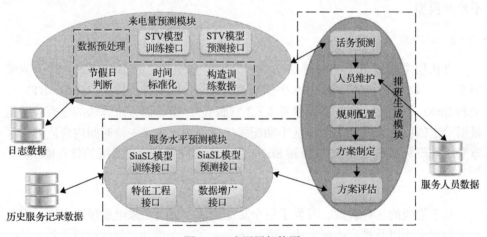

图 6.36　应用层架构图

6.5.3　基于 Web 的排班管理系统

排班管理系统的主要任务是根据预测的话务量和人员情况，制订未来一个月每天的服务人员工作方案。例如，在电信呼叫中心，需要排班的服务人员数量高达 120 人以上，并且需要一次性安排一个月 5 种类型的班次，每天需要安排的时间段以 30min 为粒度，共计 28 个时间段。另外，该排班问题中还会涉及一些限制规则，提高了排班的难度。图 6.37 展示了电信呼叫中心排班管理系统的架构，主要包括四个模块，分别是话务预测模块、人员维护模块、规则配置模块和排班预测模块。

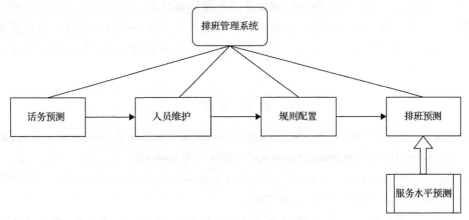

图 6.37　排班管理系统架构图

在话务预测模块中，主要利用所提服务需求量预测目标时间段的来电量情况。如果对预测的话务量情况不满意，也可以手动调整后作为新的话务量预测数据。

人员维护模块主要记录了每位服务人员的详细信息，包括姓名、年龄、工作能力值等。该模块支持手动添加服务人员或者批量导入许多服务人员信息。

规则配置模块主要由管理者设置一些排班规则，定义排班方案必须满足的约束。其中排班规则主要包含每个服务人员的工作时长要求、休息要求以及一些附加要求。图 6.38 展示了排班规则库中的各种规则，可分为三类，分别是班次类型、时间规则、负载规则。在班次类型规则中，规定了每个月可以安排的班次类型最多有 5 种。时间规则规定了特定需求的时间范围，例如，规定了每天的就餐时间，以及不同类别班次的开始时间和结束时间。为了避免服务人员出现工作不均

图 6.38　排班规则库

或者工作过度的情况，负载规则固定了每个服务人员在一个月内可以休息的天数，连续上班天数不得超过限制，还规定了每天和一个月总共应该工作的时长。

在排班过程中，需要使用所提服务水平预测算法来评估每个时间段的排班方案是否合理。最终的排班结果中规定了每个服务人员在一个月内具体上班或者休息的日期。如果服务人员在某一天是上班的，方案还明确了该服务人员的工作时间段。

参 考 文 献

[1] Hou C Y, Wu J W, Cao B, et al. A deep-learning prediction model for imbalanced time series data forecasting[J]. Big Data Mining and Analytics, 2021, 4(4): 266-278.

[2] Hou C Y, Cao B, Fan J. A data-driven method to predict service level for call centers[J]. IET Communications, 2022, 16(10): 1241-1252.

[3] Hong F, Chen H, Cao B, et al. A MOEAD-based approach to solving the staff scheduling problem[C]. Proceedings of International Conference on Collaborative Computing: Networking, Applications and Worksharing, Shanghai, 2020: 112-131.

[4] 侯晨煜, 孙晖, 周艺芳, 等. 基于神经网络的地铁短时客流预测服务[J]. 小型微型计算机系统, 2019, 40(1): 226-231.

[5] Cao B, Hou C Y, Peng H J, et al. Predicting e-book ranking based on the implicit user feedback[J]. World Wide Web, 2019, 22(2): 637-655.

[6] Szegedy C, Liu W, Jia Y Q, et al. Going deeper with convolutions[C]. Proceedings of the IEEE Conference on Computer Vision and Pattern Recognition, Boston, 2015: 1-9.

[7] Zarnowitz V, Ozyildirim A. Time series decomposition and measurement of business cycles, trends and growth cycles[J]. Journal of Monetary Economics, 2006, 53(7): 1717-1739.

[8] He K M, Zhang X Y, Ren S Q, et al. Deep residual learning for image recognition[C]. Proceedings of the IEEE Conference on Computer Vision and Pattern Recognition, Las Vegas, 2016: 770-778.

[9] Ba J L, Kiros J R, Hinton G E. Layer normalization[J]. arXiv preprint arXiv: 1607.06450, 2016.

[10] Ioffe S, Szegedy C. Batch normalization: Accelerating deep network training by reducing internal covariate shift[C]. Proceedings of International Conference on Machine Learning, Lille, 2015: 448-456.

[11] Nair V, Hinton G E. Rectified linear units improve restricted boltzmann machines[C]. Proceedings of International Conference on Machine Learning, Haifa, 2010: 807-814.

[12] Box G E P, Pierce D A. Distribution of residual autocorrelations in autoregressive-integrated moving average time series models[J]. Journal of the American Statistical Association, 1970, 65(332): 1509-1526.

[13] Hochreiter S, Schmidhuber J. Long short-term memory[J]. Neural Computation, 1997, 9(8): 1735-1780.

[14] Sutskever I, Vinyals O, Le Q V. Sequence to sequence learning with neural networks[C]. Advances in Neural Information Processing Systems, Quebec, 2014: 3104-3112.

[15] Lai G K, Chang W C, Yang Y M, et al. Modeling long-and short-term temporal patterns with deep neural networks[C]. Proceedings of the 41st International ACM SIGIR Conference on Research & Development in Information Retrieval, Ann Arbor, 2018: 95-104.

[16] Oreshkin B N, Carpov D, Chapados N, et al. N-BEATS: Neural basis expansion analysis for interpretable time series forecasting[C]. Proceedings of International Conference on Learning Representations, Addis Ababa, 2020.

[17] Kingma D P, Ba J. Adam: A method for stochastic optimization[J]. arXiv Preprint arXiv: 1412.6980, 2014.

[18] Aksin Z, Armony M, Mehrotra V. The modern call center: A multi-disciplinary perspective on operations management research[J]. Production and Operations Management, 2007, 16(6): 665-688.

[19] Di Crescenzo A, Giorno V, Nobile A G, et al. A note on birth-death processes with catastrophes[J]. Statistics & Probability Letters, 2008, 78(14): 2248-2257.

[20] Angus I. An introduction to Erlang B and Erlang C[J]. Telemanagement, 2001, 187: 6-8.

[21] Gans N, Koole G, Mandelbaum A. Telephone call centers: Tutorial, review, and research prospects[J]. Manufacturing & Service Operations Management, 2003, 5(2): 79-141.

[22] Robbins T R. Evaluating the fit of the Erlang A model in high traffic call centers[C]. Proceedings of Winter Simulation Conference, Washington DC, 2016: 1790-1801.

[23] Baronak I, Hartmann M, Polacek R. Properties of a modelled call centre[J]. Journal of Electrical Engineering, 2020, 71(2): 96-102.

[24] Little J D C, Graves S C. Little's Law[M]. Boston: Springer, 2008.

[25] Mandelbaum A, Zeltyn S. Service engineering in action: The Palm/Erlang-A queue, with applications to call centers[M]//Spath D, Fähnrich K P. Advances in Services Innovations. Berlin: Springer, 2007.

[26] Gurvich I, Armony M, Mandelbaum A. Service-level differentiation in call centers with fully flexible servers[J]. Management Science, 2008, 54(2): 279-294.

[27] Kendall D G. Stochastic processes occurring in the theory of queues and their analysis by the method of the imbedded Markov chain[J]. The Annals of Mathematical Statistics, 1953, 24(3): 338-354.

[28] Gittins J, Glazebrook K, Weber R. Multi-armed Bandit Allocation Indices[M]. Solaris: John Wiley & Sons, 2011.

[29] Adan I, Boxma O, Perry D. The G/M/1 queue revisited[J]. Mathematical Methods of Operations Research, 2005, 62(3): 437-452.

[30] Bhat U N. An Introduction to Queueing Theory[M]. Cambridge: Birkhäuser, 2008.

[31] Weinberg J, Brown L D, Stroud J R. Bayesian forecasting of an inhomogeneous Poisson process with applications to call center data[J]. Journal of the American Statistical Association, 2007, 102(480): 1185-1198.

[32] Bromley J, Guyon I, LeCun Y, et al. Signature verification using a "Siamese" time delay neural network[C]. Advances in Neural Information Processing Systems, Denver, 1994: 737-744.

[33] 付利华, 赵宇, 孙晓威, 等. 基于孪生网络的快速视频目标分割[J]. 电子学报, 2020, 48(4): 625-630.

[34] Zhu Z, Wang Q, Li B, et al. Distractor-aware siamese networks for visual object tracking[C]. Proceedings of the European Conference on Computer Vision, Munich, 2018: 103-119.

[35] Li B, Yan J J, Wu W, et al. High performance visual tracking with siamese region proposal network[C]. IEEE/CVF Conference on Computer Vision and Pattern Recognition, salt Lake City, 2018: 8971-8980.

[36] Hadsell R, Chopra S, LeCun Y. Dimensionality reduction by learning an invariant mapping[C]. Proceedings of IEEE Computer Society Conference on Computer Vision and Pattern Recognition, New York, 2006: 1735-1742.

[37] Zhang Y, Yang Q. An overview of multi-task learning[J]. National Science Review, 2018, 5(1): 30-43.

[38] Zhang J, Zheng Y, Sun J, et al. Flow prediction in spatio-temporal networks based on multitask deep learning[J]. IEEE Transactions on Knowledge and Data Engineering, 2019, 32(3): 468-478.

[39] Grömping U. Variable importance assessment in regression: Linear regression versus random forest[J]. The American Statistician, 2009, 63(4): 308-319.

[40] 方匡南, 吴见彬, 朱建平, 等. 随机森林方法研究综述[J]. 统计与信息论坛, 2011, 26(3): 32-38.

[41] Friedman J H. Greedy function approximation: A gradient boosting machine[J]. The Annals of Statistics, 2001: 1189-1232.

[42] Chen T, Guestrin C. XGBoost: A scalable tree boosting system[C]. Proceedings of the 22nd ACM SIGKDD International Conference on Knowledge Discovery and Data Mining, San Francisco, 2016: 785-794.

[43] Paszke A, Gross S, Massa F, et al. PyTorch: An imperative style, high-performance deep learning library[C]. Advances in Neural Information Processing Systems, Vancouver, 2019: 8026-8037.